Gr#f Zrinyi Mikl#s, 1620-1664, Volume 5

K#roly Sz#chy

MAGYAR
TÖRTÉNETI ÉLETRAJZOK

A MAGYAR TUD. AKADÉMIA SEGÉLYEZÉSÉVEL

KIADJA

A MAGYAR TÖRTÉNELMI TÁRSULAT

SZERKESZTI

SCHÖNHERR GYULA

BUDAPEST

A FRANKLIN-TÁRSULAT KÖNYVNYOMDÁJA

1902

GRÓF
ZRINYI MIKLÓS

1620—1664

IRTA

SZÉCHY KÁROLY

ÖTÖDIK KÖTET

BUDAPEST

A MAGYAR TÖRTÉNELMI TÁRSULAT KIADÁSA

1902

ZRÍNYI MIKLÓS ÉS PÉTER ARCZKÉPE S AZ OTTOCSÁCZI CSATA.

Mannasser egykorú metszete után.

(Ő Felsége hitbizományi könyvtárának példányáról.)

MEMORIA
Gróf
Zrinyi Miklós
1620-1664.
Irta
Széchy Károly.
BELLONA
PAX
VICTORIA

I. CZÍMKÉP

ZRÍNYI KIROHANÁ[illegible]

Székely Bertalan [illegible]

. SZIGETVÁRÁBÓL.

ajfestménye után.

2. ZRÍNYI KORABELI FEGYVEREK. (Rajzolta Cserna Károly.)

I.

A TÖRÖK ELŐNYOMULÁSA, HADI KÉSZÜLETEK.

Egész Magyarország olyan volt ebben az időben, mint az égboltozat a vihar előtt. Beborult és villogott kétes bizonytalansággal, de kétségtelen nyomasztó levegővel. A vallásos sérelmek a protestáns rendek merész és elszánt viseletére sem szüntek meg, mert a katholikusok az ő hazatérésükben nem az összetartás erejét és erkölcsi diadalát látták, hanem ügyök vereségét, teljes kudarczát. S az esztergomi érsek maga szólongatta, valami nyelves jezsuita unszolása és nyughatatlankodása következtében, a nádort, egyháza iránt való buzgóságára és hivatalos hatalmára hivatkozva, hogy majd egy papot űzzön ki állásából, mint a körmöczi lutheránus lelkészt,[1] majd egy imaházat foglaltasson el, mint a rosnyóbányai evangelikus templomot,[2] minél fogva *Wesselényi* a felekezeti viszálytól és nemzeti elkeseredéstől féltében sürgetve irt *Rottal* gróf-

1 *Lippay érsek Wesselényi Ferencznek* 1663, január 2-áról. Országos Levéltár, Wesselényi-levelek.

2 *Wesselényi nádor Rottal grófnak* 1663. május 11-ikéről. U. ott.

nak: vesse magát a királynál közbe, hogy hacsak egy esztendeig is, hagyjanak békét ennek a mód nélkül való «reformáczió»-nak, vagy maga lesz kénytelen közbotrányul főispán létére megyéjével a foglalásnak ellene szegülni, mert a rosnyaiak sirva-ríva nyakára jártak s alispánjukat is rája küldték.[1] De hiában, a visszahatás nem lanyhult.[2] Az alkotmány ellenére a törvényszegések, a német katonák garázdaságai szintén tovább folytak, a miért a megyék fegyveres megtorlásra készültek. Zemplén elhatározta, hogy ha az alá s fel járó, kóborló németek a megyébe bemennek és százan lesznek, mindjárt kétszáz magyar keljen föl és verje ki a megye területéről; ha többen lesznek, mindenkor két annyi magyar gyüljön össze és kisérje a németeket, mert elunták sanyargatásaikat. Szatmár és Ung pedig tisztviselőket választottak és zászlókat osztottak ki, hogy minden eshetőséggel szembe szállhassanak.[3] Másutt a gyülölség oly magasra hágott, hogy a németeknek pénzen sem adtak semmit sem maguk, sem lovaik számára;[4] hogy Draskovich Miklós gróf, az országbiró veje, három zsákmányoló németet a Montecuccoli ezredéből óvári jószágában elfogatott, törvényesen elitéltetett és kivégeztetett;[5] aztán a dolog feledéséig Horvátországba menekült. Neumann az udvarnál már úgy hallja, hogy a magyarok minden kezükbe eső németet leölnek.[6] S Porcia herczeg, a ki a maga természetes tunyaságában és kényelemszeretetében a felföldi közingerültséget nem akarta észrevenni és el-

1 WESSELÉNYI id. levele.

2 WITNYÉDY ISTVÁN levelei, II. k. 25. l.

3 *Ugyanaz*, II. k. 23. l.

4 *Ugyanaz*, II. k. 47. l. Az Országos Levéltárban, Wesselényi Ferencz nádor levelezésében halommal vannak a felvidéki megyék panaszos fölterjesztései a német katonák féktelenségei ellen. Keserűség és gyülölség szól belőlük, a mire borzasztó módon rászolgáltak. Ha a Montecuccoli hadának előző évi viselkedése az erdélyi séta után híven nem mutatná be őket: részletekre is kiterjeszkednénk: de annak ismertetése után csak ismétléseket adnánk. A ki a kor erkölcsi képét, a magyar és német faj összeférhetetlenségének eredetét keresni és megérteni akarja, olvassa el azokat a panaszos fölterjesztéseket.

5 *Ugyanaz*, II. k. 32. l.

6 *Történelmi Tár*, 1881. évf. 122. l.

hinni, most a három német miatt az egész udvarral és hadi tanácscsal felháborodik. A kormány gyors és erélyes eljárást indít és kemény büntetést kiván, hogy a veszedelmes példa követésre ne találjon. Előbb arra gondol, hogy *öt* ezredet küld a megyére, hadd dúlja föl és rabolja meg; de e szándéktól eláll, mert végre sem volna igazságos, hogy az óvári földesúr fejében egész Mosony lakoljon, melynek maga a király a főispánja; aztán a grófot és a birákat a hadi tanács a magyar kanczellária útján Bécsbe idézi, de azok természetesen az illetéktelen testület előtt nem jelennek meg. Majd azt követeli, hogy Draskovich az örökös tartományok terhének könnyítésére 1000 németet fogadjon be óvári jószágába szállásra; holott a király igérete és a törvény rendelkezése szerint Szent-György napjára a többi bennlevő németet is ki kellene vinni.[1] Szóval a míg a dolog az események sodrában el nem merül vala, a kormány az elégtétel sürgetésében és módjának keresésében el nem fárad.[2] «Bezzeg nagy ostor rajtunk,» fakad ki Witnyédy Zrínyinek, «hogy három németért ily lármát kezdenek, kiket tetten kaptak és törvény szerint itéltek el; míg mi, kik miattok megbecsülhetetlen károkat vallottunk, sok ezer lelket levágottul, sokat rabul vesztettünk, csak így nyögünk».[3] S ebben a kifakadásában a közérzet hangja nyilatkozik meg, mert az ország minden zuga teli volt panaszszal, bajjal, meghasonlással és romlással. «Kérdhetné is valaki,» mondja Witnyédy Keczer Andrásnak, «az mit Szeben alatt az sánczoláskor egyik székely a másiktól kérdett: Kómé, valjon látja-e az Isten az mi nyavalyáinkat? Kinek felelt amaz elég balgatagul: Látja ugyan, de Isten úgy segéljen, ő sem tehet róla! Én ugyan ezt nem mondom, de legalább az mint megitélhetem az dolgokat emberi mód szerint szólván, ő szent

1 VITNYÉDY ISTVÁN levelei, II. k. 32., 47., 60. l.

2 *Ugyanaz*, II. k. 60. l.

3 *Ugyanaz*, II. k. 32., 47. l.

felségétül megválván, senki minket ez nyavalyákbul ki nem segíthet, mert az nagy halak mindenkor az fejektől kezdenek rothadni.»[1]

Pedig semmi sem volt kivánatosabb és szükségesebb, mint a kormány és nemzet egyetértése, a vallásos és alkotmányos sérelmek megszüntetése, hogy a fenyegető háborúra a török ellen közös akarattal és a siker reményével fegyverkezhessenek: de a kormány a nemzet nyavalyájának gyógyítására, közingerültségének eloszlatására nem gondolt; mert csodálatos rövidlátással és csökönyös megátalkodással csüngött és fáradozott a békén, mind csak a békén. Reninger Konstantinápolyban, Beris és Goes báró Temesvárt egyebet se csinált, csak a bomladozó bogot kötözgette és erősítgette nagy- hasztalanúl. A nagyvezér az erdélyi német őrség és a Zrínyi új vára miatt már a mult év tavaszától fogva készült «erre felé», Magyarországra,[2] s egyenesen Bécs városára; ennél fogva a béke fejében való minden ajánlatot keveslett, minden engedékenységet újabb követeléssel meghiúsított. Előbb csak az erdélyi német őrség kivezetését s Zrínyi új vára lerombolását kivánta, aztán Székelyhidat és a környékbeli hajdúságot követelte, majd a tiszántúli németség kirendelésével s Erdély szabad fejedelemválasztó jogának megsemmisítésével Nagy-Károlyt, Kállót és Ecsedet is;[3] miközben Husszein, a váradi basa, mintha csak az ő szellemében cselekednék, a jenei basával és lippai béggel együtt Erdély és a Részek falvait Kolozs és Doboka, Bihar és Kraszna, Belső- és Közép-Szolnok vármegyékben, Zarándban egészen Kőrösbányáig, Hunyadban Burzsukig, Poganesdig és Zámig, százanként és kétszázanként hódoltatta be;[4] török felfogás szerint Erdély a hatalmas császár birtoka s népe ő hatal-

1 *Ugyanaz*, 32. l.

2 *Török-magyarkori Történelmi Emlékek*, VI. k., Pest, 1879., 52., 79. ll.

3 VITNYÉDY ISTVÁN levelei, II. k 27 l.

4 *Török-magyarkori Történelmi Emlékek*, VI. k. 72., 74, 87. ll.

masságának rabja levén.[1] A bécsi kormány mégis bizott a béke fentartásában, mivel mindenekelőtt és minden áron a békességet kereste s kész volt Köprili Ahmed kivánságait teljesíteni, az erdélyi várakat kiüríteni, Székelyhidat átadni,[2] Új-Zrínyivárat lebontani vagy kiszolgáltatni; sőt a

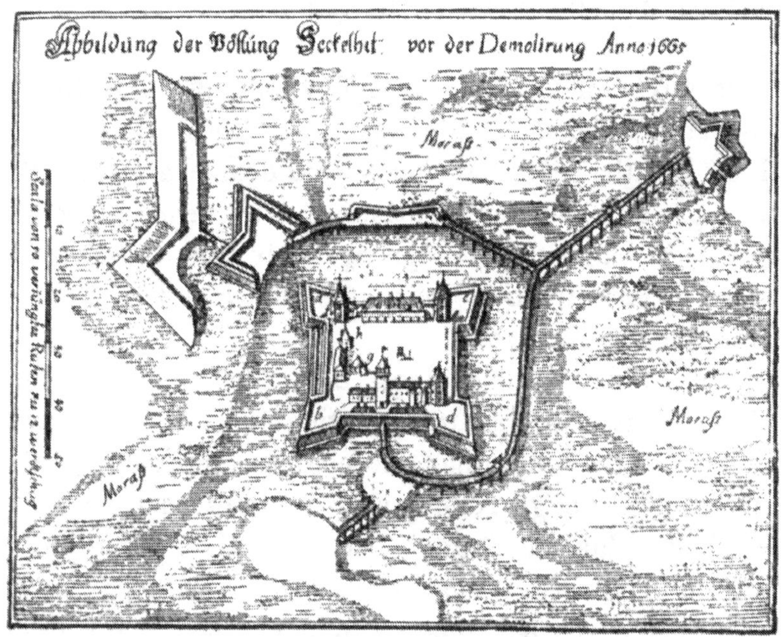

(Szicha hadi mérnök egykorú rajza után.)

3. SZÉKELYHID 1665-BEN.

mint gyávasága jellemzéseül Witnyédy megjegyzi, akár Hernalsról Bécsnél lemondani,[3] csak hogy hadakoznia ne kelljen: de készségével rendszerint elkésett. A török hadi tanács a nagyvezér elnöklete alatt már elhatározta, hogy a velenczei hadjáratot félben hagyja, mert a köztársaság nem képes félelmes szárazföldi sereget kiállítani s a mozlim tartományoknak nevezetes kárt okozni; a helyett a német ellen való háborút indítja meg, mert most a német az erős ellenség, azt kell visszaszorítani;[4] a szultán a nagyvezért

1 *Ugyanaz,* VI. k. 69. l.
2 *Történelmi Tár.* 1881. évf. 223. l.
3 VITNYÉDY ISTVÁN levelei, II. k. 49. l.
4 *Hadtörténelmi közlemények,* III. k. Budapest, 1890., 367. l.

szerdár-i-ekremmé, generalissimussá már kinevezte, európai hadait már Drinápolyba rendelte, az oláhokat, moldvaiakat és tatárokat Nándorfejérvár felé indította,[1] hová Köprili Ahmed Drinápolyból márczius 21-ikén maga is elindult: de a bécsi kormány a maga csodálatos rövidlátásával és csökönyös megátalkodásával még mindig a békében, csak a békében reménykedett. S ebben a reményében előbb a háborús hirek ellenére az ezredek állományát leszállította, s megmaradt csekély katonaságából öt egész ezredet spanyol szolgálatba eresztett; most mindössze arra szorítkozott, hogy a birodalmi gyüléstől az esetleges háborúra, főkép Bécs biztosítására segítséget kérjen,[2] itthonn pedig a béke megmentésének megbeszélése végett Pozsonyba értekezletet hivjon össze.

Zrínyi Miklós a közdolgok e siralmas állapotában, a bécsi kormány ez akarattalan tétlenségében a fenyegető veszedelem előtt szomorúan, de elszántan nézett a jövőbe. Jól látta előre, hogy Reninger a nagyvezérnél, Beris és Goes Alinál hiában fárad, a háború kikerülhetetlen; s csakugyan Köprili Ahmed a temesvári béke-egyezséget nem hagyta helyben;[3] mert a minden áron való békén kapdosásból azt következtette, hogy Lipót képtelen hadviselésre, a mi csak élesztette harczi vágyát, alkubeli fenhéjázását, hogy követeléseinek íjját mindég magasabban pengesse!

Hősünk ennél fogva már eleve rendezkedett. Még január 22-ikére Varasd városába összegyüjtötte a karokat és rendeket a folyó ügyek elintézése végett. Még ekkor kevés dolguk akadt: meghallgatták a követeket a pozsonyi országgyülés eredményéről, kihirdették a bemutatott törvényeket; gondoskodtak a kulpai katonaság fizeté-

1 *Történelmi Tár*, 1881. évf 124. l.

2 ZWIEDENECK-SÜDENHORST, Deutsche Geschichte, I. k., Stuttgart, 1890., 238. l.

3 ACSÁDY IGNÁCZ, Magyarország története V. Lipót és I. József korában. (*A Magyar Nemzet története*, VII. k.) 169 l.

sének és az ország egyéb szükségleteinek fedezéséről, valamint a véghelyek kellő javításáról és megerősítéséről, s aztán haza oszoltak.[1] Maga pedig figyelő őrállásába vonult, mert hire szálldosott, hogy a török állítólag Dalmácziára, de voltakép az ő várára jő.[2] S márczius elején fölterjesztészt intézett a bécsi hadi tanácshoz, hogy miért nem lehet és nem szabad most békét kötni,[3] de szavát meg nem hallgatták, érvelését el nem fogadták, hiszen az ő önérzetes felfogása és merész magatartása az udvar meghunyászkodó politikájába ütközött.

Mit várhatott volna aztán a pozsonyi értekezlettől? Bár hivatalos volt,[4] de vagy azért, mert meghivója elveszett,[5] vagy azért, mert elkedvetlenedett, nem jelent meg azon.[6] A kik megjelentek, keveset végeztek: munkájok nem ért egy babot.[7] Ott voltak a király biztosaiként Rottal és Strozzi grófok, Hohenfeld báró, meghivottakul Lippay, Szelepcsényi, Széchényi György győri püspök, Nádasdy Ferencz, Pálffy Miklós, Esterházy Pál, Forgách Ádám grófok. A biztosok előadták, hogy a béke érdekében Erdélyből a német őrséget ki kell vinni, a fejedelemséget előbbi állapotába helyezni, Székelyhidat átadni és Új-Zrínyivárat lerontani. A magyar mágnások elismerték, hogy a nyilt és nyomasztó háború kétes kilátással és eredménynyel biztat, mert a kormány gyönge és a németség idegenkedik a szakítástól, minél fogva a hadakozás olyan kedvetlenséggel folyna, a védekezés olyan lanyha volna, hogy az ország még rosszabb helyzetbe, nyilvánvalóbb szükségbe és veszedelembe jutna,[8] azért a béke fentartásáról minden erővel, mondhatni minden áldozattal gondoskodni kell. Az elő-

1 *Acta et articuli dietales regnorum* 199. l.

2 *Történelmi Tár*, 1881. évf. 133 l.

3 *A császári és királyi hadi levéltárban*, 325. k.

4 *Ugyanott* a meghivó márcz. 20-ikáról.

5 VITNYÉDY ISTVÁN levelei, II. k. 57. l.

6 *Molin Alajos velenczei követ* jelentése május 15-dikéről. *Dr. Károlyi Árpádnak*, a bécsi titkos levéltár aligazgatójának *Dispacci*-gyűjteményében.

7 VITNYÉDY ISTVÁN levelei, II. 62. l.

8 MOLIN ALAJOS jelentése máj. 15-éről.

terjesztett föltételeket azonban Pálffy megokolására sokalták[1] és elutasították; így a czélban egyetértettek, de eszközeiben meg nem egyeztek. Az értekezlet napja, április elseje, valóban, a mint Witnyédy jósolta, prodromusa lőn a dolog kimenetelének.[2]

Hősünk ez alatt a hódoltságba csapott, a maga megfélemedése helyett a pogányságot riasztgatta, de az udvar is megriadt tőle. Megijedt, hogy az a kártyavár, melyet olyan gyermekes hiszékenységgel és itélettelenséggel rakott a levegőbe, a béke kártyavára, egyszerre összeomlik. S Porcia herczeg *Molin Alajosnak,* a velenczei követnek a király kápolnájában keservesen panaszkodott miatta s azt mondta, hogy szeretné, ha Zrínyi egyszer a törökök hálójába vagy kezeibe esnék, illetlen levén, hogy négy tehén elhajtásával akarja felkavarni a világot![3] Porcia szerette volna, sőt az egész kormány örömmel vette volna, ha hősünk az ellenség kezeibe esik, hiszen már a múlt őszön kijelentették neki, hogy kiszolgáltatják, ha várát a béke czéljából le nem rombolja:[4] de ő diadalmasan portyázott és harczolt tovább.[5] Mert a mig a kormány csak alkudozott, csak tétovázott s még május közepén is, a mint Neumann jelentette urának, nyugodott minden hadi készülődése,[6] ő érezte, hogy most vagy soha, mert a haza veszedelemben. »Oh, én édes Gróffom, édes Öcsém uram, irja Csáky Istvánnak, április 28-ikáról, mely igen vész hazánk, nemzetünk; láthatod-e ezt száraz szemmel és nyugodhatik-e lelked rajta, hogy semmit ne cselekedjél?! Úgy tudom én: az Kegyelmed familiája azok az vitéz kapitánok közül való származat, a kik először Scitiából kijöttek, elég ez az ösztön egy nagy léleknek. Avagy most avagy sohasem.«[7] Igen, érezte szo-

1 *Történelmi Tár,* 1881. 124. l.
2 Vitnyédy István levelei, II. k. 57. l.
3 Molin Alajos jelentése máj. 15-éről.
4 Acsády Ignácz, A Magyar Nemzet Története, VII. k. 169. l.
5 Vitnyédy István levelei, II. k. 64. l.
6 *Történelmi Tár,* 1881. évf. 124. l.
7 *Századok,* 1872. évf. 558. l.

morúan és elszántan, sőt látta, világosan és nyiltan, hogy Magyarország halálküzdelmének napja elkövetkezett, mert a gonosz végzet minden jó tanácsot a kikerülhetetlen szükséggel lehetetlenné tesz. De ha már veszni kell, szóval és tettel egyiránt azt hirdette, hogy emberül, vitézül, magyari szivvel, ellenségünk kimaradhatatlan kárával veszszünk és senki kimúlásunkon ne nevethessen.[1] «Mert egy országban a hecticánál nincs nehezebb és gyalázatosabb halál. Ha Isten csodálatos módon meg nem segít, nem szabadulhatunk; pedig nem érdemeljük, hogy megsegitsen, mert erre az csúfra, az melyben vagyunk,» fejtegeti valamely erdélyi barátjának május 2-ikán, — «Európának magunk tunyaságával adtunk okot, mi, az kik egymást jobban, hogy sem akármely nemzet ez világon, gyülöljük és (bocsássa meg ama jó Genius, ki egynehány száz esztendeig a magyarral fáradott) csak nem mint az ebek vagyunk; mi, kik minden nyavalyánkban egymásra csak szánkat tátjuk, egyikünk az másikra vet, pedig mindnyájan rosszak és vétkesek vagyunk; mi, az kik mindenik az maga hasznáért eleget perel és pattog, az köz javáért megnémul, készek vagyunk s örömest látjuk felebarátunknak házát égve, csak legyen annyi hasznunk benne, hogy annál melegedhessünk félóráig, mi fegyvert kezünkbe nem veszünk, hanem mint az szamárok nyegünk azösztön alatt . . . Óh, nyomorult, óh, elfajzott magyar! Ilyenektől reméljem-e én, hogy az Isten az égből leszálljon, hatalmasságosan érted mindent cselekedjék s Te semmit se; hogy küldje egy angyalát és verje meg az Sancheribet s Te aludjál? Az ki ilyeneket ilyképen remélhet, bizonyára meg nem érdemli. Reménytelenül irok Kegyelmednek, de úgy gondolom, jobb halni oroszlánul, mint élni szamárként. Ha veszni kell hazámnak (kell pedig), azon vagyok, rajtam kezdje el a veszedelmet, ez az én vég-

1 *Erdélyi Figyelő*, 1. k. 1879. 15. l.

rendelkezésem és eltökéllésem, kire Isten segéljen! Nem mulasztok el azonban semmit is, ha más eszköz volna, de bizony nincs, mert az kirül sokat szólunk, bizonytalan, veszedelmes, böcstelen; hanem várok Istentől és kész vagyok minden eshetőségre, kit ébren és nyitott szemmel várok.»[1] Igen, érezte szomorúan és elszántan, sőt látta világosan és nyiltan az egész veszedelmet, de vissza nem riadt kötelességétől, pedig tudta, hogy kevés egy kakuk egy erdőben; sőt megvetve minden rettenetességét, maga hivta ki maga ellen a végzetet, mert a mikor az ozmán birodalom roppant serege «erre felé» közelgetett, a végbeli törökségen ismét és ismét rajta ütött. Lovagias szomszédja, *Ali*, az új kanizsai basa figyelmeztette, hogy hagyja abba csatározásait, mert miattuk egész Törökország ellene fordul: de fentebbi kijelentéséhez híven oly fenséges hangon felelt, a mely époszba illenék. Nagy tisztességének tartja, írta vissza, ha a fényes kapu egy magaféle vitéz ellen fejti ki nagy hatalmát, kész élete feláldozásával ellene állni, mert az erők aránytalansága annál nagyobb dicsőségére szolgál, mint nagy ősének esete példázza, ki feláldozta életét Sziget oltalmában, mikor a várat a török megszállta és a keresztyénség meg nem segítette; ő is mindenkép szerencséjének ösmeri, ha a világ legnagyobb hatalmával szemben halhat meg; inkább védelmezi a várát, mint abban betegen gyógyíttassa magát.[2]

A hir csakugyan folyton úgy beszélt, a mint hősünk hallotta és *Ali* jelezte, hogy Köprili Ahmed egyenesen reája jő. Bécsben rebesgették ugyan, hogy seregének egy része Erdélybe, más része Lengyelországba megy;[3] de ott is bizonyosnak vették, hogy a sereg zöme és a nagyvezér személyesen Zrínyi ellen fog harczolni; annyival inkább, mert a török többször kijelentette, hogy Zrínyinek, ki a

1 *Ugyanaz*, 16. l.
2 MOLIN ALAJOS jelentése máj. 16-áról.
3 *Történelmi Tár*, 1881. évf. 124. l.

(Egykorú metszet után.)

4. ALI KANIZSAI BASA ARCZKÉPE.

nagyúr területét bitorolja, országait, szigetét és várát megtámadhatja a nélkül, hogy Lipót ellen háborút indítana és viselne, mert valahányszor a hódoltságba való beütéseiről szó volt, Reninger a sérelmes panaszra mindig azt válaszolta, hogy a grófnak külön országai vannak, melyeket a király befolyása nélkül kormányoz és semmi tilalmának nem engedelmeskedik. S az udvarnak egy ideig épen ez volt vigasza és reménye, mert azt hitte, hogy a háború csak a Zrínyi földére szorítkozik, s Köprili Ahmed haragja az új erősségen elpárolog, így a béke mégis megmenthető lesz.[1] E miatt elég gyáván és gyalázatosan hősünket magára akarták hagyni; sőt nyílván a török könnyebb boldogulása végett május elején megtiltották neki, hogy Csáktornyán és új várában építkezzék;[2] de Molin előre megjósolta, hogy szándékuk lehetetlenség, mert nem hagyhatják el a nélkül, hogy egész Horvátországot koczkára ne tennék; ennél fogva kedvük ellenére is meg kell segíteniök.[3] Zrínyi a maga rettenthetetlen szivével a nagyvezér erejétől nem félt, mert el vala szánva, hogy azt hasonló bátorsággal, ha nem is hasonló erővel felfogja és visszaveri,[4] azonban ébren és nyitott szemmel vigyázva, minden eszközt használni kivánva, kezét megkötni nem engedte, az építkezést abba nem hagyta, sőt a sikeresebb védekezésre segítségért egyenesen a hadi tanácshoz fordúlt. Május közepén Bécsbe rándult és kitett helyzetét, új vára fontos fekvését, bukása esetleges következményeit élő szóval kifejtette, 6000 embert kérve, mely a horvátországi és stiriai német katonaságból könnyen kitelik.[5] A tanácsban sokáig vitatták, beszéli Molin, hogy magára hagyják-e vagy megsegítsék, ha a török új erődjét megtámadja és kijelenti, hogy csak

1 Molin Alajos jelentése május 20. és június 3-ikáról.

2 *A császári és királyi hadi levéltárban*, 325. k.

3 Molin Alajos jelentése máj. 16-ról.

4 *Ugyanaz*, ugyanott.

5 *Történelmi Tár*, 1881. évf. 124. l.

a maga tulajdonának visszavételére és nem a király birtokának elragadására irányul megszállása, mert megsegítésével megtámadnák a törököt, ki csak a saját területe bitorlójának megbüntetésére jő, nem pedig azért, hogy a királyra haddal üssön?! Mind a mellett elhatározták, hogy ha egyenesen a várnak megvételébe fog, Zrínyit mindenkép támogatni és segíteni kell *kéz alatt*, mert előre látható, hogy a török nem elégednék meg a hely elfoglalásával, hanem megtartaná és megerősítené s belőle uralkodnék Horvátországon s megszállhatná Stiriát és Karinthiát.[1]

Az országos háborúban tehát még most sem hittek, csak kéz alatt való segítséget emlegettek; csodálkozhatunk-e aztán, ha még mindig csak szóval fegyverkeztek, ha a nemzet annyi romlás és meghasonlás közepette, a kormány akarattalan tétlensége láttára maga sem buzdult fel egyetemesen. A Duna mellékén, a hol Zrínyi szelleme és példája gyújtott, ajánlásban nem volt fösvénykedés; de a Felvidéken, hiában Wesselényi és hiában Strozzi közvetítésének,[2] csak követelés hangzott: a vallásos és alkotmányos sérelmek orvoslásának követelése. A pozsonyi értekezlet idejében még erélyesen sürgették, hogy a német katonaságot Szent-György napjára vezessék ki; most ezzel a követeléssel felhagytak ugyan, de tiltakoztak újabb német katonaság behozatala ellen, a míg a háború ki nem tör.[3] Maguk akarnak fölkelni, a mint a király rendeli vala. Aztán meggondolkoztak s a kanczellár által mentegették eljárásukat. «Hagyjatok békét nekik,» irja Witnyédy Keczer Andrásnak június 11-ikén, «ne udvariaskodjatok velök, eljön az üdő, hogy onnan járnak utánatok; mi ha megleszen, kedvetlenséget mutassatok, biztosítlak benneteket, azzal többet használtok, mint az udvariassággal. Mert mind a birodalomba, mind másutt nincsenek dolgaink igen jó karban.»[4]

1 MOLIN ALAJOS jelentése máj. 20-ról.
2 *Történelmi Tár*, 1881. évf. 124., 125. l.
3 *Ugyanaz*, 125. l.
4 VITNYÉDY ISTVÁN levelei, II. k. 75.

Sőt félünk, hogy még sehogy sincsenek. A birodalmi gyülés annyit hallott a béke biztos kilátásairól, hogy a segítség-kérést mind ez ideig nem vette komolyan;[1] a bécsi kormány annyit vesződött a béke megmentésével, hogy a háborúval még nem foglalkozott érdemileg, mert a mit tett is, félszegen tette, a mint a bécsi magyar tanácskozás példázza. Június elején a háborúnak megbeszélése végett fölhivatott egy csomó papi és világi urat, de hősünket, öccsét, Péter grófot és Batthyány Kristófot, kik az árnak első sodrában estek, nem hallgatta meg; a tanácskozókkal meghozatott egy csomó határozatot, de nem vette figyelembe, intézkedés helyett legfölebb igérettel válaszolt. Követelték tőle, — bizony különös követelés közveszély idején, — hogy német katonaság addig az országba ne jőjjön, a míg maguk nem kérik; s azt felelte rája, hogy a lovasságot az örökös tartományok határain, a gyalogságot a végekben helyezi el, hiszen ott jobban is védve lesznek; követelték tőle, hogy a végbeli vitézlő népet elégítse ki s fogadjon a mellett magyar és horvát hadat, azt felelte vissza, hogy majd fizet, csak tudjon, majd fogad, csak el ne olvadjon; követelték tőle, hogy a királylyal hirdettessen közfölkelést, azt válaszolta, hogy megteszi, csak a szemle után kiki menjen aztán haza; végre követelték tőle, — bizony megint jellemző követelés hadakozás folyamán, — hogy engedje meg a törököt büntetlenül megcsapni, s azt parancsolta, hogy a törökön semmi ellenségeskedést el ne kövessenek! Furcsa hadi készülődés, melynek egész törekvése oda irányul, hogy az ellenséget bántani *nem* szabad.[2]

1 Zwiedeneck-Südenhorst, Deutsche Geschichte, I. k. 241. l.

2 Vitnyédy István levelei, II. k. 69., 70., 77. l. A tanácskozásban résztvettek: Lippay György, Szelepcsényi György érsekek, Széchenyi György győri, Sennyey István veszprémi, Szegedy Ferencz váczi püspökök, meg a semendriai püspök, Nádasdy Ferencz, Forgách Ádám, Pálffy Miklós, Zichy István, az Illésházyak, Gábor és György, Palocsay Gábor, Lippay János, Ostrosich Mátyás, Morócz Farkas alnádor, az alországbiró, Hölgyi Gáspár, Egresdy Boldizsár, Kerekes

Mert Neumann szerint még nem mondtak le a béke reményéről.[1] A nádor ehhez képest június 6-ikáról kihirdette ugyan a közfölkelést, de a gyülekezés és szemle napjának kitűzése nélkül, inkább csak elvileg.[2]

Pedig a nagyvezér június 8-ikán 121,600 emberével, 123 kisebb és 12 öreg faltörő ágyújával, 10,000 öszvérével és 6,000 tevéjével már Nándorfejérvárnál állt, a nagy sereg átkelésére a szávai híd Zimony iránt már elkészült, a hó-

5. BATTHYÁNY KRISTÓF PECSÉTJE.

doltságbeli törökség Temesvárnál már gyülekezett és Apaffy az erdélyi német őrség megtámadására már parancsot kapott.[3] Szóval a háború mindenfelől már felvonulóban volt, csak a védekezés szervezése késett. S a mikor Bécsben mégis a megszállás lehetőségére gondoltak, egyszerre olyan riadalomba estek, hogy a németekkel tanácsot ültek és

Menyhért, nagyobb részint olyanok, a kik három török holttestet nem láttanak, mondja Witnyédy.

[1] *Történelmi Tár*, 1881. évf. 125. l.

[2] WESSELÉNYI FERENCZ Kassán, június 6-ikán kelt rendelete Horvát-, Tót- és Dalmátország rendeihez.

[3] *Történelmi Tár*, 1881. évf. 124., 125. l.

határozatot hoztak, mikép a külvárosokat lebontják az előre látható támadás miatt;[1] egyszerre előre látták a támadást, mikor néhány nappal előbb még a háborút sem hitték el; s a külvárosok lerombolásáról hebegtek, mikor Köprili Ahmed még a Száván sem kelt át, nem hogy a Dráván, meg a Dunán és Lajtán átkelt volna! «Úgy látom,» írja hősünk június 19-éről Csáky Istvánnak, «minden veszély összveesküdt megnyomorodott hazánkra és nemzetünkre és nem hiszem, hogy sokáig lett volna egy nemzetnek is úgy minden reménységen kívül való ügye, mint minekünk vagyon. Úgy hallom, Bécsben is semmit sem végezhettek az magyarországi urak (az hova én hivatalos nem voltam), mert oly rémülésben vagyon a szomszéd nemzetség, hogy csaknem jobban van ő nekik a biztatásra szükségek, hogy sem minekünk, az kik elsők vagyunk az veszedelmünkben. Mit fog Isten továbbra adni? Nem tudom ugyan: de az pogánságnak rettenetes nagy a készületi és az gondoskodás kevés, kit cselekszünk oltalmunkban, semmi jót nem jövendölhetünk belőle. Én itt, noha mindentül elhagyatott és minden oltalomból megszűkölt vagyok, várom mindazonáltal nagy szüvel ennek az nagy itéletnek végrehajtását, a melyet Fatum reánk kimondott. Higyje meg Kegyelmed, édes Gróff Uram, örömmel adok az Istennek hálát, ha én rajtam, az mint hire vagyon, kezdődik el az utolsó romlás; kissebb keserűségemre leszen, hogy sem ha mind látnám előttem veszni ezt a dücsőséges nemzetünket!»[2] S egyedül ő cselekedett: szorgosan fegyverkezett és mindent elkövetett, hogy csakugyan rajta kezdődjék el az utolsó romlás; meg-megcsapta a törököt, egyszer Kosztajnicza alatt,[3] másszor másutt, százával ölve és rabolva belőle.[4] Mert meg akarta mutatni, hogy nem fajzott el régi elveink jó magaviselésétől és jóságos cselekedetétől; sőt egyenesen a

1 *Ugyanaz*, 125. l.

2 *Századok*, 1872. évf 559., 560. l.

3 VITNYÉDY ISTVÁN levelei, II. k. 75. l.

4 *Történelmi Tár*, 1881. évf. 125. l.

nagyvezérbe kötve, többször kisérletet tett útja megzavarására. Kisérletei ugyan meghiúsultak, de az egyik basát, ki néhány ezer emberével fel akarta tartóztatni, egy szorosban megnyomta és keményen megverte. Majd a védelem hatékonyabb kifejtésére és a közfölkelés pontosabb rendezésére összehivta a karokat és rendeket Varasd városába, kik június 26-ikán hazafias elszánással és jobbágyi hűséggel karolták fel a háború ügyét. Meghallgatták a nádori felhivást, mely «égigható és példaadó» vitézi hirnevük, «mindeneknek tükörül szolgáló és vérükkel örökölt» bátorságuk dicséretével lelkesítette őket, hogy serény és vitéz őrállójuk, gróf Zrínyi Miklós bán táborába gyülekezzenek seregestül, kiki személyenként;[1] s meghallgatták a báni előterjesztést, hogy a király is a megyéket egyenkint értesítette a török békeszegéséről és a fegyverkezés szükségéről, egyszersmind megkereste őket, hogy keljenek föl a haza védelmére, melyért maga is minden áldozatot meghozand.[2] A karok és rendek a felségnek megköszönték atyai gondját és segítségét, de hálálkodó levelükben fölkérték, hogy máskor ne az egyes megyéknek, hanem az eddigi szokás szerint az egész országnak irjon, a védelem érdekében nagyobb nemzeti katonaságot, a királyi véghelyeken tetemesebb német őrséget tartson; a nagy szükségre való tekintettel elegendő lőport, golyót és más hadi szereket adjon, a külföldi és szomszédos tartományokbeli segélycsapatokat a határokra helyezze el, a végbeli kapitányokat pedig a bánnal való jó egyetértésre utasítsa. Aztán magukra nézve kimondták, hogy az utolsó pozsonyi gyűlés V. és VI. czikkelye értelmében a bán parancsára személyenként fölkelnek s a kitűzött helyen megjelennek; azonkívül a honnak ebben a szükségében és veszedelmében a földes

1 WESSELÉNYI FERENCZ id. rendelete Horvát-, Tót- és Dalmátország rendeihez.
2 *Acta et Articuli* stb. 200. l.

urak maguk részéről minden füst után egy lovast állítanak, vagy ha azt nem birnának, egy gyalogot fogadnak; jobbágyaik részéről pedig három jól felfegyverezett gyalogot küldenek a táborba. Elvégezték azt is, hogy az egytelkes nemesek egy lovassal vagy gyaloggal adózzanak, a királyi városok, egyházi férfiak, mesteremberek kötelességüket a szokott módon teljesítsék, a kufárok és kereskedők eladnivalóikat méltányos áron szállítsák, a többi hadra kötelezett azonban köteles katonáskodni és a maga éléséről gondoskodni. A fölkelést július 23-ikára határozták, azzal a kijelentéssel mégis, hogy szükség esetében a bán előbb is elrendelheti. Ehhez képest a gyors fölszerelésről intézkedtek: Bellecz Istvánt Krajnába és Karinthiába küldték hadiszereket kérni, Ivanovich Tamást Stiriába lőport vásárolni; s a gabona hátralékosoknak meghagyták, hogy évi illetéküket két hét alatt, július 11-éig a megszabott büntetés terhe alatt beszolgáltassák.[1] Végre az apró folyóügyeket eligazították és buzogva megesküdtek, hogy életüket és vérüket áldozzák hazájukért és annak védő bástyájáért, Zrínyi új váráért, a minek viszonzásaként hősünk öcscsével szintén megfogadta, hogy az erősséget közösen védelmezik: egyikük a csatamezőn, másikuk a várban![2] S azok haza széledtek, maga meg folytatta éber őrködését, Csáktornya és új vára biztosítását, a mire egypár nappal a gyűlés előtt a hadi tanácstól segítséget is kért.[3]

Köprili Ahmed e közben roppant seregével átkelt a

1 *Acta et Articuli* stb., 200., 201. l.

2 BALOGH JÁNOS Nagy-Kanizsa városának és vidékének hadtörténelmi multjában (Nagy-Kanizsa, 1897. 161. l.) a kölcsönös fogadalmat a *július 25-iki* varasdi gyűlésre teszi. Ekkor, az országos fegyverkezés és táborozás idején, a mint a tartományi gyűlések hiteles jegyzőkönyve mutatja, mely még a tábori értekezleteket is megörökíti, gyűlés nem volt: de nem is kellett, mert a június 26-iki ülés, melyre 25-én gyülekeztek, minden készületet eligazított. A fogadalom csak ezen történhetett, ha ugyan megtörtént, a mit elfogadhatóvá tesz, hogy később, a mikor hősünk a csatamezőre vonult, csakugyan Péter gróf őrködik várában.

3 *A császári és királyi hadi levéltárban*, 325. k.

Száván és az eszéki síkon táborba szállt. A fölösleges éléses hajókat a Dunán s födözetül Jusszuf janicsár csapatát a folyó partján egyenest Budára indította;[1] Reningert, a ki vele járt, meg báró Goest, ki Nándorfejérvárba eléje jött, maga elé hivatta tettető szines alkudozásának fölvétele végett, mert kezdettől fogva az volt czélzata, hogy e hadjáratért a felelősséget Lipótra és udvarára hárítsa. A követek Lobkovitznak, a hadi tanács elnökének és török ügyek vezetőjének alázkodó és mentegetőző levelét adták kezébe, mely biztosította a nagyvezirt, hogy a király el van határozva a jó szomszédság és béke fentartására; ennek következtében feljogosította megbizottjait, hogy a föltételeket teljes hatalommal beszéljék s állapítsák meg, ő aztán azokat az elnök becsületével való kezeskedése szerint jóváhagyja és teljesíteni fogja; a követek egyszersmind kijelentették, hogy minden eddigi föltételt elfogadnak. Megint megkéstek, Köprili Ahmed megint újabb követeléssel állt elő: fizessen Lipót a mellett a szultánnak 30,000 arany vagy 200,000 tallér évi adót a boldogult Szulejmán szultán idejebeli szerződés értelmében;[2] s állítólag még két milliónyi hadi kárpótlást, Dalmáczián keresztül Velenczére szabad járást kivánt.[3] A követek természetesen az adófizetésbe nem mehettek bele, legalább nem jelentés nélkül; a míg pedig az megjőne, a nagyvezir fölszedte táborát és költözködött az eszéki hídon át.

«Itten semmi egyéb hirek nincsenek,» írja Zrínyi július 8-ikán Csáky Istvánnak, «hanem hogy az török az eszéki hidhoz érkezett egynéhány nappal azelőtt és hogy most költözik derekasan által rajta, de még nem tudhatni bizonyos szándékait: hova igyekszik? A Duna mellett megyen-e fel, vagy hogy erre mifelénk jön? De mihent megindul onnan, azonnal megtudjuk szándékját. Azonban mind az egész

1 *Hadtörténelmi közlemények,* III. k. 370. l.

2 *Ugyanott,* 377. l.

3 VITNYÉDY ISTVÁN levelei, II. k. 83. l.

világ közönségesen azt kiáltja, hogy reám jön, nekem peniglen senki, széles e világon semmi segítséget még nem adott, mindazonáltal az én kevés erőmmel és tehetségemmel, a mit cselekedhetem, cselekszem, hazám megmaradására és nemzetem javára.»[1]

Ha a kormány idején gondoskodik a császári csapatok szaporításáról és összevonásáról, a birodalmi segélyhadak megajánlásáról és beküldéséről, a magyar fölkelés elrendeléséről és végrehajtásáról, erre az időre kétségtelenül 30—35,000 embert könnyen összegyűjthet s a Zrínyi Miklós hadával egyesíthet, ki 30—35,000 emberével a nagyvezir fogadására már készen állott. Mert az ország, az örökös tartományok, a rajnai szövetség és birodalom *együtt* csak birtak volna annyi fegyverest kiállítani, mint a mi hősünk *maga* egyedül.[2] S ha ezt a vitézlő népet Zrínyi alá Eszékkel szembe helyezi, boldog Isten, mi más fordulatot vesz vala az egész magyar történet és világtörténet is! Mert Zrínyi Miklós 60—70,000 vitézzel biztos állásból, ágyúk födözete alatt, véres homlokkal veri vissza és a Dráva hullámaiba szorítja a költözködő, megszakadozott török sereget, melyben Reninger szerint nem volt több 45—50,000 igazi katonánál, a többi gyülevész rabló nép levén, a tábornak inkább terhére, mint hasznára szolgált.[3] Akkor a török sereg bizonyosan elvész, mielőtt még a Dráva bal partján megállhatott és csatába sorakozhatott volna s a háború megszűnik, mielőtt még elkezdődhetett volna! De a kormány még mindig és mindenhez csak készült, most épen a linczi menekülésre és Köprili Ahmed megengesztelésére,[4] minélfogva hősünket eltiltotta minden támadástól s el Batthyány Kristófot minden portyázástól,[5] mert a míg

1 *Századok*, 1872. évf. 560., 561. l.

2 *Történelmi Tár*, 1881. évf. 125. l.
Acsády Ignácz idézett műve. 170. l.

4 Vitnyédy István levelei, II. k. 93. l.
S Hadtörténelmi közlemények, III k. 375. l.

5 Vitnyédy István levelei, II. k. 90, 101. l.

ő le Eszékig, ez Székesfejérvárig kalandozott. A tilalom a harczvágyó és táborozó magyar vitézek között oly elkeseredést okozott, hogy követet küldtek egy főnemes személyében Bécsbe visszavonásának kieszközlésére, sőt e végett az esztergomi érsek is fölsietett, hogy Porcia herczegnél közbe vesse magát.[1] Ám ezalatt a nagyvezér békén, megzavarás nélkül költözött át: aztán egyet gondolt és — Budának tartott. Pedig mind az egész világ közönségesen azt kiáltotta, hogy hősünk ellen fordúl; békeföltételeiben maga is mind az ő új vára lerombolását hangoztatta, hogy a nélkül megegyezés nem lehet; s táborában a féktelen Mikulich Sándor, ki elitéltetése után a világba züllött,[2] Franczia- és Spanyolországba bujdosott, majd a török fővárosban hányódott, a hol pribékké lett, szintén egyre ő ellene izgatott, mert az volt reménye és számítása, hogy az ő leverésével, Horvátország elfoglalásával és török kézbe jutásával elkobzott birtokait visszaszerezheti;[3] de bizony Köprili Ahmed, mondja Witnyédy röviden, oda ment, a hol Zrinyi Miklóst *nem* talált és *nem* tudott.[4]

Hősünk jó készülettel, nagy örömmel és nagy bátorsággal várta, hogy a pogány dühét reá fordítja, s ő megunt életét dicsőséges halállal válthatja meg, a míg a varasdi német főkapitány, Leslie Walter gróf egészen méltóan a bécsi politikához, Regedébe szaladt:[5] de hasztalanul várta, megütközni a pogány föl nem kereste s a kormány nem engedte. «Most olyan időben vagyunk,» írja Witnyédy Partingernek, «hogy a kinek mi kevés módja volna is, nem segítik, hanem tilalmazzák».[6]

Eh, hogy ne segítenék? Július közepén, a mikor a nagyvezér már Budánál táborozott, a hadi tanács lekül-

1 MOLIN ALAJOS július 8-, 18- és 29-iki jelentései Dr. Károlyi Árpád Dispacci-gyűjteményében.

2 SZÉCHY KÁROLY, Zrínyi Miklós, III. k. 102, 106 l.

3 MOLIN ALAJOS jelentése június 3-áról.

4 VITNYÉDY ISTVÁN levelei, II. k. 97. l.

5 VITNYÉDY ISTVÁN levelei, II. k. 97.

6 *Ugyanaz*, II. k. 98. l.

dötte Zrínyihez Wassenhoven katonai mérnököt új várába az erősítés ügyében;[1] július végén pedig, a mikor az már Érsekújvárra indult, az érsek közbevetésére megengedte neki, hogy a törököt otthon megtámadhatja, de ne nagyon, csak óvatossággal![2]

Mert Köprili Ahmed, a mint Budához szállt, július 16-ikán tanácsba gyűjtötte a fővezéreket, emireket, janicsár-agákat s más tapasztalt vitézeket, s fölvetette előttük a kérdést: merre menjenek? Győrre? Nem érdemes, kevés a zsákmány. Komáromra? Veszedelmes, mert szigeti volta miatt könnyen bekeríthetik őket. Érsekújvárra? Ez foglalásra méltó; erős vár, gazdag várak és városok, arany és ezüst bányák fekszenek körüle, ott lesz bő aratás. S megszállását egyhangúlag elhatározták.[3] Azért a követekkel szinleg új alkudozásba ereszkedett, azok már most szivesen rá álltak volna a pénzfizetésre is: csak nem adó, hanem ajándék czímen; ajánlatukat elutasította s őket Buda várába visszaküldötte;[4] maga pedig július 30-ikán megindult Érsekújvár ellen, másnap már Esztergomnál járt, hol a hid elkészültére négy napig várt; csak őrszemül és biztosításul vetett át Párkányhoz Ibrahim és Kaplan basák alatt 3000 embert.

A kész hídon augusztus 5-ikén mentek át az előcsapatok Ali szerdárral, Gurdsi Mohammed basával, s nehány zászlóalj janicsárral, összesen 7000-en és egyesültek Ibrahim és Kaplan 3000 főnyi csapatával. A derekas költözködés másnapra maradt. S ez a helyzet tőrbe csalta *Forgách Ádám* grófot, Érsekújvár parancsnokát. Pucheim biztatta, hogy jó volna a tábort fölverni, két álszökevény török félrevezette, hogy a nagy árvíz miatt a híd elszakadt, vagy harmadfél ezer ember Párkánynál ragadt, kiket

1 *A császári és királyi hadi levéltárban*, Windica. 68. k.

2 *Ugyanott*, 327. k.

3 *Hadtörténelmi Közlemények*, III. k. 373. l.

4 *Ugyanott*, 375., 376. l.

a segítség hiányában meg lehetne könnyen nyomni:[1] Nosza, az éj oltalma alatt Pálffy Miklós, Illésházy György, Pio őrgróf, Eszterházy György és más urak kiséretében 6000, a maga állítása szerint 3100 vitézzel *Párkányra* sietett, s hajnal hasadtával a táborra üt és Gurdsi Mohammed sátoráig hatol: de a pogány lesen várta, csak eresztette magára, aztán egyszerre körül kerítette, puskával lődözte, karddal vagdalta, rettenetes pusztítással. Forgách vakon rohant vesztébe, de vakmerően harczolt;[2] reggeli hat óráig kétszer megütközött, csak hada megsemmisülésével engedett. Török is sok veszett Karakás és Amhát basákkal; de az ő egész gyalogja oda volt, oda a lovasság nagy része, oda Eszterházy György, Illésházy Ferencz, Lippay János és Szörényi Ferencz; s mindezért vajmi kevés kárpótlásul szolgálhatott az elfogott 17 szerecsen paripa ezüst szerszámostul, arany czafrangostul, a melylyel a nádornak dicsekedett.[3] Futott, a ki futhatott, maga is megeresztett fékkel vágtatott. Utána a törökök ezrével, két oldalról szorították, három mérföldig űzték, míg a szölgyéni szőlőhegyeknél egy nagy árkon keresztül ugratott, cselt vetve Esztergomnak csapott, s ekkép szerencsésen kisiklott kezükből. Estére tizedmagával Újvárra ért. Nem esett egyéb baja, csak a dolmánya egyik gombjának felét hordta el valami bolond golyóbis.[4]

No meg a hadát vesztette el, meg a maga jó nevét, a magyar és német fegyverek erejének erkölcsi hitét! A lakosság rémületbe és kétségbe esett a védekezés lehetősége és a hadjárat kimenetele iránt, mert a török azonnal elborította az egész vidéket Szölgyénnel, Verebélylyel, Komjátival; s mehetett egyenesen és akadálytalanúl Újvárnak,

1 Forgách Ádám jelentése Wesselény Ferencz nádorhoz, augusztus 7-ikéről. Hadtörténelmi Közlemények, VI. k. 719. l.

2 Vitnyédy István levelei, II. k. 105. l.

3 *Hadtörténelmi Közlemények*, VI. k. 720. l.

4 *Ugyanott.*

vagy ha tetszett, épen Bécsnek, mert a kormány és hadserege az ijedtségtől szinte megdermedett.

Montecuccoli gróf, a fővezér 6500 főnyi seregével július közepe óta Magyar-Óvárnál álldogált. Mozdulni se nem mert, se nem szándékozott. Mert kezdettől fogva oly gyöngének érezte magát, hogy *eleve* elhatározta, mikép nyilt csatában a törökkel való megmérkőzést mindenképen kerüli; s csakis arra szorítkozik, hogy valamelyes középponti erős állásba húzódjék, melyből a nagyvezérnek a folyók kelőinél apró megcsapásokkal apró veszteségeket okozhasson, s Bécsbe menetelét feltartóztathassa.[1] E végből különösen alkalmasnak látszott előtte Magyar-Óvár, mely a Lajtának a Duna jobb ágába való torkolásánál fekszik, a Csallóközzel szemben. A természet mindenfelől mocsarakkal, folyókkal veszi körül a sereg sikeres födözésére: nyugaton a Hanság, keleten a Csallóköz, északon a Vág, délen a Rába az erős Győrrel, a megvehetetlen Komárommal. S e mellett Holst, a kedves Holst is árkokkal, sánczokkal jól megerősítette.[2] Ide vette be hát magát seregestől, jobb szárnyával a Hanságra, ballal a sánczokkal, erődítésekkel védett Vág vonalára támaszkodva, azzal a számítással, hogy a Duna az élelmezést biztosítja, helyzete a feladatát megkönnyíti, mert előtte az egész Csallóköz, melyet folyók szaggatnak meg, cserjék és erdők borítnak; úgy hogy azokon keresztül bajos lesz a nagyvezérnek az ő táborát megközelítenie, erejéről és felállításáról tiszta képet nyernie; annyival bajosabb, mert a Csallóköz előtt meg Győr, Komárom és Újvár esnek, melyek megszállása és megvétele időbe és fáradságba kerül. Így majd csak eltelik az esztendő, reá nézve küzdelem, Bécsre nézve veszedelem nélkül, a míg az idegen segítő hadak megérkezhetnek. Mert az egész hadakozásnak a kormány és a hadi tanács felfogása-

1 *Zwiedeneck-Südenhorst*, Deutsche Geschichte, I. k. 243., 244. l.

2 *Történelmi Tár*, 1881. évf. 126. l.

ként nem volt egyéb czélja, mint Bécs, s legfölebb még az örökös tartományok megoltalmazása. Magyarországot elvileg eleve feláldozzák, Győrt, Komáromot és Újvárt eleve sorsára hagyták. Ezért állt Montecuccoli az ausztriai határ közelében, Souches 1500 főnyi csapatával a morva szélen; ezért kérték a birodalmi gyűlésen a segítséget Bécs biztosítása végett.[1] Magyarország, a keresztyénség paizsa és bástyája védje magát, ha tudja, sőt az sem mindég szabad, mikor akarja; a németek csak annyiban védelmezik, a menynyiben a maguk földének épsége, a háborútól és dúlásától megkimélése követeli. A mi nekünk hazánk, szent örökünk, áldozati oltárunk, nekik csak csataszinhely, maguknak és az ellenségnek szabad piacz, megrablani és kiélni való! Bezzeg, ha idején a hadat összegyűjtik, Eszékhez rendelik és Zrínyinek a támadást megengedik, nem kellene most félni Bécsben a nagyvezértől![2]

Zrínyi Miklós Köprili Ahmed elvonulása után, megszünvén derekas veszélye s nem levén a harczra engedélye, lovas és gyalog csapatait eleresztette; de azzal a parancsolattal, ha szükséges, megint összegyüljenek. A lelki nyugtalanságban, testi fáradságban a sok munka után, melyet vára erődítésében, a Murán való hid építésében maga személyesen cselekedett, kimerült és Csáktornyán ágyba dűlt;[3] de alig épült ki bajából, meg akarta torolni Kanizsán, a mit a török Párkánynál vétett. Csellel meg akarta venni a várat. Mert föl kellett tennie, hogy Köprili Ahmed előnyomulása, párkányi csatája és pusztítása, meg Újvár ellen fordulása után immár a kormány és hadi tanács sem kételkedik, hogy benne vagyunk a háborúban s többé nem idegenkedik semmiféle visszavágástól. Öccsét Leslie grófhoz Regedébe küldötte, majd Labda várába, mert már oda

1 *Zwiedeneck-Südenhorst*, id. m. I. k. 238., 243., 248. l.

2 VITNYÉDY ISTVÁN levelei, II. k. 98., 105. l.

3 *Ugyanott*, II. k. 98., 100. l.

szaladt, hogy 3000 gyalogost kérjen tőle. Regedei katonasága kész is volt mindjárt megindulni s parancs hiában föl kellett előtte a kapukat vonnia:[1] de maga Leslie megtagadta a segítséget, vagy csak oly föltétel mellett adta volna meg, ha fizetéséről, éléséről hősünk gondoskodik, magános lovag a király népéről. Mintha ezt a katonaságot, Varasdon, Regedében, Labda várában, — legalább a mikor jut — nem élelmeznék és nem fizetnék! S mintha Zrínyinek elvesztett hada, örökös védekezése nem került volna úgyis elég áldozatába! (Hiszen leginkább a magáéból tartotta ki.) Vállalata ennélfogva elmaradt, s a kanizsai basa augusztus 13-ikán, egész váratlanul mintegy 6—7000 főnyi csapatával az ő erősségét lepte meg.[2] Mert ott volt mellette Mikulich, a nagyvezér rendeléséből egyenesen azért, hogy hősünk mozdulatait megfigyelje és kihasználja; s ő a támadást egyre ajánlotta, sürgette, valamely barátjának eleve megírta, megjelentette, hogy ütött a bosszú órája![3] S a mikor Zrínyi Péter Leslienél járt, a basa abban a hiszemben, hogy a bátyja jár ott, ki csupán Csáktornyán tartózkodott, meglopta az őrszemeket.[4] Az őrség egyszerre csak azt vette észre, hogy a törökök a falakat már megmászni készülnek. Hirtelen megadja a vészjelt: a katonaság összefut, apró granátokkal, tüzes golyókkal oly keményen fogadja, hogy sűrűn potyognak le belőlük a létrákról. Érkezik hősünk is, már messziről hangos kiáltással biztatja az övéit: «Szeretteim, férfiak legyetek, az ősi bátorságra emlékezzetek!» S maga mint villám csap le légrádi és csáktornyai csapatával az ellenségre, mire a törökök eszeveszett futással menekülnek. Valószinűen még sokkal többen vesznek ott, ha a jótékony erdőség oltalmába nem veszi őket.

1 Vitnyédy István levelei, II. k. 109., 110 l.

2 *Történelmi Tár*, 1881. évf 127. l.

3 Molin Alajos velenczei követ jelentése július 29-éről. Dr. Károlyi Árpád Dispacci-gyűjteményében.

4 Balogh János, Nagy-Kanizsa városának és vidékének hadtörténelmi multja, 167. l.

GVALTIERO CONTE DI LESLIE DEL CONS.º DI STATO DI
S M.TA CES.A GENERALE IN SCHIAVONIA, CAVALIER DEL
TOSON, AMBASCIATORE STRAORDINARIO ALLA PORTA
OTTOMANNA &c

(Egykorú metszet után.)

6. LESLIE GRÓF ARCZKÉPE.

Ez alkalommal megszabadult Új-Zrínyivára, mert még nem érkezett el végzete, mondja Eszterházy.[1] Sőt Zrínyi másnap kitört, s a törököket 600 emberük elvesztésével Kanizsába űzte.[2] A hadi tanácsnak pedig panaszosan jelentette,

[1] ESTERHÁZY PÁL Mars Hungaricussa. (Budapest, 1895) 32. l.

[2] *A törökök veszteségével* lehetetlen tisztába jönnünk. Batthyány Miklós, Zrínyi fiatal vitéze, ki jelentéseit a királyhoz és Porcia herczeghez megvitte, *200-nak* mondja, Patyi János, légrádi vajda *500-nak* vallja, (Vitnyédy levelei, II. k. 109., 110. l.) Neumann a vár alatt *200-nak*, a másnapi kitöréskor *600-nak* állítja. (Történelmi Tár, 1881. évf. 127. l.) Molin összesen *300-nak* vallja. (Jelentése augusztus 26-ikáról.) Eszterházy szerint (Mars Hungaricus, 32. l.) a létrákról százankint potyogtak le, pedig a hátulról való támadáskor is soknak kellett veszni. Mindezzel szemben a hadi tanács dicsérő elismerésében 100 elesettet emleget, a mi valószinűleg a Zrínyi szerénykedő jelentésein alapszik. De volt a törökök vesztesége bármennyi, az bizonyos, hogy az új erősség 6000—7000 főnyi hadnak győzelmesen ellenállt; s bizonyos, hogy ebből a hadból a Murába és Drávába veszteken kívül 3500 ember nem eshetett el, a mint Balogh János veszi, (Nagy-Kanizsa városának és vidékének hadtörténelmi multja, 167. l.) mert a hősünk őrsége rendszerint nehány száz vitézre ment

Balogh János különben a törökök csúfos vereségének megemlítése után a következő dolgokat beszéli:

»Zrínyi pár nap mulva, hogy a kanizsaiakat még inkább féken tarthassa, Fityeháza és Bajcsa között, a mai vasút nyugati oldalán alig egy évvel azelőtt épült elővárukat, melyben Pribék Imre renegát hivük parancsnokolt, szintén elfoglalá. Ezenközben egyik ügyes kémje, a czigány Csóré Laczi utján megtudta: hogy a már évek óta mindenünnen összerabolt és a nagykanizsai várban gyűjtögetett különféle ékszerek, oltári készletek és egyéb családi drágaságok mintegy 6 millió forintnyi értékben, 18 kocsin, 1500 lovas és 2000 gyalogos födözete alatt, szeptember hó 2-ikán este 8 órakor kezdendő indulással Eszéken át Belgrádba — mindég csak éjjel — innen már csak nappal Konstantinápolyba fog szállíttatni. Erre Zrínyi a jelzett nap estéjén Iharos-Berény községe előtt 3000 lovassal a nagykanizsai út két oldalán terült sűrűségben lesállást foglalt; számítása szerint legkésőbb 11 órára ott kellett volna a szállítmánynak lennie és már éjfél után egy óra felé járt az idő s még semmi nesz sem volt hallható, minél fogva már-már azt kezdte hinni, hogy hamis értesítést nyert, vagy valamely közbenjött akadálynál fogva az indulás elmaradt és épen azon gondolkodott, hogy csapatát összeszedi és elvonul, midőn úgy két óra tájban az ide is eljött és kémszemlére küldött czigány az előre megállapított és az éj csöndje alatt szendergő erdőben messze hangzó vontatott háromszoros bagolyhuhogást hangoztatva közeledett. Jó hosszúnak tetszett 10 perczre rá az előljáró őr roppant óvatosan és csendben elhaladt, utána mindég nagyobb térközökkel nagyobb és nagyobb csoportok haladtak, míg végre a minden oldalról körülfogott vonat mutatkozott, mire roppant kiáltással, mint bősz tigrisek rohantak elő Zrínyi emberei, a mi oly zavarba ejté a fedezetet, hogy ijedten rohant össze-vissza, nem csekély kárt okozva önmagában is, a küzdelem rövid, de nagyon elkeseredett volt, a mi a Zrínyiek diadalával végződött; s így 3-ikán délre a szép szállítmány már Új-Zrínyivárában pihent. Zrínyi erről sürgős jelentést tett Lipót császár és királynak, egyszersmind engedélyt kért arra, hogy az ereklyeszerű drágaságokat jelentkező tulajdonosaiknak visszaadhassa; ezt megnyerve, úgy a környéken, valamint Horvát-, Steierország és Ausztriában közhírré tételé, hogy minden valaha a törökök

hogy milyen fényesen megverte volna a basát előbb, ha Leslie gróf a segítséget meg nem tagadja; most meg magának kellett védekezni, s új erősségét a megszállás alól

által kirabolt templom és község elöljárósága, úgyszintén családok és egyes magánosok elrablott kincseiket, melyek Isten segítségével a törököktől visszakerültek és Új-Zrínyivárában őriztetnek, akár élőszóval, akár irásban vagy rajzban, a rajtok levő különféle föliratok és symbolikus jelek körülirása alapján átvehetik. E közhírré tétel után alig egy hétre már kezdetét vette a drágaságokért a búcsújárás, miközben Zrínyi tartván a török ravaszságától, várának biztonságáról sem feledkezett meg, — csak tizével engedte be az idegeneket, kiknek legnagyobb része visszakapta egykori elrablott drágaságait, minek folytán a roppant kincs 14 nap alatt ismét szétvándorolt a szélrózsa minden irányában; de még öt hét mulva is folyton jelentkeztek károsultak oly nagy számmal, hogy csak úgy hozzávetőlegesen is 28 millió forint értékű dolgok lettek egyebeken kívül összerabolva, melyek legnagyobb része Konstantinápolyba, a fényes portához vándorolt. Eme páratlan nagylelküség Zrínyit birodalomszerte népszerűvé tette.» (167—169. l.)

Balogh János úgy beszél minden részletről: a helyről, napról, óráról, összegről, még a keresett, de vissza nem kapott drágaságok értékéről is, mintha a Zrínyi tüzetes jelentése állana előtte, a milyet ő sohasem írt, vagy épen személyesen maga lett volna ott! Szükségesnek sem tartja, mint általában egész könyvén végig, hogy forrásra, bizonyságra hivatkozzék. Pedig csodálatos, de úgy van, hogy ennek a mesés kincsnek (6 millió abban az időben, ma 90 millió) elvételéről és szétosztásáról egyetlen szót sem tud sem Ortelius Redivivus, sem Priorato gróf, sem a jól értesült Neumann és Molin, sem a közelebb eső Esterházy Pál és Witnyédy István, a ki pedig urának minden apró hadi tetteiről, még pár ökör elhajtásáról is megemlékszik. Sőt nem tud róla egyetlen szót még Forstall sem, a ki a hősnek minden dicsőségét megörökíti, s nem az egész hadi levéltár sem, hová Zrínyi minden mozdulatát, még portyázó szándékát is bejelenti! Balogh a Zrínyiek diadaláról szól, holott Péter gróf abban az időben arra se járt, mert a hadi tanács augusztus végéről és szeptember elejéről Auersperg Farkas főkapitánynak ismételve elrendeli, hogy küldje őt a bán segítségére, ha újabb vállalatba fog (*Windica*, 68. k.); a kincsről azt mondja, hogy hősünk szeptember 3-ikán szállította várába és a felségtől azonnal engedélyt kért felosztására. Különös mégis, hogy 4-ikén, a mikor a hadi tanácsot a nádorhoz utazásáról értesíti, egyetlen betűvel sem emlékszik meg felőle; még különösebb, hogy a sok drágaságot személyesen úgy osztotta szét, hogy maga ott se volt: szeptember 4-ikén elindult a nádorhoz (*Hadi levéltár*, 325. k.), 5-ikén Német-Újvárt járt, 6-ikán Kőszegen (Vitnyédy levelei, II. k. 119., 122. l.), 9-ikén Vaton (*Mars Hungaricus*, 34. l.), 11-ikén Lajta-Bruckban kellett lennie (*Hadi Levéltár*, 327. l.), 15-ikén Oroszvárott volt (*Priorato*, II. k. 248. l.); onnan hazatérve Regedébe és Varasdra ment és a hada szervezésével foglalkozott. Mikor állt volna tehát *teljes 14 napig* a kincskeresők rendelkezésére? Nem szeptemberben, hanem októberben, vetheti közbe valaki; mert a míg a kérés a felséghez fölment és az engedély lejött, legkevesebb 10 nap eltelt; a míg a kihirdetés Horvátországban, főleg Stiriában és Ausztriában, a hol egyébiránt a törökök ez időtájban sem nem dúltak, sem templomot meg nem raboltak, megtörtént, legalább 10 nap megint elfolyt; a zarándoklás pedig a sok drágaságért a hirdetés után egy hétre kezdődött, így az osztogatás október 1-je előtt nem kezdődhetett. Csakhogy Zrínyi október 1-én megindult a csatamezőre, 4-ikén már Vatnál járt és november közepén (*Századok*, 1883 évf. 60. l.) tért haza.

fölmenteni.[1] A tanács valóban megneheztelt Lesliere és meghagyta neki, hogy szükség esetén hősünket megsegítse, két ezredét parancsa alá ereszsze,[2] valamint Auersperg Farkasnak, a horvát főkapitánynak, hogy őt támogassa, s újabb vállalatára azonnal 1000 embert küldjön Zrínyi Péter gróf vezetése alatt:[3] hősünknek ellenben nagy elismeréssel válaszolt. Tudatta véle, hogy a király nagy elismeréssel értesült a hírről, mikép a törököt vára falai alól visszaverte, csak küzdjön tovább is bátran és vitézül![4] Sőt Lipót úgy fölmelegedett iránta, hogy nyilvánosan ivott az egészségére.[5] «Mit nem mivel a szükség!» — jegyzi meg Witnyédy élesen.[6]

Bizony a szükség idézte elő ezt a hangulat-változást, mert Köprili Ahmed augusztus 16-ikán Érsekújvárt megszállta, s attól féltek, hogy megvétele után Pozsonyt, majd Bécset vijja meg.[7] S ebben a félelemben a ki csak tehette, a székvárosból menekült, még a bajor választó is Münchenből országába beljebb kivánkozott: az általános ijedtség közepette a király és udvar a rettenthetetlen Zrínyi felé fordult, a nemzet ősi vitézségét, fölkelő erejét akarta minél inkább kihasználni, mert kész serege még mindég csak a Montecuccoli és Souches lassan szaporodó hadára szorítkozott, még eddig sem a Lipót kérő szavára a birodalom vagy rajnai szövetség meg nem indult, sem VII. Sándor izgatására az európai keresztyénség föl nem támadt; Souches pedig a Mura felől nem tudott és Montecuccoli óvári táborából nem mert indulni. A kormány ilyeténkép maga kereste a közvetlen érintkezést, a jó egyetértést a primással, nádorral, a mi hősünkkel, s általában a főurakkal. Lippay még július végén, mikor az ismeretes tilalom visszavonása végett fölsietett,[8] Porcia herczegnek kifej-

1 *A császári és királyi hadi levéltárban*, Windica. 68. k.

2 *Történelmi Tár*, 1881. évf. 128. l.

3 *A császári és királyi hadi levéltárban*, Windica, 68. k.

4 *Ugyanott*, 68. k.

5 Vitnyédy István levelei, II. k. 114. l.

6 *Ugyanott.*

7 Molin Alajos jelentése júl. 26-áról.

8 *Ugyanaz* július 29-ikéről.

tette, hogy a siker egyetlen föltétele: ha a fölkelő magyar hadak élére *fővezérül* Zrínyi Miklóst állítják, mert Wesselényi, kit ez a méltóság hivatalánál fogva illet, köszvényes és beteges ember, ki olykor járni sem tud, ha hordozható székben nem viszik; idegen vezetésben pedig a nemzet nem bízik, s a kinevezett német fővezért, Montecuccoli grófot épen gyülöli, így a fölkelő magyar hadak az ő parancsa alá nem rendelhetők. S önként ajánlkozott a nádor rábeszélésére, hogy Zrínyi Miklóst a *maga helyettesének* fogadja el. Porcia a tervbe bele is egyezett. A hadi tanács hasonlókép elismerte, hogy hősünknek a háborúban jelentékenyebb szerepet kell juttatnia, mint eddig; de féltékenységből vagy irigységből még sem akarta az összes magyar hadakat kezére ereszteni, s a vezérletet úgy gondolta megfelezni, hogy a főparancsnok Alsó-Magyarországon, vagyis a Dunán innen és túl hősünk, Felső-Magyarországon, vagyis Tiszán innen és túl, a nádor legyen. Nádasdy, mint országbiró, jogász létére szóba sem jött, hiszen neki még végbeli főkapitányságában is meg kellett hajolnia a fiatal Batthyány Kristóf előtt.[1] S a tanács elküldötte hősünkhöz öccsét, Péter grófot, hogy erre a *feles* fővezérségre reábirja; a nádorhoz pedig Pozsonyba Porcia és Lobkovitz herczegeket, hogy ennek az újabb tervnek megnyerjék, s vele az egész hadviselésnek ügyét megbeszéljék. Wesselényi bizonynyal nem csinált akadékot, mert minden törekvése a harcz hathatósabb megindítása, a nemzet fölkelése és fölfegyverezése volt, s kigyult lelkesedéssel és gyönge testében erős biztatással szólítgatta, buzdította a haza szabadítására a rendeket, nemességet, polgárságot és a parasztságot, egészen a 16 esztendős ifjakig; hősünknek hasonlókép ez volt minden törekvése, sőt életének egyetlen czélja, de mindég a siker számításával, lehető biztosításá-

1 *Ugyanaz*, augusztus 12-ikéről S Vitnyédy István levelei, II. k. 123. l.

val. Katonai és vezéri lángész levén, jól tudta, hogy nagy erkölcsi erő a felbuzdulás, de csak úgy van értéke igazán, ha jól van szervezve. «Égen két nap, egy országon két király, egy hegyben két oroszlán, egy hadban két kapitány nem lehet,» — tanítja maga — «mindjárt romlik az a had, az hol kettő vagyon; az irigység nem engedi nekik egyetérteni, az észnek különbsége nem hagy egyet parancsolni. Sok példa vagyon a római hadakozásokban, és mindenütt vesztettek, a hol két feje volt a hadnak. Másféle test, úgy mint kéz, láb, szem, fül, hogy több legyen, nem árt; de ha fej kettő lészen, melyiknek szavát fogadhatják a többiek.»[1] Következéskép meggyőződése szerint már az is nagy baj volt, hogy a magyar és német hadak külön-külön fővezér alatt állnak, nem akarta a vezetést tovább is aprózni, a feles főparancsnokságot elvállalni. A mellett kedvetlen lehetett: akkor, a mikor győzelmesen beavatkozhatott volna, eltiltották, most meg, a mikor a helyzetet végkép elrontották, fél úton, fél eszközzel, félig hivogatták . . .

Mert a helyzet a legrosszabb volt. Forgách hátán vitte az ellenséget az Újvárba, miután az oltalmára fölkelt magyar hadat elvesztette. Mert fele sem szabadult meg; a többi elesett, vagy rabságba került, s a nagyvezér rettenetes kegyetlenséggel százankint ölette meg a foglyokat. Párkánytól föl egészen Pozsonyig, sőt Bécsig védtelen volt a vidék; a hadi tanács sietve rendelte ide a stiriai és karinthiai csapatokat: Piccolomini Testa vérteseit és Spieck Lukács gyalogjait.[2] De azok födözetül vagy biztosítékul annál kevésbbé szolgálhattak, mert még szeptemberben is régi helyükön szállásoltak,[3] a mi németség pedig országszerte a végekben elszórva volt, azt belőlük teljesen kivonni

1 Zrínyi Miklós, hadtudományi munkái, 301. l.

2 Molin Alajos jelentése augusztus 12-éről. Dr. Károlyi Árpád Dispacci gyűjteményében.

3 *A császári és királyi hadi levéltárban*, Windica, 63. k.

nem lehetett, mert a kormány a magyarra gyanakodott, a töröktől rettegett, hisz a végek éléssel, lőporral, golyóbissal, lövőszerszámmal oly rosszul voltak fölszerelve,[1] hogy őrségük apadásával az első rajtaütésnél elvesznek. S ezt a nagy készületlenséget és védtelenséget csak az erkölcsi megfélemedés és elcsüggedés haladta meg, mert a nagyvezir Újvár alól fenyegető leveleket küldött a megyékre, hogy fő- és alispánjaikat megnyúzatja, földjeiket feldúlatja, s népüket kiirtatja, ha fölkelnek; s a nádor minden felhivása, bátorítása egész Dunán innen hatástalanul hangzott el. Újvár magára hagyva küzdött.[2] Elveszett hadi népe helyébe kapott ugyan újabb segítséget az erős Győrből és a megvehetetlen Komáromból, s a Nagybányáról kivert Hagen alatt: de őrsége úgy sem szaporodott többre 1300 magyarnál és 3700 németnél, összesen 5000 embernél, a mi a bástyáknak, falaknak födözésére, a fáradtak felváltására s az örökös munkára kevésnek bizonyult. Mert a vivás mind a hat bástya ellen olyan hévvel, olyan sűrű ágyútűzzel indult meg, hogy egy-egy bástyára némely napon 340 nagyobb golyó hullt; s a támadás éjjel-nappal megújult, a falakat ontva, vitézeket rontva, kiket a később besiklott 140 hajdú épen nem pótolhatott. Pihenésre, erőgyűjtésre idő alig maradt. De a várbeliek, magyarok és németek megesküdtek, hogy az erősséget az utolsó csepp vérökig védelmezik. Biztak a Wesselényi igéretében és Montecuccoli seregében, hogy fölmentik őket. Rohamot rohamra visszavertek és a törökre rohanva kitörtek. Köprili Ahmed felfogta és folytatta a harczot; a sánczokat előre tolta, az árkok vizét levezette. S a mig ez a munka foly vala, augusztus végén portyászó csapatokat, törököket és tatárokat

1 ACSÁDY IGNÁCZ, Magyarország története I. Lipót és I. József korában.

2 *A megszállás történetét* elbeszéli ESZTERHÁZY PÁL Mars Hungaricusa, 27—30, 32—38. l., PRICRATO: Historia di Leopoldojának II. kötete, 233—236. l. *Ortelius Redivivus* II kötete, 271. l. V. ö. ACSÁDY IGNÁCZ, id m. 175. l.; és a *Hadtörténelmi közlemények*, I. k. 212—223. l.

eresztett széjjel, melyek a Vág sekélyeit Nagy-Szombat felé keresztül gázolták, Szent-Györgyöt, Modort, Bazint, Stomfát elhamvasztották, s Pozsony-, Nyitra-, Trencsén-megyéket feldúlták és a morva földet Nikolsburgig megrabolták, mindenütt égetve meg ölve. A nép előlük az erdőkbe, hegyek közé bújdosott, bokrok sűrűjébe, barlangok mélyébe rejtezett, mert fegyveres oltalma nem volt. Souches kicsiny csapatával a martalóczoknak eléjük nem vághatott, mikor Montecuccoli megütközni velük egész hadával sem bátorkodott; pedig serege már ekkor a Spork, Heister, Schneidau és Strozzi katonáinak bevonásával 15,000 emberre szaporodott.[1] A nagyzó olasz közben kimozdult ugyan a Lajtha mellől s főhadi szállását a Duna bal ágához *Cseklészre* tette át: de mihelyt a törökök és tatárok a Vág jobb partján feltünedeztek, a szent methodizmus előtt szokatlan gyorsasággal takarodott vissza a Duna mögé s *Pozsony* kőfalai közé szeretett volna zárkózni, de nagy szivbeli fájdalmára a városi tanács nem eresztette be.[2] Mert «csak a gyalázatosan minden szükség kivül szaladó németjei» Óvárt is kiélték, s egész Mosony megyében a termést elpusztították.[3] Így a külvárosokból tovább kellett vonulnia lejebb, biztosabb helyre, a hol a Duna két ága és Csallóköz szigete födözte, a Duna és Lajtha közé, a határszéli *Köpcsénybe*. Onnan aztán kiküldte a vállalkozó Sporkot 2000 lovassal a tatárok feltartóztatására;[4] de a nagy kerülő miatt teljesen eredménytelenűl, azok szabadon és gazdagon, zsákmánynyal megrakodva tértek vissza s Pozsony kapuiig kalandoztak ... S a nagy erkölcsi megfélemedésben és elcsüggedésben egész Dunán innen egyetlen megye sem kelt föl; a mikor augusztus 21-én Wesselényi Szenczen szemle végett megjelent, nem talált hadat, csak a megyék

1 *Történelmi Tár*, 1881. évf. 127. l.
2 *Zwiedeneck-Südenhorst*, Deutsche Geschichte, I, 244. l.
3 VITNYÉDY ISTVÁN levelei, II k. 121. l.
4 *Zwiedeneck-Südenhorst*, id. h.

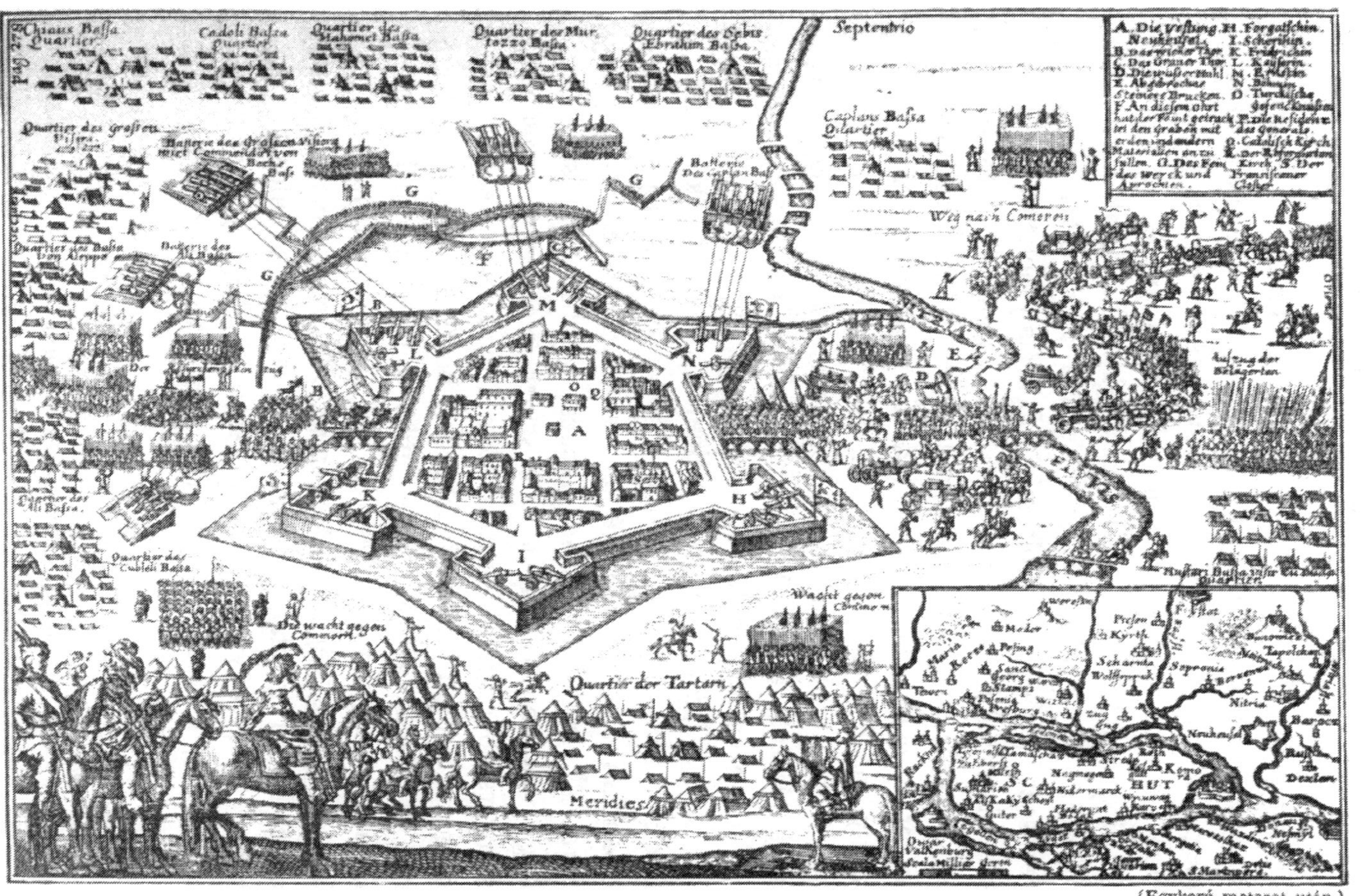

(Egykorú metszet után.)

7. ÉRSEKUJVÁR OSTROMA.

küldöttei várták és jelentették, hogy az ellenség fenyegetése miatt a nemesség nem mozdulhat tüzhelyéről.

Hogyan érezhetett volna hősünk ebben a helyzetben kedvet a feles fővezérség elvállalására. Hisz otthon derekas veszélye ha el is múlt, minden veszélye nem szünt meg. A kanizsaiak azzal a fenyegetéssel váltak el, hogy vára alá újra visszatérnek, mihelyt a nagyvezértől segítséget kapnak;[1] s már szedelőzködtek, mert csak az imént fogadtak be ágyúkkal 3000 főnyi csapatot; a hir is egyre rebesgette, hogy a tatárok mielőbb reája jőnek.[2] Nem akart föllebb vonulni, a táborok útjára.[3] Aztán mi biztosíthatta a kedvező hangulat megmaradásáról? Június közepén, a mikor a nagyvezér még Nándorfejérvárnál táborozott, a király maga biztatta Leslievel és Piccolominivel, hogy a közelgető török ellen serényen szervezkedjék, maga írta neki olaszúl sajátkezűleg: «Kedves Gróf! Legyen meggyőződve és legyen biztos, hogy nem fogom elhagyni, mivel kész vagyok Ön iránt hálámat mindenkép kimutatni. Ezek között a szerencsétlen viszonyok közt legnagyobb bizalmam az Ön személyében van»:[4] mégis elhagyta és a harcztól eltiltotta. A hadi tanács azonban csak sürgette, hogy vonuljon föllebb, a hadi színen elé, vegye magához a határszéli és felső-ausztriai német gyalogságot és támadja meg a törököt Érsekújvár felé; beszélje meg a nádorral és Rottal gróffal, hogy miként lehetne oldalmozdulattal megsegíteni, Esztergom és Buda ellen működni.[5] S a találkozás végett a köszvényes Wesselényi maga sietett eléje Rottal gróffal, s maga is, a gróf is levélileg hivta, kérte, Witnyédyvel biztatta, késztette, hogy jőjjön minél hamarább, készen levén arra is, hogy ha nehéz volna fel-

1 VITNYÉDY ISTVÁN levelei, II. k. 109. l.

2 *Történelmi Tdr*, 1881. évf. 128. l.

3 MOLIN ALAJOS jelentése augusztus 16-ikáról.

4 FORSTALL MÁRK Stemmatographiája, 28. l.

5 *A császári és királyi hadi levéltárban*, 327. k.

jönnie, eléje mennek Rohonczig, Német-Újvárig, vagy akár a Muraközbe.[1] Hősünk szeptember 4-ikén jelen tete a hadi tanácsnak, hogy a nádorhoz útazik,[2] 5-ikén Német-Újvárnál járt, 6-ikán Kőszegre érkezett, a hol Wesselényi, Rottal, Nádasdy, Batthyány Kristóf és Pálffy Miklós várakozott reája, mert a nagy veszedelemben, mondja Witnyédy, az emberek nem tudnak mit tanácslani, s mindnyájan neki könyörögnek, kit azelőtt mocskoltak, érdemes előhaladásától megfosztottak, igazságában megfojtottak, s ha lehetett volna, még életét is elveszik vala. Hisz tőle vártak segítséget, biztosak levén felőle, hogy valamit hazájáért megcselekedhetik, nem fogja elmulasztani.[3] Abban egyeztek meg, hogy Zrínyi Miklós legyen a fölkelő magyar hadak fővezére, ki a nádor után, mintha ez személyesen jelen volna, mindeneknek parancsoljon, alatta a Dunántúl élén Batthyány Kristóf, a Dunán innen Pálffy Miklós álljon.[4] S ezt a tervezetet már eleve a hadi tanács is megerősítette.[5] A kivitel módjára Witnyédy kikötendőnek tartotta, hogy a hadak toborzására a király elegendő pénzt adjon, azok éléséről, fölfegyverezéséről kellőképen gondoskodjék; engedje meg hősünknek, hogy az ország népe mellett a horvát és tótországi végekből s a Regedénél levő németekből bizonyos számú katonaságot elhozhasson, mert a fölkelésben nem igen bizakodhatik; s parancsolja meg a német fővezérnek, hogy a magyarral megegyezően összeműködjék: a mellett állíttasson ki a felség parancsolatot, hogy Zrínyi olyan teljes hatalommal és tekintélylyel intézkedik mindenben, mint a nádor, a kit képviselni fog; bocsáttasson ki hozzája rendeletet, hogy a fel nem kelő nemesek

1 VITNYÉDY ISTVÁN levelei, II. k. 115. l.

2 *A császári és királyi hadi levéltárban*, 325. k.

3 VITNYÉDY ISTVÁN levelei, II. k. 116., 118. l.

4 *Ugyanott*, 123. l. Ő megfordítva mondja, de ebben az időben a mai Dunántúlt veszik Dunáninneninek és viszont.

5 *A császári és királyi hadi levéltárban*, 327. k.

ellen az alispánoknak segítséget tartozik adni, mert ha e nélkül ád végrehajtáshoz karhatalmat, azzal vádolják, hogy hősünk bosszúból cselekszi. Hősünk pedig készíttessen hivatalos pecsétet, hogy a megyéknek s uraknak szóló leveleken s nyilt parancsokon használhassa.[1] A mi kicsiség ugyan, de a gyakorlati szükség követelése; s a jó barát annyival kevésbbé feledkezhetett meg róla, mert a tábori iroda vezetését magára akarta venni.[2]

Zrínyi, úgy látszik, a tanácsot megszivlelte, s Bécsben nagyrészint keresztül vitte; aztán 9-ikén Vattra érkezett, hol a nádor a dunántúli hadon szemlét tartott és a hangulatot az ő fővezérségére előkészítette. Vagy 10,000 ember lehetett együtt: Széchenyi György győri, Sennyey István veszprémi püspök, Eszterházy Pál, Pálffy Miklós, Czobor Ádám, Eszterházy Mihály, Jakusich Péter veszprémi és Eszterházy Ferencz pápai kapitány vezetése alatt. S a legbátrabb hőst, a magyar *Marsot*, a mint Eszterházy Pál nevezi, ki ettől a naptól fogva a tisztelet és csodálat rajongásával követi vala, *fővezérnek* kikiáltották, a többi tisztséget is kiosztották, nagy és őszinte lelkesedéssel.[3] Ám ez a lelkesedés a bizalmat már közönségesen helyreállítani nem birta; minél közelebb esett a vidék a megszálló törökhöz, annál gyengébb visszhangra talált. A nádor Bécsbe sietett, hogy személyesen jelentést tegyen, onnan Morvaországon át a felvidékre, hogy a fölkelést éleszgesse, s ez útjában »a szerencsének mostoha és veszedelmes habjaitól hányatva csak Isten irgalmából szabadult meg;[4] mert Ruszka mellett,

1 Vitnyédy István levelei, II. k. 123., 124. l.

2 *Witnyédy e végre* a Keczer-testvérektől egy jó öreg ember alá való lovat kér, majd a fiatal Liszti révén egyenesen urához fordul, hogy hozzon számára egy sátrat minden irás-fölszereléssel együtt, aztán egy csendes lovat, egyszersmind üzenje meg, vigyen-e ő magával egy kocsit, egy társzekeret, melyen a secretáriához való szerek és kellékek legyenek, nehány kötés papír és egyéb ahhoz való dolog. (II. k. 113., 125. l.)

3 Esterházy Pál, Mars Hungaricus. 22., 23., 34., 35. l.

4 Wesselényi Ferencz levele Zrinyi Miklóshoz, október 29-ikéről. Országos Levéltár, Wesselényi-levelek.

Trencsénmegyében a tatárok megszorították» s majd elfogták, csak nehezen menekült Oroszlánkőbe. Hősünk pedig Lajta-Bruckba indult a hadi tanács rendelete szerint, hogy Montecuccolival és Gonzagával a helyzetet megbeszélje; de már Oroszvárott, 15-ikén találkozott velök.[1] Voltakép Gonzagának ezzel az értekezlettel az volt a megbizása, hogy a két fővezér között a jó egyetértést egyengesse és megalapítsa, mikép munkáljanak össze minden villongás és versengés nélkül a közjó érdekében.[2] Mert a hiú olaszról, úgy látszik, még az udvar sem tette föl tavalyi megalázása és sérelme miatt, hogy feledni nem tudó, bosszúáhító természetével személyes gyülölségén uralkodni fog, hisz hősünknek, mint győzedelmes félnek, neheztelni és megtorolni valója nem lehetett, és ha lett volna is, magasztos hazaszeretetével a nemzet megmentésének harczában minden salakos indulaton fölülemelkedik! Oroszvárról aztán haza, a Muraközbe ment, hogy a sereget szervezze. Toborzott, gyűjtött fegyvereseket; személyesen járt Regedében Piccolomini Testánál és Varasdon Leslie Walternél két ezred lovas, 200 gyalog és 1500 határőr végett; egyenesen a király *szóbeli* parancsával. Piccolomini Lesliere utalt, a varasdi kapitány meg vonakodott a kivánságot teljesíteni, «nem levén ő felségétől engedélye»; sőt a gréczi hadi tanácscsal fölterjesztést intéztetett Lipóthoz, hogy mivel a két lovas ezred nélkül Stiria védtelen maradna, hagyja meg azt helyén. De Lipót válaszában kereken kijelentette, hogy a két ezredet Zrínyinek engedi, a stiriai rendeknek megparancsolta, hogy mivel a Piccolomini és Bachone-ezredek minden órán Magyarországba indúlhatnak, rendeljenek melléjök biztost a kihágások ellenőrzésére; Leslienek pedig meghagyta, hogy ne okoskodjék, hanem a kért gyalogságot is minden ellenvetés nélkül engedje át;

1 PRIORATO, Historia di Leopoldo, II. k. 248. l.

2 MOLIN ALAJOS jelentése augusztus 16-ikáról.

sőt meghagyta Auersperg Farkasnak, a károlyvárosi főkapitánynak, hogy mivel Zrínyi a török ellen támadásra készül, s hadtestében a fogadott német gyalogságot, a maga és a Batthyány Kristóf vitézlő népét, meg a horvát fölkelő hadat egyesíteni akarja, tüstént küldjön neki határszéli katonaságából 1500 lovast Zrínyi Péter vezetése alatt.[1] Mert a mióta hősünk a «császár szolgálatára» vállalkozott,[2] a király mindenképen dicsérte és támogatta, még a Montecuccoli közreműködését is, a mint láttuk, biztosítani kivánta.

A mit áldozat és erély, buzgóság és fáradhatatlanság véghez vihetett: Zrínyi nem mulasztotta el. Három hét sem telt bele, már 4000 főnyi sereget gyűjtött és vont magához. Mielőtt azonban a Duna és Vág mellékére vonulna, szeretett volna a hódoltságba csapni; talán Kanizsa ellen, hogy megfélemítse, talán Boszniába, hogy a bosnyákok zavargását, mi miatt a basa a nagyvezérnek segítséget sem küldhetett, felhasználja:[3] csak annyi bizonyos, hogy a hódoltságra készült. A hir már arról is beszélt, hogy Törökországba tört 60,000 emberrel és több várat megvett.[4] A hadi tanács nem fogadta el tervét, mert ha a sereggel Törökországba menne, itthon védtelenül maradnak a várak, így újabb támadást várhatnának;[5] sőt futárral megsürgette, hogy csapatait mielőbb egyesítse a Piccolomini Testa ezredével és siessen a királyi sereg erősítésére, mert Lippay, Wesselényi és Montecuccoli az udvarnál értekezletet tartottak és úgy állapodtak meg, hogy a törököt akár oldaltámadással, akár máskép Újvár alól el kell vonni.[6] Ebben a műveletben pedig a főszerepet neki szánták. Azonnal megindult, azzal a föltevéssel, hogy október 1-ére a főse-

1 *A császári és királyi hadi levéltárban*, Windica, 68 k.

2 *Ugyanott*, 327. k.

3 *Történelmi Tár*, 1881. évf. 129. l.

4 *Ugyanott* 1881. évf. 129. l.

5 *A császári és királyi hadi levéltárban*, Windica, 68. k.

6 MOLIN ALAJOS jelentése szeptember 30-ikáról.

reghez csatlakozik: de 4-ikén még csak Vatnál járt és 8-ikán remélt Pozsonyba érkezni, hogy aztán Montecuccolival Szerdahelyen találkozzék.[1]

Sajnos, Érsekújvár sorsa közben eldőlt. A bástyák ugyan erősek, a falak tömöttek voltak, s az őrség elszántan és vitézül harczolt: de a roppant seregnek örökkétig nem állhatott ellent, fölmentő segítség nélkül. Wesselényi pedig szavát be nem válthatta, mert az egész Dunán innen elcsüggedt; Montecuccoli a törököt hátba nem fogta, mivel egyszerűen nem merte. Nem akarhatta Bécs sorsát, mondja egyik német védelmezője, egyetlen kártyára föltenni; nem akarta, mondjuk inkább, a maga és hada ép bőrét koczkáztatni. Mert Bécset egyelőre veszedelem nem fenyegette, s fenyegetés esetében ő meg nem oltalmazhatta. Mert 15,000 ember *mi* a győzedelmes roppant török sereg útjában? Elsöpri azt, mint polyvát a szél. Ellenben *vivás közben*, a fölkelő magyar hadakkal összeműködve, addig nyugtalanítja és zaklatja, részenként csipdesheti és verheti, míg Zrínyi is megérkezik, s egyesült erővel a várat fölmentik, vagy a megszállást úgy megnehezítik, hogy késő őszszel a nagyvezér maga lesz kénytelen feloldani! Hiszen már is hire járt, hogy csak szeptember 23-áig folytatja, s ha addig a várat megvennie nem sikerül félben hagyja, dúlva Stiriára fordul és téli szállásra vonul.[2] Ilyen erkölcsi vereség után Bécsre nem is gondolhat, Magyarországon is alig boldogulhat, mert a nemzet föllélegzik és fölbátorodik, a tavaszszal egyetemesen fölkelhet, s a királyi és külföldi segélyhadak támogatása mellett a pogánynyal diadalmasan megvivhatna. De Bécsért és az örökös tartományokért, egyelőre merő rémlátásból, áldozatul dobták hazánkat, s áldozatul a szerencsétlen Újvárt. Montecuccolinak volt legalább ürügye, a mivel félszét szépítette.

1 *A császári és királyi hadi levéltárban*, 325. k.

2 *Történelmi Tár*, 1881. évf. 129 l.

A szegény várbeliek fölmentést hiában vártak. Már a bástyák megromlottak, a falak omladoztak, de még mindig dühvel és kétségbeeséssel védelmezték őket. A törökök már be-benyomultak a tört réseken és omladványokon, zászlókat tűztek reájuk, szemtől szembe szablyával küzdöttek, de rendszerint ismét kiszorúltak. Végre fölrobbant az egyik bástya, s annyi emésztő fáradság, s annyi elfoszló reménység után a lelkeken kitört a szabadulás vágya féktelenűl. Az őrségnek fele elveszett, a magyarságból több a kétharmadánál: beállt a meghasonlás. A németek zúgva, fenyegetve követelték a vár feladását, a magyarok még ekkor is esküjökhöz hiven önfeláldozással ontották vérököt, életöket. De 400 hazafival szemközt 2000 idegen zsoldos állt, kiknek nyomása következtében előbb Pio, majd kénytelenségből maga Forgách alkudozásba ereszkedett Köprili Ahmeddel és szeptember 26-án feladta neki a várat. A védők fegyverüket megtarthatták, értéküket és betegeiket elvihették; sőt a németek a nagyvezértől bizonyítványt kértek és kaptak, hogy kötelességüket megtették, a mint illett és kellett. S úgy vonúltak el aztán zeneszóval.[1]

A vesztés hire mindenfelé mély megdöbbenést és szomoru levertséget keltett. A nádor könyes szemmel, éles zok-szókkal halmozta el Forgách Ádámot, ki kardviselő vezér létére mások vádlásával és a mostoha sorssal védekezett;[2] a nemzet pedig az ellenség győzedelmétől még inkább megfélemedett, lelki ereje elernyedt és megzsibbadt; még azok is, kik a várnak fölszabadítása végett Wesselényi újabb izgatására Árva, Trencsén, Liptó, Turócz és Gömör vármegyékből Thököly István gróf és Barkóczy Isván báró lobogói alá gyülekeztek, valami 10—15,000-en, a bevégzett tény után riadva széledtek haza.[3] S Köprili

1 Szalay László, Magyarország Története, V. k. 78. l.

2 *Hadtörténelmi Közlemények*, VI. k. 719—723. l.

3 *Történelmi Tár*, 1881. évf. 130 l.

Ahmed ezt a helyzetet mindenképen kihasználni törekedett. Maga ugyan ott maradt táborában s az erősség helyreállításával foglalkozott; de ismét portyászó csapatokat eregetett szét, melyek Morvában a Fehérhegyig, a Felvidéken a bányavárosokig száguldoztak; kisebb hadakat küldözgetett ki a véghelyek foglalására, melyek egymásután estek el. Csakhamar kezére kerültek: Nyitra, Léva, Nógrád, Széchény, Palánk, Buják, Komjáti, Galgócz. S bízott benne, hogy nem sokára az egész Felföld, sőt az egész nemzet is behódol a németség ellen való gyűlöleténél és a protestánsok elégületlenségénél fogva: de hiában szólította föl a rendeket *Apaffy Mihálylyal*, kit kedve ellenére táborába hivott s egész Magyarország fejedelemségével kecsegtetett, kiáltványa szavára senki sem hajtott. A nádor hazafias szózatainak intelmein, még inkább az ősi hűségen a csábítás minden ügyekezete megtört. Pedig olyanok voltak a viszonyok, hogy Neumann szerint egész Magyarországot elveszettnek lehetett tekinteni, ha tavaszra tetemes erőt nem gyűjtenek![1]

[1] *Történelmi Tár*, 1881. évf. 131. l.

8. APAFI MIHÁLY ARANY TALLÉRJA 1663-BÓL.

9. A SZULTÁN SEREGÉNEK MEGINDULÁSA. (Egykorú metszet után.)

II.

A TÉLI HADJÁRAT; UJ-ZRÍNYIVÁR ELESTE.

Zrínyi Miklós Pozsonyba menet Komárom körül értesült Újvár elestéről. Rendes hada nem volt több 4000 embernél, 2000 lovas, 2000 gyalogos horvát és német a Piccolomini és Bachone-ezreddel együtt.[1] Mert a hadi tanács, a király szándékának ellenére, valószinűleg a Montecuccoli befolyása alatt, a mint Wesselényi kifejezi, «megfogyatkoztatta a német katonaságban».[2] A felkelő hada sem nőtt a szerint, a mint a haza veszélyénél s a maga népszerűségénél fogva remélnie kellett. Mert a nagy megfélemedésben és elcsüggedésben még az ő szavára sem buzdultak igazán az emberek, különösen nem ott, a hol német katonaság állt, mert nem akarták családjaikat, jószágaikat idegenek oltalmára bízni, kik ebben a nehéz időben is, a mikor az egész ország veszendőben volt, «bestiák módjára»

1 MOLIN ALAJOS jelentése október 7-ikéről.

2 WESSELÉNYI FERENCZ levele Zrínyi Miklóshoz, október 29-ikéről. Országos levéltár, Wesselényi-levelek.

viselkedtek: a birtokokat kifosztották, az egyházakat feltörték és a nőket meggyalázták.[1] S tömegesen elmaradtak, kötelességük alól húzodoztak főpapok, főrendek, hazafiak és honfiúsították, nemesek és idegenek egyiránt, kiknek a törvény értelmében fegyvert kell vala fogniok; sőt a kik már a táborban megjelentek is, szabadsággal eltávoztak vagy titkon megszökdöstek, vissza aztán nem tértek,[2] hősünk legnagyobb megütközésére és kedvetlenségére. Mint Magyarország fővezére, szigorú és kemény nyilt parancsot küldött a vármegyékre, hogy a mulasztókat kötelességük teljesítésére szorítsák; de a lelki elernyedésben és zsibbadtságban, a török és német kettős nyomása miatt nem igen lehetett foganatosítani. Összes fölkelő népe valami 10,000-re ment. S önként merült föl lelkében a kérdés, hogy a bevégzett tény után mit csináljon? Ilyen gyönge erővel, az általános levertségnek közepette, a győzedelmes roppant török sereg ellenében, még az ő katonai lángesze és vezéri leleménye sem biztosíthat fényes és tartós sikereket! Írt tehát azonnal az udvarnak, hogy miután Újvár elestével az ő feladata a török elvonására megszünt, a felség bocsássa kegyelemmel haza, a saját területének oltalmára:[3] de a király csak fölebb rendelte, mert a portyázó tatárok és kisebb török hadak mind jobban nyugatra fordultak, egyes csapatok a Mátyus-földén Nagy-Szombatig és a Csallóközben Vízvárig kalandoztak, könnyen Pozsony vagy épen Bécs ellen kanyarodhattak.[4] A veszedelemben Lipót és udvara csak az ő megjelenéséből, az ő vitézségéből merített bátorságot. És Zrínyi vonult föllebb a Csallóközbe 14,000 főnyi hadával.[5] Vízvár közelében, október 10-ike körül ellenségre bukkant és úgy felkonczolta, hogy csaknem a csecsszopó

1 *Történelmi Tár*, 1881. évf. 130., 131 l.

2 ZRÍNYI MIKLÓS nyilt parancsa : Magyar Történelmi Tár, VII. k. 253., 254. l

3 MOLIN ALAJOS jelentése október 7-ikéről.

4 *Történelmi Tár*, 1881. évf. 130. l.

5 *Ugyanott.*

gyermekek is a dicsőségéről szóltak. S a betegeskedő nádor ágyában könyörögve kérte Istent, hogy az ottomán fényeskedő holdnak homályító csorbulásával hozza vidámságba a szegény, csaknem utolsó kétségbe esett magyar világot s hősünk okos vezérsége által, bátor szivével, fényes és éles kardjával ezerszámra vághassa a pogányságot.[1] Győzelmének természetesen mindenki örült, közel és távol; csak irígy ellenfele, Montecuccoli szisszent föl, ki június közepe óta lézengett a harcztéren a nélkül, hogy megütközött volna. Egyszer táborozott, másszor menetelt, de mindig födve, kellő biztonságban, egyiránt dicstelenül. Zrínyi kereste, ő meg kerülte az ellenséget, az karddal támadott, ő meg csak lábbal hadakozott: a két fővezér merő ellentét volt. Montecuccoli személyileg tavalyi megalázása és sérelme miatt gyűlölte, módszerénél fogva lenézte hősünket; mert az ő szemében csak a maga eljárása volt tudós hadviselés, az afféle összecsapás — csak legénykedő verekedés. Föl se tette, hogy fővezértársának tudománya van legalább annyi, mint néki; a tehetsége és bátorsága pedig több, s tapasztalása a törökkel végtelenül nagyobb; mert tudja, hogy úgy kell véle küzdeni, a mint ő harczol. Zrínyi diadalmasan nyomult fölebb, reménységet és bizalmat öntve a népbe, félelmet, sőt rémületet az ellenségbe; s a hónap 14-én találkozott Montecuccolival és Pucheimmal, az idő

1 WESSELÉNYI FERENCZ levele Zrínyi Miklóshoz, október 29-ikéről. HORVÁTH JENŐ szerint (Gróf Zrínyi Miklós hadtudományi munkái, 28. l.) hősünk a harcztéren való megérkezését azzal jelentette be, hogy a Nyúlak szigetén, a mostani Margitszigeten, Balogh János előadásaként pedig a Csepelszigeten (Nagy-Kanizsa városának és vidékének hadtörténelmi multja.) 169. l. táborozó török hadat rajtaütéssel felkonczolta. Mind a két változat merő képtelenség; 1-ször mert ha táborozott is ott vagy itt ekkor török had, azon rajtaütni a széles Duna miatt nem lehetett; 2-szor, mert Zrínyi e szigeteknek feléjük sem jött. MOLIN szeptember *30-áról* közli, hogy külön futár indult hozzája *Csáktornyára*; maga *október 4-ikén* tudatja, hogy *Vatra*, a dunántúli fölkelő nemesség gyűlőhelyére, Vasmegye szombathelyi járásába ért, hogy Pozsonyba induljon; de *Komáromnak* fordult, *7-ikén* e városnál és *10-ikén Vízvárnál*, a megye csallóközi járásában állt, honnan a nádort győzelméről értesítette? Mikor lett volna akár Pest felett, a Nyúlak szigetén, akár Pest alatt, a Csepel-szigeten? Szigeten győzött: de a Csallóközben.

szerint komáromi főkapitánynyal. A pogány a Csallóköz alsó részéből, a hol hősünket érezte, takarodott vissza, s a szép és termékeny sziget itt az ellenségtől megtisztult. Mind a mellett Montecuccoliban a vállalkozásra kedvet és bátorságot nem tudott éleszteni. Négy napig folyt köztük a tanácskozás, négy napig biztatta, sürgette, s minden rábeszéléssel és érveléssel megkisértette, hogy közös cselekvésre, együttes támadásra bírja: hazafi lelkesedése és ékesszólása kárbaveszett.[1] Montecuccoli, mondja a német krónikás, féltette az élést, meg a szénát és abrakot, melyet máris hat mérföldnyi messzeségből kellett harácsolnia, hogy embereinek és lovainak nem jut elég,[2] ha az ő hadával együtt működik. Mintha bizony ennek a saját hazájában joga nem lett volna ahhoz! A sok unszolásra végre előmutatta Porcia herczeg rendeletét, mely arra utasította, hogy egyetmást ugyan vele beszéljen meg, de hozzája ne csatlakozzék.[3] S a négy napi tanácskozásnak eredménye az lett, hogy Zrínyi népével a Rábán keljen át és menjen Komárom felé, a hol az ellenség már mutatkozik.[4] 18-ikán megfordult tehát és 19-ikén már jelenthette a hadi tanácsnak, hogy a törökkel szerencsés összecsapása volt.[5] Köprili Ahmed alvezére, *Ali*, haragra gyúlva, össze akarta morzsolni s az aleppói és váradi basákkal egész népestül űzőbe vette: de hősünk a tetemesen túlnyomó erő elől ügyesen Komáromba siklott.[6] Aztán Pucheim egyetértésével és segítségével megint fölebb hatolt, s a Csallóköz felső részében több kalandozó török csapatot szétszórt; majd a Dunán és Vágon hidat verve, a főseregen ismételve sikeresne rajta ütött; s mikor az a Dunán átnyomakodott volna, előhadát

1 *A császári és királyi hadi levéltárban*, 325. k. RÓNAI HORVÁTH JENŐ, Gróf Zrínyi Miklós hadtudományi munkái, 28. l.

2 *Ortelius Redivivus*, II. k. 287. l.

3 *Ugyanaz*, II. k. 287. l.

4 *A császári és királyi hadi levéltárban*, 325. k.

5 *Ugyanott*, 327. k.

6 *Ortelius Redivivus*, II. k. 287. l.

meglepte és visszaűzte, a mivel a nagyvezért útjából visszatérítette és a dunántúli vidéket a pusztítástól megmentette; míg Montecuccoli szégyen-szemre tétlenül nézte, hogy a Brünnig és Olmützig száguldozó tatárok a keresztyén foglyok ezreit előtte hajtották az érsekújvári rabszolgavásárra.[1]

Köprili Ahmed Újvár megerősítése s a dunai átkelés meghiúsulta után a kései idő miatt Párkányon és Esztergomon át Buda felé vonult, hogy téli szállásra térjen. Zrínyi újra felszólította Montecuccolit, hogy egyesülten rohanják meg: de hiában beszélt. A németek úgy féltek a töröktől, írja Molin, hogy már a nevére riadoztak; 6000 tatár megjelenésére az egész német sereget Morva és Szilézia közt páni rettegés fogta el,[2] s ebben a tulajdonságukban olasz létére osztozott a német fővezér. Elve sem engedte, hogy koczkáztasson, gyűlölete sem hagyta, hogy sikert a hősünkkel arasson. Zrínyi maga nyugtalanította és zaklatta hát a törököt. Így október 31-én Érsekújvár és Esztergom között, a Garam hídja közelében, mintegy 600 főnyi utócsapatot ért be, mely társzekerein gazdag rakománynyal, mindenféle drágasággal, foglyokat kisért 120 janicsár födözete alatt. A janicsárok azonnal szekérsánczot vontak, mögüle keményen védekeztek és ágyúikkal könnyű huszárjait kicsinyég föl is tartották. De ezek lovaikról leugráltak s gyalog a szekérsánczon áttörtek, aztán egy szálig felkonczolták őket, a drágaságokat, foglyokat pedig Komáromba szállították.[3] Már ekkor az örökös portyázás és csatározás miatt olyan nyomorúságos állapotban voltak, hogy alig bírták el a fáradalmat:[4] de a vezérök lelkesedése összetartotta őket. Sőt Zrínyi velök az elmaradozó pogányságot

1 RÓNAI HORVÁTH JENŐ, Gróf Zrínyi Miklós hadtudományi munkái. 28. l.

2 MOLIN ALAJOS jelentése november 4-ikéről.

3 *Mars Hungaricus*, 39. l. S *Ortelius Redivivus*, II. k. 290. l.

4 *A császári és királyi hadi levéltárban*, 325. k.

egész Esztergomig, némely csapataival Budáig üldözte, zsákmányának és foglyainak nagy részét elszedte.[1]

A nagyvezér haraggal és boszúval telt el iránta. Hiszen a mi csorba fényes és dicsőséges fegyverén esett, mindég Zrinyi, egyedül Zrínyi okozta! S a mikor Budán megállapodott, honnan Apaffy Mihály fejedelmet kegyelemben elbocsátotta, telelésre a hadakat a végekbe, palánkokba rendelte, — Kaplán basát, a határvidék új parancsnokát 10,000 végbeli törökkel, a krimi jali agát 50,000 tatárral Pécsre küldte, oly megbízással, hogy a félelmes hősnek várát és birtokát dúlják fel.[2] Maga aztán Nándorfejérvárra indult pihenőre; de előbb eleibe hívatta Lipót követeit: Goes bárót szabadon eresztette Lobkovitzhoz azzal a szóbeli üzenettel, hogy a tavaszszal ellátogat Bécsbe, 100,000 török kiséretében.[3] S azzal a levélbeli kérdéssel, ha valjon nem látják-é be a követek a béke üdvös voltát, vagy nincs-é fölhatalmazásuk annak megkötésére? Ha a tavaszszal majd vendége lesz, megbeszélhetik egymással.[4] Reningert pedig magával vitte.

A kedélyes szavakba gúny és fenyegetés vegyült, a jövőnek ijesztő jeleként. Lobkovitz, mindjárt az ellenség eltakarodásakor, hadi tanácsot hívott össze november 4-ikére a helyzet megbeszélése végett. Megjelentek azon: Montecuccoli, Zrínyi Miklós, Souches, Zrínyi Péter, Strozzi és Hohenlohe Gyula gróf, a Rajnai szövetség segélyhadának parancsnoka, ki kevéssel előbb Bécsbe érkezett, s rajtok kívül többen.[5] Egyesek úgy vélekedtek, hogy meg kell várni, a míg Köprili Ahmed az ázsiai törökséggel távozik, aztán Újvárt vissza kell foglalni; mások azt ajánlták, hogy

1 RÓNAI HORVÁTH JENŐ, Gróf Zrínyi Miklós hadtudományi munkái. 28. l.

2 *Hadtörténelmi Közlemények*, III. k. 504. l.

3 FRANZ KRONES, Handbuch der Geschichte Oesterreichs, III. k. (Berlin, 1878. 594. l.

4 *Hadtudományi Közlemények*, III. k. 502., 504. ll.

5 MOLIN ALAJOS jelentése november 4-ikéről.

Esztergomot kell megszállni és megvenni; de a többség úgy okoskodott, hogy tél közepén az ellenálló véghelyek vívása a hadat csak gyöngítené és a jövő háborúra használhatatlanná tenné; a nagyvezér Újvárt és a többi erősséget különben is éléssel és katonasággal bőven ellátta.[1] Ennek következtében a hadat téli szállásra helyezték. Montecuccoli a Csallóközbe vonult,[2] melyet fővezértársa számára megtisztított és biztosított. Védettebb helyen már csakugyan nem telelhetett! Zrínyi pedig haza indult muraközi őrállására, új küzdelemre, Kaplan basa és a jali aga fogadására.

A két fővezér a csatatéren bizalmatlanul jött össze és fellobogó gyűlölettel vált el. A míg egymás mellett működtek volna, Montecuccoli csak akadékoskodott, csak újjat húzott, társától félreállt, az ellenség elől kitért, a harczban nem harczolt! Zrínyi maga viaskodott, fáradt, a népben a hitet, az ellenségben a félelmet maga tartotta fenn. Társa a tehetetlenség, ő a tevékenység; az a lomha kő, mely a saját erejéből le nem üt, ő a viharos villám, mely untalan czikázva csapkod. Igaz ugyan, hogy fényes és tartós sikereket ő sem aratott; de annak nem maga az oka, hanem a ki az eszközt neki meg nem adta, a segítséget tőle megtagadta. Aztán csodálkozhatunk-e, ha nem fértek meg együtt?[3] Megférhetett-é egymással a methodismusba oltott öszvér és a nemes tüzétől lihegő telivér? S csodálkozhatunk-é, ha a Montecuccoli nevét elkeseredéssel emlegették, míg a Zrínyiét magasztalva hordozta meg a hír az egész országban? Egygyel több indíték arra, hogy az irígy olasz neki kaján és konok ellensége legyen örökre!

A míg hősünk oda jár vala, Péter öcscse őrködött helyette a Murától le az Adriáig. Nem is szükség nélkül. Mert alig értesült *Csengics* bosznia basa az ő távozásáról,

1 *Ugyanaz*, ugyanott.
2 *Történelmi Tár*, 1881. évf. 131. l.
3 *Ugyanaz*, 1881. évf. 130. l.

(Meyssens egykorú metszete után.)

10. LOBKOWITZ VENCZEL HERCZEG ARCZKÉPE.

a végekből 10,000 főnyi hadat vont össze s október elején megindult azzal a szándékkal, hogy Új-Zrínyivárát megtámadja:[1] s ha elfoglalnia sikerül, a horvát-szlavon határszéleket dúlja fel. A Lika és Korbava völgyében 1000–1000 embert állított föl hátvédül és a többi 8000-rel haladt *Ottocsácz*-nak, Károlyváros felé. Péter gróf foglyoktól eleve meghallotta közeledését és csöndesen, lopva 4000 végbeli horvát vitézzel és katonával elejbe ment és lesbe állt egy erdőben, melynél a basának el kellett vonulnia. Óvatosan, nyugodtan vonult, október 17-én reggel, mintha puszta volna és védtelen az ország: seregének fele már elhaladt az erdő alatt, a mikor Péter gróf hirtelen kitört belőle és két oldalról közbekapta a törököt. Nem hiában «Győzni vagy halni» volt a jelszava,[2] oly hevesen vágta, oly keményen kaszabolta, hogy az két óra múlva megverve, elszórva menekült vissza; 1000 embere a basa fiával és testvérével, 12 jelesebb agával és béggel borította a véráztatta földet, s harmadfélszáz esett fogságba, 8 zászló, 100 ló, 14 ezüstszerszámos paripával zsákmányul, sok egyéb drágasággal együtt. Péter gróf fényes győzelemmel, gazdagon megrakodva tért meg bátyja új erősségébe. A kanizsai szomszéd gondolt egyet: szeget-szeggel! A koppányi, pécsi és szigeti őrség nagy részét egyesítve, október végén valami 8000 törökkel rajta ütött: de csúfos kudarczczal, véres fejjel takarodott ő is várába vissza.[3] S azóta Péter gróf nyugton maradt. Bizony, ha maga nem biztosítja magát, semmi sem biztosította volna.

Hát a közfölkelés? Varasdnál hónapok óta gyülekezett és táborozott ugyan; de voltakép még erre az időre, október végére sem gyűlt össze. A földesurak a fegyelmet és rendet a bánnak távollétében nem ismerték, a táborban

1 *Ortelius Redivivus*, II. k. 287. l.
2 Lásd arczképén, az Ortelius Redivivusban, II. k. 286 l.
3 *Ortelius Redivivus*, II. k. 287., 288. l.

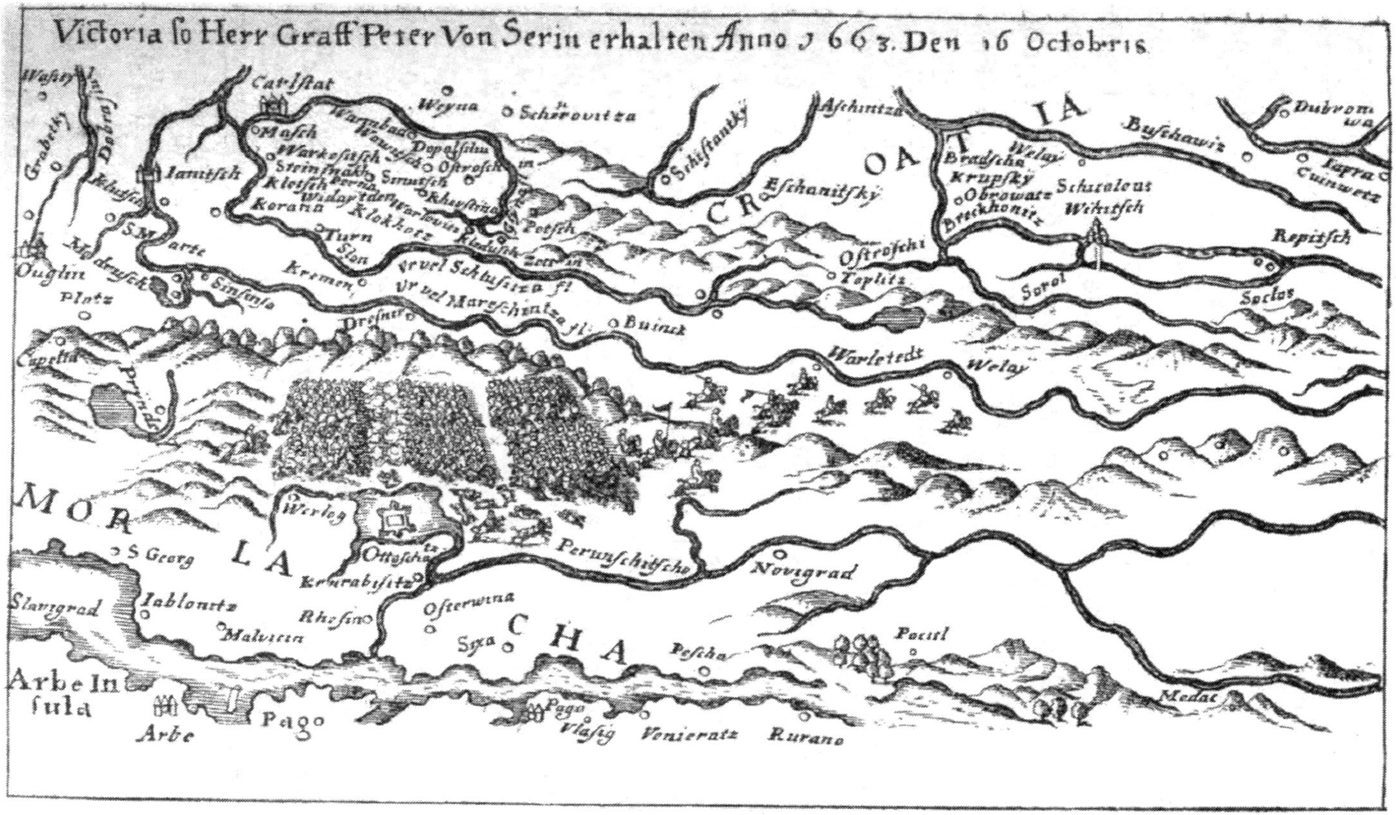

Victoria so Herr Graff Peter Von Serin erhalten Anno 1663. Den 16 Octobris.

11. AZ OTTOCSÁCZI ÜTKÖZET.

(Egykorú metszet után.)

vagy magok meg nem jelentek, vagy a füst után járó fegyvereseiket be nem küldték, s a bánnak katonai helyettese, Orehóczy Gáspár, csak november 12-ikén tartott a varasdi hévvizeknél hadi tanácsot a végre, hogy a mulasztókat megbüntessék és a jelenvalókat el ne ereszszék; de négy nap múlva, 16-ikán, már kimondták a tábor feloszlatását, mivel a szomszédos tartományokbeli és magyarországi táborok már fölszedték sátraikat, s a bán is közeleg haza. A gyűlés megbízta Orehóczy Gáspárt és Sámbor Györgyöt, hogy Zrínyinek, mihelyt Isten segítségével haza ér, terjeszszék elő a feloszlatásnak okait, hisz a tábor annyi hónap óta, annyi költséggel és fáradalommal volt együtt; gondoskodott egyszersmind a feloszlatás esetleges balkövetkezményeinek elhárításáról, a mennyiben a földesuraknak és embereiknek szigorúan meghagyta, hogy hazavonulásukban a szegény, nyomorult népet kiméljék, kenyéren és szénán kívül egyebet tőle ne szedjenek, mert minden egyéb harácsot négyszeres árral kötelesek megtériteni; Varasd és Kőrös megyék szolgabiráinak pedig megparancsolta, hogy hirtelen veszedelemben, ha a török a Dráva felől beütne, a fenyegetett vonalnak azonnal segítségére siessenek.[1]

A mint Zrínyi Miklós hazaért, első dolga volt, hogy november 19-ikén Esterházy Mihályt, a győri kapitányt Veszprém várának megvédelmezésére buzdítsa,[2] öcscsét pedig az őrködésben felváltsa s az eloszolt fölkelés helyett a Piccolomini és Bachoneféle ezredet megint maga mellé kérje, mert magyar ember létére a bejelentett vendégeket kellő készülettel akarta várni: de mielőtt megkapta volna, a törökök és tatárok már 27-ikén megérkeztek, nem éjszaka, titkon, hanem nyiltan, világos nappal, elbizakodva. Parancsnokuk nem Kaplan basa vagy a jali aga volt, kiket a nagyvezér hősünk birtokainak pusztítására

[1] *Acta et Articuli* stb. 201., 202 l.
[2] *Századok*, 1883. évf. 60 l.

küldött, hanem *Ali*, az új váradi basa,[1] ki a csallóközi, a duna- és vágmelléki győzedelmekért, az örökös csatározás le-lecsapó zaklatásaiért kivánt boszút állani. Valami 12,000 emberrel jött, de Kanizsánál hír szerint még 30,000 főnyi serege állt, parancsra készen, hogy a Muraközbe üssön, onnan Stiriára egész Gréczig, majd a Murán át visszafordulva Batthyány Kristóf jószágait és végházait dúlja föl; csak az előhad vállalkozásának sikerére várakozott. Ali Kottorinak jött, hordozható hidat hozva magával, melyet a tatárok a vízen gyorsan átvetettek, hogy a had többi részének átkelésére széles hidat verjenek. Hősünk épen várán kívül a szigetet kerülte 300 lovassal, hogy a Mura sekélyeit vizsgálja és biztosítsa, honnan veszedelem érhetné, a mikor egyszerre az egyik őrszem vészmozsara megdördült, s ő arra tartott, a merről a lövés az ellenséget jelezte. Két ezer tatár már ott volt az innenső parton. Szorultságában, a mikor szigetét már megszállva, magát veszendőben látta, nem gondolhatott elvonulásra, népe összegyűjtésére: hanem az erők aránytalanságával nem törődve, vitézül és elszántan, 300 föllelkesített lovasával a tatárság közé vágott, mely olyan sűrű nyilzáporral fogadta őket, hogy a levegő pillanatra elborult, de rohamukat föl nem tartóztatta. Példájára vitézei, Isten segítségéből oly erővel és bátorsággal kaszaboltak, hogy villogó száblyáik alatt a tatár halomra hullt, vagy megfélemedve a folyó felé iramlott. A hordozható hídon, ezen a gyenge és keskeny alkotványon, a menekülők azokra estek, kik segítségökül jöttek; s kavarogva, torlódva, mind a két felől szaporodva, nyomakodva gomolyogtak együtt. Mint a kicsapó ár a medrében, nem fértek meg a hídon, hanem nagy csapatonként zuhogtak a Murába, mely emberrel és lóval annyira megtölt, hogy a víz többé nem látszott. Csak kevesen vergődtek a tulsó partra,

[1] *A császári és királyi hadi levéltárban*, 68. k. S Zrínyi Miklós levele Lipóthoz november 28-ikáról.

nagyobb részük elmerült vagy elvérzett; mert Zrínyi megparancsolta, hogy senkit élve ne hagyjanak. Többet ezer lónál fogtak ki a habok közül, a többi ott pusztult, s a folyó halottól, dögtől, vértől megdagadt. Ali zavartan, az ijedtségtől megigézve nézte a romlást, aztán gyalogságát támadásra rendelte: de már ekkor Zrínyinek is megérkezett 300 gyalogja, két kisebb ágyúval, s összefutott katonasága mindenfelől és egész álló napon, egész álló éjjel visszavetette minden átkelő kisérletét. Szerencse, hogy a harcz moraja Kanizsáig nem hallszott és a basa segítséget nem hozott. Bizonynyal azt hitte, hogy 12,000 emberrel utoljára is csak útat tör a szigetre. Keservesen csalódott. Hajnalban dühöngve, boszút esküve vonult vissza Kanizsára. Zrínyi pedig még aznap értesítette a hadi tanácsot szerencsés győzelméről, s megírta a felségnek, hogy Isten különös kegyelme csodálatos módon szigetét és a szomszédos tartományokat magával együtt nemcsak megtartotta, de meg is szabadította a törökök kezéből; mind a mellett az Isten szerelmére kéri, hogy rendelje el határozottan megsegítését ágyúkkal, golyókkal, más készletekkel, így csapatokkal is, mert a szükség ez idején ágyúk és katonák híjában mind az ő szigete, mind az örökös tartományok csalhatatlanul elvesznek.[1] A hadi tanács felsőbb jóváhagyás reményében a Piccolomini és Bachone-ezredet, valamint a Spick Lukács báró főtábormester csapatát rendelkezésére bocsátotta, Gréczből hadiszerrel ellátta, a mennyiben 8 mezei, 4 öreg ágyút, 100 puskát, 500 mázsa lőport, tetemes golyót, kanóczot és egyéb készletet küldött számára;[2] a királynak pedig vitézi merénye fényes sikerét magasztalva előterjesztette.[3] A fölszerelésre és katonaságra annyival égetőbb szüksége volt, mert a törökök és tatárok napon-

1 ZRÍNYI MIKLÓS levele a királyhoz november 28-ikáról.

2 *Ortelius Redivivus*, II. k. 292 l.

3 *A császári és királyi hadi levéltárban*, 327. k

(Merian Mátyás metszete után.)

12. GRÁCZ A XVII. SZÁZADBAN.

ként mutatkoztak, körülötte rajzottak, s deczember elején ismét megütközött velük. Örömmel jelenthette, hogy keményen megverte őket; immár reméli, hogy több támadást nem tesznek, hanem Eszékre, téli szállásra vonulnak.[1] Jelentésével épen egyidejűleg, deczember 4-ikén kelt hozzája a király levele, melylyel előbbi győzedelmeért üdvözölte. S a mint Lipótnak a szive különös vigasztalására szolgált szerencsés ütközetének híre, úgy bizonyosan az ő szivének is elégtételére volt a felség elismerése és biztatása. «Kedves gróf Zrínyi! Nem is lehetett, irta a levél végén sajátkezűleg, az ön vitézségétől egyebet várni. Legyen Isten nekünk s az igaz ügynek segedelmünk, én maradok Ön iránt minden kegyelemmel».[2]

A mi Zrínyinek a hadi tanács rendelkezésében és a királyi kegyelem megnyilatkozásában különösen jól esett, főleg az a komoly készülődés volt, melyet a jövendőbeli tavaszi háború szervezésében kifejtettek. L'Isola báró már augusztus 23-ikán egyességet kötött a brandenburgi választóval, hogy Montecuccoli dunai seregéhez 400 lovast és 600 vértest, Souches hadához Szilézia födözésére 1000 gyalogost fog küldeni; s az ősz végén segítő csapata a Holsteini herczeg vezetése alatt csakugyan Kremsierbe érkezett és téli szállásra a königréczi kerületbe vonult. Küldött a királynak e mellett elegendő lőport és golyót s átengedett 100,000 tallér követelést, melylyel Spanyolország tartozott neki; a protestáns birodalmi rendeket pedig erélyesen felszólította, hogy a regensburgi gyülésen a török ellen való segély megadásán buzogjanak. Rajta kivül a bajor választó 1000 gyalogost és 150 lovast, a szász 1200 gyalogost, a mainzi 900 gyalogost inditottak meg, a salzburgi érsek szintén pár százat.[3] A rajnai szövetség külön had-

1 *Ugyanott*, Windica, 68. k.

2 FORSTALL MÁRK Stemmatographiája, 29. l.

3 ZWIEDENECK-SÜDENHORST, Deutsche Geschichte, I. k. 241., 242. l.

teste meg, 7200 ember, kiknek parancsnokával, Hohenlohe Gyula gróffal hősünk a múlt hónap elején a bécsi hadi tanács ülésében találkozott, már Kremsnél áll, Stiria felé nyomulóban, hogy a télen át Pettau környékén szállásoljon. Mindez biztató jel volt, pedig sem a hadi tanács, sem a király nem érte be ennyivel. A tanács november közepén Souches fölszaporodott hadát, 1000 lovast és 8000 gyalogost Trencsénen át a bányavárosok védelmére rendelte, hol Koháry István, Horváth György és Szobonya István őrködött néhány ezer fölkelő néppel;[1] a király pedig a külföldi udvarokhoz, katholikusok- és protestánsokhoz követeket küldött segítség kieszközlése végett: Mattei grófot Rómába a pápához, Piccolomini Testát Itáliába az egyes fejedelmekhez és köztársaságokhoz; Strozzi Péter testőrkapitányt Francziaországba, gróf Sinzendorf Rudolfot Dániába és Hollandiába, gróf Dietrichstein Zsigmondot Angliába, Königsegg grófot Svédországba[2] és Petting grófot Spanyolországba; így fél Európát, az egész nyugati kereszténységet fölverni akarta, egyesíteni kivánta a pogány ellen. S maga épen úton, Amstädten városában, a honnan elismerő levele kelt, hogy Regensburgba, a birodalmi gyűlésbe siessen a megújítandó hadjárat katonai és pénzbeli biztosítékainak személyes sürgetésére.[3]

Lipót deczember 23-ikán ért Regensburgba, császári fénynyel, miniszterek és diplomaták kiséretében. A külföldi államok képviselői közül vele voltak: Carafa pápai nunczius, Archinto gróf, a spanyol követ és tanácsosa, Don Diego de Prado báró, Pallavicini marquis, a genuai köztársaság és Chieromani lovag, a toscanai nagyherczeg követe. S már a helyszinén vártak reája: Gavella lovag, XIV. Lajos meghatalmazottja, Rocus atya, a spanyol fe-

1 *Történelmi Tár*, 1881. évf. 131. l.
2 Priorato, Historia di Leopoldo, II. k. 283. l.
3 *Ugyanaz*, II. k. 271. l.

renczrendiek tartományi főnöke, a spanyol király meg bizottja, Callori gróf és Maletti lovag, az a mantuai, ez a szárd herczeg küldötte. S a birodalmi rendek közül példájára megjelentek: a mainzi, trieri, bajor és szász választófejedelmek, a salzburgi érsek, strassburgi, speyeri, münsteri, paderborni és regensburgi püspökök, meg a fuldai apát, a württembergi herczeg, a bayreuthi és baden-durbachi grófok és még számosan. Hosszan tanakodtak és vitatkoztak az adandó katonaság számáról és a pénzbeli segély összegéről. A brandenburgi választó 60,000 embert ajánlott meg a megfelelő költséggel az év folyamán kiállítani; de a gyűlés sokallta, végre 9—10,000 emberben állapodott meg, a szükséges fizetéssel, Badeni Lipót őrgróf fő- és Waldeck Frigyes gyóf helyettes parancsnoksága alatt. A külföldi államok közül Anglia és Hollandia keleti kereskedelmök érdekei miatt harczba a törökkel nem elegyedtek; Dánia és Spanyolország a saját háborúikban kimerültek, s gazdaságuk romlása nélkül semmi támogatást nem nyujthattak; a svéd király csak annyi segítséget ajánlt, a mennyi a birodalomhoz való viszonyánál fogva, mint Pomeránia és Bréma urát illette. A pápa csak nagyobb, az olasz fejedelmek és királyságok csak kisebb pénzbeli áldozatot hoztak katonai erő helyett; hadat, 1000 lovast és 5000 gyalogot egyedül a franczia király igért. A háborút a pogányság ellen a keresztyénség védelmének ismerték el ugyan, azért teljes rokonszenvükkel, sőt egyes országok tehetségök szerint gyámolították is: de a keresztyénség közösségének érzeténél a kereskedelmi és gazdasági érdekek már erősebbek voltak s általában ezek uralkodtak. Mind a mellett így is jelentékeny összegekre, s a rajnai szövetség, a birodalom, XIV. Lajos és az egyes választók külön segítségében mintegy 30,000 jól felszerelt katonára lehetett számítani.[1]

[1] ZWIEDENECK-SÜDENHORST, Deutsche Geschichte, I. k. 242., 243. és PRIORATO Historia di Leopoldo, II. k. 272., 286. l.

A míg a tanácskozás Regensburgban foly vala, hősünk a biztató jelek föltüntével új kedvre, új cselekvésre lobbant, nagy és merész vállalatot készített elő, *egy gyors téli hadjáratot*, melylyel a Dráva balpartján egyszerre végigszáguld az eszéki hídig, s a vonalába eső várakat és palánkokat megveszi vagy megfélemíti, a vidéket feldúlja, a híres hidat elfoglalja és fölégeti. Minthogy azonban az elbizakodott török mindenfelé rezgelődött, s a termékeny Pozavinát a kulpai végekkel fenyegette, előbb a szükséges belső védelmet, a részleges fölkelést szervezte, az élére öcscsét, Péter grófot állítva. E végett *deczember 13-ikán* Varasd városába összehívta a karokat és rendeket, kik előterjesztésére önzetlen lelkesedéssel és áldozatkészséggel egyhangúlag elhatározták, hogy a bán parancsára és szolgabirák hirdetésére egész Pozavina a földesurak alá eső oláhokkal együtt haladéktalanul keljen föl és gyűljön össze a kiszabott büntetés terhe alatt. Azon kívül, a hol nagyobb és tartósabb szükség állna elő, a többi járásokból is a Száváig a földesurak a magok részéről egy lovast, jobbágyaik részéről egy gyalogot küldjenek jól fölszerelve a Pozavinába, ők is, nemesek és mágnások, fejenként fölkelve oda siessenek. Ha pedig ugyanabban az időben vagy külön-külön a török a kulpai, petriniai vagy károlyvárosi végeket rohanná meg, a szávántúli járások Zrínyi Péter gróf megkeresésére azonnal kötelesek felülni és ama részek oltalmára gyülekezni, a mágnások a megkereső gróf, a szolgabirák és más nemesek az alispán, a kulpamelléki és nem adózó népségek pedig Patachich Péter alatt állanak, ki viszont Zrinyi Pétertől függ. Ha valahol esetleg nyomasztó és végső szükség mutatkoznék, a török az ország valamely részébe haddal nyomulna be vagy erősséget szállna meg, a Száván innen és túl eső összes járások népe tartozik a bán parancsára személyesen fölkelni és hozzája csatlakozva az ellenség ellen harczolni. Aztán hadi szerek vásárlására adót vetettek ki, minden egyes birtokos vagy jobbágyai után füstönként egy rajnai forintot jó új pénzben, melyet a közeledő vízkereszt napjára köteles minden szolgabiró a saját járásából behajtani és szoros számadás mellett Zakmárdy Jánosnak beszolgáltatni, hogy az itélőmester ólmot, puskaport vehessen rajta, még pedig apróbb és öregebb szeműt, a különböző fegyverek számára. Kimondották azt is, hogy a varasdi hévvizeknél tartott tábori tanács büntetéseit végrehajtják s a begyült összeget szintén erre a czélra fordítják. Az itélőmester pedig a beszerzett hadi készletet a varasdi vártoronyban őrizteti és az ország szükséglete szerint osztja ki. A ki akár a kivetett adó, akár a kiszabott büntetés lerovásában késedelmeskednék vagy makacskodnék, birsággal lakoljon; a ki a természetbeli segélyt eddigelő be nem szolgáltatta, Mária tisztulásának ünnepéig beszállítani köteles, különben szintén birságot fizet. Intézkedtek egyszersmind, hogy a haza oltalmazása végett német lovagok és gyalogok jöjjenek be; de a bán elnöklete alatt bizottság őrizze ellen számukat, elszállásolásukat, fegyelemben tartásukat; s a bizottság határozza meg az ellátásukra szükséges élelmiszerek árát, a széna és fa mennyiségét. A bizottság tagjai lettek: Orehóczy Gáspár al-bán, Zakmárdy János itélőmester, Patachich Miklós varasdi, Gotthall Miklós zágrábi és Majczen Ferencz körösi alispánok, Drúskóczy Kristóf és mindazok, a kiket a bánnak bevonnia tetszik. Végre gondoskodtak az ország szükségleteinek, főleg a saját katonáik fizetésének födözéséről, mert a nehéz időben az idegen katonaság kellő tartása mellett a hazai vitézlő nép szűkölködése méltán elégületlenséget kelthetett volna, — a haramiák az új adószedő ügyvivője ellen úgyis zavarogtak.[1]

Zrínyi Miklós a kiküldött bizottságot január 7-ikén

[1] *Acta et Articuli* stb, 203—205. l.

csakugyan összehívta csáktornyai várába, mert a Mura mellől megugrasztott tatárság a Dráva két felén lejebb vonult, a jobb parton egészen Pozsega tájáig, az Orljava vizéig hatolt, minél fogva a németség behozatala a belső védekezésre szükségessé lett. A hadi tanács intézkedése megkönnyítette a dolog kivitelét, mert deczember közepén *Hohenlohe* grófot a stiriai határra helyezte, egyszersmind hősünket értesítette, hogy seregét, ha tetszik, igénybe veheti.[1] S ő legott érintkezésbe lépett és megegyezett vele mind a téli hadjárat, mind a belső védelem támogatásának módjára nézve; így most kész tervezettel állhatott a bizottság elé. Az urak elhatározták, hogy 2000 főnyi csapatot kérnek és vezetnek be az országba s a Zavarchiától (ma Zavarsje) Ludbrégig nyúló területen szállásolják el, a miben Patachich Miklós varasdi és Gotthall Miklós zágrábi alispánok Drúskóczy Kristóffal és a járásbeli szolgabirákkal működnek közre, és pedig a házakat a mezőségen előbb kijelölik, a parasztokat összeírják; a mely gyalogoknak ezen a területen nem jut helyük, Ludbrégen alól, Varasdmegye déli hegyes vidékein és Körösmegye éjszakkeleti síkságának falvaiban kapnak szállást. Minden egyes emberért generálisuk, Hohenlohe, a gazdának egy tallért, az ország pedig azonfelül a nyomasztó drágaság miatt pótlékúl fél rajnai forintot fizet.

Az urak a megjelent német tisztekkel is megegyeztek, és pedig abban, hogy a katona megelégszik olyan kenyérrel és eleséggel, a milyennel a gazda él; bort külön tart magának, melyet azonban szállásadója vásárol be; s megnyugodtak abbeli biztatásukban, hogy Hohenlohe igérete és biztosítása szerint a lakosságot minden egyéb tehertől és alkalmatlanságtól megvédi. Aztán elvégezték, hogy a fél rajnai forint katonatartási pótlék födözésére egyfelől a hadi-

[1] *A császári es királyi hadi levéltárban,* Windica. 68. k.

szerekre kirótt egy forintos, másfelől Varasd és Körösmegyéből az országos költségekre kivetett nyolcz forintos adó fordítandó a megyei tisztviselők és itélőmester javadalmának levonásával; Zágrábmegye adójából pedig a kulpai kapitányokat és vitézlő népet, az új adószedőt és odavaló megyei tisztviselőket kell kielégíteni.[1]

Négy nap mulva meg, január 11-ikén Zrínyi meghagyásából az országos rendek gyűltek össze a püspök elnöklete alatt Zágrábban, hogy a kiküldött bizottság jelentését meghallgassák és a védekezés művét folytassák. Az ülés mindenekelőtt tudomásul vette és megerősítette a csáktornyai végzéseket; a katonatartási pótlék fejében a földesurakra még egy rajnai forintot vetett ki; de gondoskodott egyszersmind a hadi készletek födözéséről is, a mennyiben e czélra a czímeres és egy-telkes nemeseket egy, városi és falusi kereskedőket, akár hazaiak, akár külföldiek, minden 100 forint után fél rajnai forint erejéig rótta meg. Azután a termésbeli segélyt szorgalmazta meg azzal az utasítással, hogy felét a földesurak, felét a jobbágyok tartoznak Mária tisztulása napjáig beszállítani; különben az ünnep után minden varasdi vagy zágrábi mérő után egy magyar forint birságot fizetnek; de termés helyett kenyeret, lisztet is adhatnak. A varasdmegyei gabonát Patachich Miklós és Drúskóczy Kristóf a meglevő tárházakba helyezi és a háború jövendőbeli szükségére fordítja, a zágrábmegyei gabona és pénzbeli birság pedig az ország későbbi intézkedéseig szeműl vagy készpénzül marad. Sőt az ülés nagyobb gabnakészlet gyűjtése végett a jövendő szükségre való tekintettel elhatározta, hogy a földesurak Varasd és Körösmegyéből Szent-Jakab napjáig újabb varasdi mérő búzát, a jobbágyok ugyanannyi búzát vagy kölest kötelesek Szent-Márton ünnepére az ország tárházába Varasdra szállítani; s ha

[1] *Acta et Articuli* stb., 206., 207. l.

13. HOHENLOHE FARKAS GRÓF ARCZKÉPE. (Egykorú metszet után.)

a megjelölt időre és napra be nem vitetnék, egy magyar forint birsággal lakolnak; Zágrábmegyéből pedig ugyanazon határnapokra a földesurak másfél zágrábi mérő búzát vagy árpát, s a jobbágyok ugyanannyi kölest vagy alakort szolgáltatnak be Zágráb városába hasonló büntetés terhe alatt. A zágrábi káptalan jobbágyainak gabonája Sziszekre hordandó s annak szükségére fordítandó. Az ülés aztán intézkedett Petrinya, Svarcsa, Sredicske megerősítéséről, a pletter-berkiszevinai sánczok felásásáról, a salai árkok kitisztításáról és a bresti véghely környékének megvizsgálásáról, s ha a Mura jobb partján Új-Zrínyivár közelében valami sáncz igazításra szorul, jókarba kell hozni. S a szemlére kiküldötte Petretich Péter püspököt avagy helyettesét, gróf Erdődy Miklóst, Orehóczy Gáspár albánt, Zakmárdy János itélőmestert, Patachich Péter és Klauz Sebestyént. Szóval a gyűlés sem áldozatot, sem költséget, sem fáradságot nem sajnált, hogy a védekezést minél hathatósabban szervezze és fokozza:[1] de nem sajnált hősünk sem, hogy a téli hadjáratot előkészítse és szervezze.

Úgy okoskodott, a mint alig néhány nappal előbb vallásos megadással fejezte ki Csáky Istvánnak, hogy minden szerencsétlenségnél feljebbvaló az, ha látja az ember nemzetének, hazájának utolsó veszedelmét; de ha a nagy Isten arra rendelte öltőjével, legalább igyekezni kell minden jó magyarnak, kivált a nemes vérnek, hogy ellensége romlása nélkül ne legyen az ő veszedelme. «Én is a magam részéről azt írhatom kegyelmednek, folytatja búsongva, hogy szívvel-lélekkel mesterkedem minden előmenetelünkben, sem értékemet, sem életemet bizony nem szánom, s valami véget rendelt az Úr Isten az én szándékaimnak, jó szívvel elvárom. Eddig még, hála Istennek, én rajtam hatalmat az ellenség nem vett; az elmúlt esztendőben há-

[1] *Acta et Articuli*, stb. 208—210. l.

Wahrhafftige Beschreibung was beede Herr Graff von Serin, und Herr Graff von Hohenlohe im Januarij und Februarij 1664 Jahrs auss gericht. von Tag zu tag beschriben, biss sie wieder nach Hauss kommen sein. wie auch bey abbrennung der Kostbaren und gewaltigen brücken bey Essech wider den Türken vorgangen.
N
S.
P
S.
H. STEIERMARCH

romszor derékképen hol törökkel, hol tatárral megvonyakodtunk; de mindenkor itt hadta a körmeit».[1] Most is azon dolgozott, hogy hatalmat ne az, hanem ő vehessen rajta. Hohenlohével elvégezte, hogy seregének felével hozzája jő és vállalatához csatlakozik,[2] aztán az elvonulás megkönnyítésére Légrádnál hajóhidat veretett, melynek helyét egy bizottság élén Göller Keresztély, a gréczi kormány küldötte jelölte ki. S a míg ez a munkálat tart vala, a német parancsnok helyén maradt, ő pedig a kanizsai basát foglalkoztatta apró portyázásokkal, pajtái pusztításával,[3] hogy figyelmét a komoly készülődésről elterelje; s egyidejűleg intézkedéseit a hadak gyülekezésére megtette.

Esterházy Pál, Batthyány Kristóf s a dunántúli felsőbb megyék urai csapataikkal január 19-ikén Szent-Grótnál találkoztak, másnap Kis-Komáromnál egyesültek Zrínyi, Hohenlohe és Draskovich hadaival.[4] Ide jött Witnyédy is fiával és száz katonájával;[5] de lelkesedése, harczi vágya nem volt kisebb a nagyokénál.[6] Összesen valami 20,000 vitéz jött össze: 8000 magyar, 5000 horvát, 7000 rajnai és egyéb német,[7] s mindnyájok szive vidult ekkora sereg lát-

1 *Századok*, 1872. évf. 561., 562. l.

2 *A császári és királyi hadi levéltárban*: Windica, 68. k.

3 *Ugyanott*, Windica, 68. k.

4 VITNYÉDY ISTVÁN levelei, II. k. 147. l.

5 ESTERHÁZY PÁL, Mars Hungaricus, 40—52. l. PRIORATO, Historia di Leopoldo, II. k. 370—378. l. *Ortelius Redivivus*, II k. 298—305. l. ZRÍNYI MIKLÓS *levele* a gréczi hadi tanácshoz február 11-éről. Monumenta Slavorum Meridinalium, XIX. k. 226., 227. l. A királyhoz február 19-ikéről. Századok, 1872. évf. 563—564. l. DRASKOVICH JÁNOS levele a nádorhoz február 18-ikáról. Országos levéltár, Wesselényi-levelek; Egykorú tudósítás, Századok, 1886. évf. 253—259. l.

6 VITNYÉDY ISTVÁN levelei, II. k. 149., 153. l.

7 *Az egyesült sereg számát* Esterházy Pál a maga Mars Hungaricusában 26,000 emberre becsüli (40. l.), és pedig szerinte 8000 volt a magyar, 10,000 a rajnai és 3000 a másféle német, 5000 a Zrínyi hadi népe és horvátja; de a németség fölvételében nyilván téved, mert Hohenlohenak, a rajnai sereg parancsnokának összesen csak 7200 embere volt; (ZWIEDENECK-SÜDENHORST, id m. I. k. 272. l.) s ebből 10,000-et nem hozhatott magával, annyival kevésbbé, mert 2000-et a horvát-tótországi belső védekezésre engedett át és a téli hadjáratot az egyezség szerint csak a fele katonaságával támogatta (*Acta et articuli* stb., 206., 207. l., Hadilevéltár, Windica, 680. l.). Priorato ellenben az egész sereget csak 16,000 főnek mondja (Historia di Leopoldo, II k. 370. l.), melyben Zrínyinek 4000 magyar, horvát és szla-

tára. A diadal reménységével kerekedtek föl és január 21-ikén érkeztek *Berzencze* alá. Gyönge volt a palánk, de erős az őrsége; mind a mellett harmadnapon a faltörő ágyúk megérkeztére a szabad elvonulás föltétele alatt feladta a várat. S a mikor az elvonulókat nehány garázda megrohanta és öldöste, Zrínyi kivont szablyával maga kelt védelmökre s őrizettel kisértette tovább őket. Január 24-ikén *Babócsára* ment. A helyet délről és keletről a Rinya folyó és mocsarai környezik; de éjszak és nyugat felől dombok szegték és a mieink ezekről lőni kezdték. A törökök hevesen viszonozták az ágyúzást, de inkább vészjelül, mint a siker reményében, hogy a környékből segedelmet kaphassanak és tömérdek élésöket, lövőszerszámukat és egyéb készletüket megmenthessék. Másnap csüggedve meghódoltak és fegyver nélkül távoztak. *Barcs* magától elesett, őrsége hadaink elől megszaladt, melyek a hitvány palánkot felgyújtották és elégették. Zrinyi meg *Sziget* felé fordult, hogy kikémlelje és megriaszsza; a mi teljesen sikerült, mert a rémült pogányság télvíz idején sebbel-lobbal költözött a belső várba és nem akadályozta meg, hogy a mieink *Türbéket*, a nagy Szulejmán belső részeinek temetőjét, a mozlim zarándokok e szent helyét fel ne dúlják; fényes márványemlékét szétvetették, várát elhamvasztották, úgy zúdultak tovább rohanó árjokkal *Pécsnek*, melyet ekkor Bécsnél nagyobbnak és ragyogóbbnak tartottak. A belső várost széles fal körítette, öt kapuval Buda, Siklós, Eszék, Sziget és a szőlőhegység felé, s födözetül négyszögletes

von vitéze volt, gyalog és lovas vegyesen; 6000-re ment a Batthyány, Esterházy, Draskovich grófok s a veszprémi püspök lovassága és körülbelül szintén 6000-re a rajnai és a királyi német katonaság. Valószinűleg leginkább megközelítjük az igazságot, ha a németséget 7000 főnek veszszük, mert a Hohenlohe hadtestének fele 3600, s a királyi katonaság Esterházy szerint 3000, a mi már 6000-nél több; Priorato is csak »körülbelől« mondja 6000-nek, így 7000-re bízvást tehető. A többi csapatok számára kétségtelenül elfogadhatjuk Esterházy adatait, mert azokról közvetlen értesülései voltak. S e számok összegezésével az egyesült seregben valami 20,000 ember lehetett.

és gömbölyű tornyokkal. Mintegy 6—7000 ház volt benne, 16 ércz fedelű, csillogó mecsettel, emlékszerű közkutakkal és márványos fürdőkkel, szóval mindennel, a mi a keleti kényelemnek és gyönyörűségnek kedves. A vár fölötte terült el a négytornyú nagy székesegyházzal, büszke bizton-

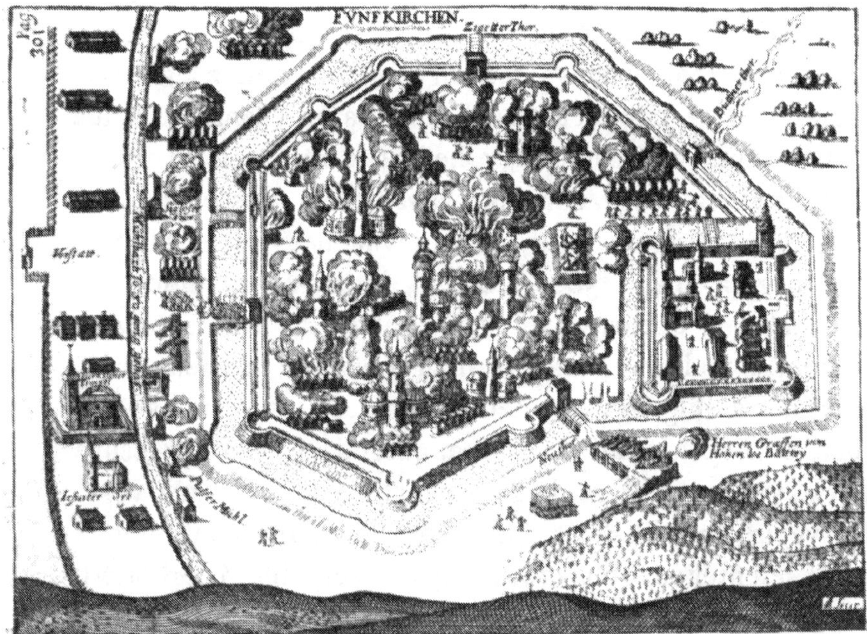

14. PÉCS FÖLÉGETÉSE 1663-BAN. (Egykorú metszet után.)

ságban. A várostól körös-körül mélyen futó árok és vastag kőfal választotta el, tömött bástyáiról meredező ágyúival uralkodott rajta. Hadaink 27-ikén már Pellérden háltak[1] és másnap Pécs alá szálltak, melynek külső részeit azonnal elöntötték. A következő napon, 29-ikén, a belső várost megrohanták s egy órai heves és véres küzdelemmel elfoglalták. A törökök asszonyaikkal, gyermekeikkel, paripáikkal, arany és ezüst drágaságaikkal fölmenekültek a várba: a kik lent szorultak, ott hulltak el villogó szablyáik

1 Draskovich János levele a nádorhoz. Országos levéltár, Wesselényi-levelek.

alatt. Tűz és vas emésztette meg őket, s meleg tetemöknek, kihült tűzhelyöknek hadi martalóczok estek, szabadon fosztogatva. Mesés volt a zsákmány, arany és ezüst, maga Draskovich János gróf 20,000 forintot talált a föld alatt; csak a bor több ezer csöbörre és az eleség olyan garmadára gyűlt, hogy 30,000 ember egész esztendeig megérte volna véle. De a hajdúság és németség pocsékolva pusztította és a borban gázolva fetrengett. Ha az ellenség a várból kiüt vala, a németek közül sok százat vághatott volna le, «mert mint a disznók, úgy hevertek részegen az utczákon».[1] Zrínyi a magyar hadakat a szertelen ivástól kemény fenyegetéssel visszatartotta; aztán a vár megvételét Hohenlohéra hagyta, maga 5000 könnyű lovassal száguldott tovább Szalonta, Siklós, Baranyavár alatt az *eszéki Szulejmán-hídig*, mely a korabeli hadi építészet remeke volt. Dárdától Eszékig egy jó mérföld hosszan, 16 lépés szélességben húzódott, minden oszlopa, gerendája, deszkája csupa tölgy, úgy összeeresztve, hogy a pénzt megolvashatták volna rajta, végig karfákkal és lámpásokkal.[2] Torkolata fölött a *dárdai* jelentékenyebb erőd, úgynevezett hídfő őrködött. S a mint hősünk 31-ikén ide érkezett, az erődöt megrohanta és védőit leöldöste; másnap a rengeteg alkotványt felül is, alul is náddal megrakta és több helyen felgyújtatta. Szép, száraz, hideg idő járt és a láng ropogva csapkodott a magasba. Két egész nap, két egész éjjel égett, s mint valami éjszaki fény, az éjszakai órákon nagy messzire csodálatosan bevilágította az eget! Borzasztó és mégis fenséges látvány! Csakhogy ez a világosság szakadatlan dörgés között jelentkezett, mert az eszékiek ágyúi egyre zúgtak és vitézeink valóságos golyózáporban dolgoztak, csodálatos módon mégis egyetlen embernél több nem sebesedett!

Zrínyi ezzel fordult vissza *Siklós* felé, a palánkot fel-

[1] *Századok*, 1886. évf. 256. l. [2] *Ugyanott*, 1886. évf. 257. l.

15. AZ ESZÉKI HID ELPUSZTÍTÁSA. (Egykorú metszet után.)

dúlta, *Baranyavárt*, *Sásdot* elfoglalta és fölégette, a tatárt az egész vonalon fölverte és hajdúival a Dunán keresztül űzette, a vidéket véges-végig kipusztította és elhamvasztotta; úgy kanyarodott fel megint Pécs alá, hol a vár megvételében Hohenlohe öreg faltörő ágyúk nélkül nem haladt előbb. Katonasága többet küzködött a borral, mint az ellenséggel, s többen vesztek el belőle, valami 200-an, részegség miatt, mint golyótól. Hősünk látta, hogy további megszállása haszontalan, sőt veszedelmes is lehet, mert a hideg dermesztőre vált, két napos förgeteggel és olyan nagy havazással, hogy a tábor térdig hóban állt, minél fogva fagytól és fáradságtól rohamosan romlott;[1] a sebesülteken kívül naponként annyian betegedtek meg, hogy félő volt, miként a visszavonulás nehézzé lesz: az időjárásra és egészségi állapotra való tekintettel tehát követelte a vívás félbenhagyását. S véleményén voltak a királyi és bajor tisztek. Hohenlohe egyfelől a gazdag zsákmány, másfelől az erkölcsi kudarcz miatt eleinte ellenkezett, utóbb is csak elkeseredéssel engedelmeskedett, s ettől az eseménytől engesztelhetetlen haragosa lett. De menni kellett. Zrínyi parancsot adott a táborozás és vívás fölhagyására és a város fölgyújtására. Ezer és ezer helyen vetett lobbot egyszerre a tűz és füst, mondja Esterházy, csakhamar elfedte a napot és szemhatárt, Sodoma égése nem lehetett nagyobb. Az egyesült sereg ennél a káprázatos tüzijátéknál vonult vissza és a Rinya mentén felcsapott Segesdnek, hogy elfoglalásával *Kanizsát* egészen körülzárja, mert Zrínyi további hadi czélja ennek az erős várnak megszállása volt. A tavaszra elő akarta készíteni. E végből útja közben Babócsát Czindery György, Berzenczét Kiss Farkas, Segesdet Pethő László[2] parancsnoksága alatt megrakta magyar-német őrséggel, hogy a kellő időben háta mögött őrködjenek,

1 *Századok*, 1886. évf. 257. l.
2 *Ugyanott*, 259. l. Draskovich János szerint e helyen *Eősi* vajda lőn a kapitány.

mert e nélkül, a mint a gréczi hadi tanácsnak maga írja vala,[1] minden fáradsága dugába dől. S ezzel abban a meggyőződésben, hogy a telet nem hasztalanul töltötte,[2] mert a mi szándéka és kivánsága volt, az örök Istennek legyen dicséret, mind véghez vitte,[3] a sereget február 14-ikén hazaeresztette.[4]

Hát mi volt tulajdonkép ennek a negyedfélhetes háborújának eredménye, haszna? Berzencze, Babócsa, Segesd megvétele, Barcs, Türbék, Dárda, Baranyavár, Sásd s egy csomó kisebb palánk porba ontása, Sziget megfélemítése, Pécs elhamvasztása, az eszéki híd fölégetése, az egész vidék elpusztítása, nehány száz falu lángbaborítása;[5] azonfelül zsákmányban valami 50 ágyú, temérdek hadi készlet, élés és bor, 3000 ló és 30,000 barom.[6] De az anyagi haszonnál sokkal jelentékenyebb volt az erkölcsi siker. Zrínyi tél közepén, a korabeli hadviselésre szokatlan időben nyomult a hódoltságba, s rémületet vitt a pogányság szivébe. Mikor biztos, ha még télen sem nyughatik? S mit remélhet, ha majd tavaszszal a nagy háború megnyílik? Mert a vidék elpusztításával megnehezült az élelmezés gondja, s a híd elégetésével megsemmisült az országba áradó török seregek közlekedő főeszköze! Köprili Ahmed hónapokig be nem jöhet, segítséget nem hozhat; s a míg a híd kipéül, a hódoltság java része Kanizsával elveszhet! A keresztyénség ellenben megvidult és fölbátorodott, a jövőbe új hittel, új reménynyel tekintett: fent és alant, az udvarokban és népben csak a hősnek vállalatát csodálták és nevét magasztalták! Ő pedig a legigazabb szerénységgel jelentette február

1 *Monumenta Slavorum Meridionalium*, XIX. k. 227. l.

2 *Századok*, 1872. évf. 563. l.

3 *Monumenta Slavorum Meridionalium*, XIX. k. 226. l.

4 *Ortelius Redivivus*, II. k. 305. l.

5 *Ortelius Redivivus* az elpusztított falvak számát ezernél többnek (II. k. 305. l.), WITNYÉDY épen több ezernek (II. k. 154. l.) mondja, a mi teljesen lehetetlenség, mert egész Somogyban és Baranyában se volt összesen 1000 község, pedig Zrínyi nem pusztította el az egész két vármegyét.

6 *Ortelius Redivivus*, II. k. 305. l.

16-ikán a hadi tanácsnak, hogy a törököt Hohenlohe gróffal megverték és csatározásukból nagy zsákmánynyal tértek meg;[1] s a legszárazabb rövidséggel megirta 19-ikén a királynak, hogy mit végzett és a pécsi megszállást Hohenlohe kivánsága ellenére miért oldotta fel.[2] A mi részletet Lipót megtudott, csak küldöttjétől, Wassenhoventől tudta meg, kit még 11-ikén elinditott Babócsáról hozzája Regensburgba, hogy vállalkozása eredményéről jelentést tegyen és Kanizsa megszállásához segítséget kérjen, miután útközben a gréczi kormány támogatását megnyerte és biztosította.[3] Mert ő a maga érdemével soha sem dicsekedett s a mások elismerésétől soha sem szédült meg, bár egész Európa dicsőítette is, mint most ezért a téli hadjáratért.

Legelsőnek koronás ura köszöntötte *Porcia* herczeggel a birodalmi gyűlésről. «Sietek e soraimmal bizonyságát adni különös örömemnek,» mondja a herczeg, «az Ön okos és vitéz vállalkozásából a keresztyén név föltámadását látom».[4] «Miután Wassenhoven mérnök,» szól a király, «az Ön derék előnyomulását, a török véghelyek megvételét, a hires eszéki hid fölégetését s katonai vitézségének egyéb páratlan fényes tetteit részletesen előadta, — érkezik február 19-ikéről az Ön levele, mely mindazt rövidebben érinti, semmint az eredmények nagyszerűsége megérdemli. Ez a diadalmas előnyomulás a hanyatló Magyarországnak erős támasztékot ád, hiveim csüggedt lelkét fölemelte, s jövendő szerencsésebb sikerek nem csekély alapja lesz. S a menynyire hasznos és kedves nekem, ép annyira az Ön nevének halhatatlanságára és emlékezetének öregbitésére szolgál. Remélleın, Isten segítségével, az Ön vitézségétől és tapasztalatától, hogy tovább is ilyen szerencsés előmenetelt

1 *A császári és királyi hadi levéltárban*, 328. k.

2 *Századok*, 1872. évf. 504. l.

3 *Monumenta Slavorum Meridionalium*, XIX 227. l.

4 FORSTALL MÁRK Stemmatographiájában, 34. l.

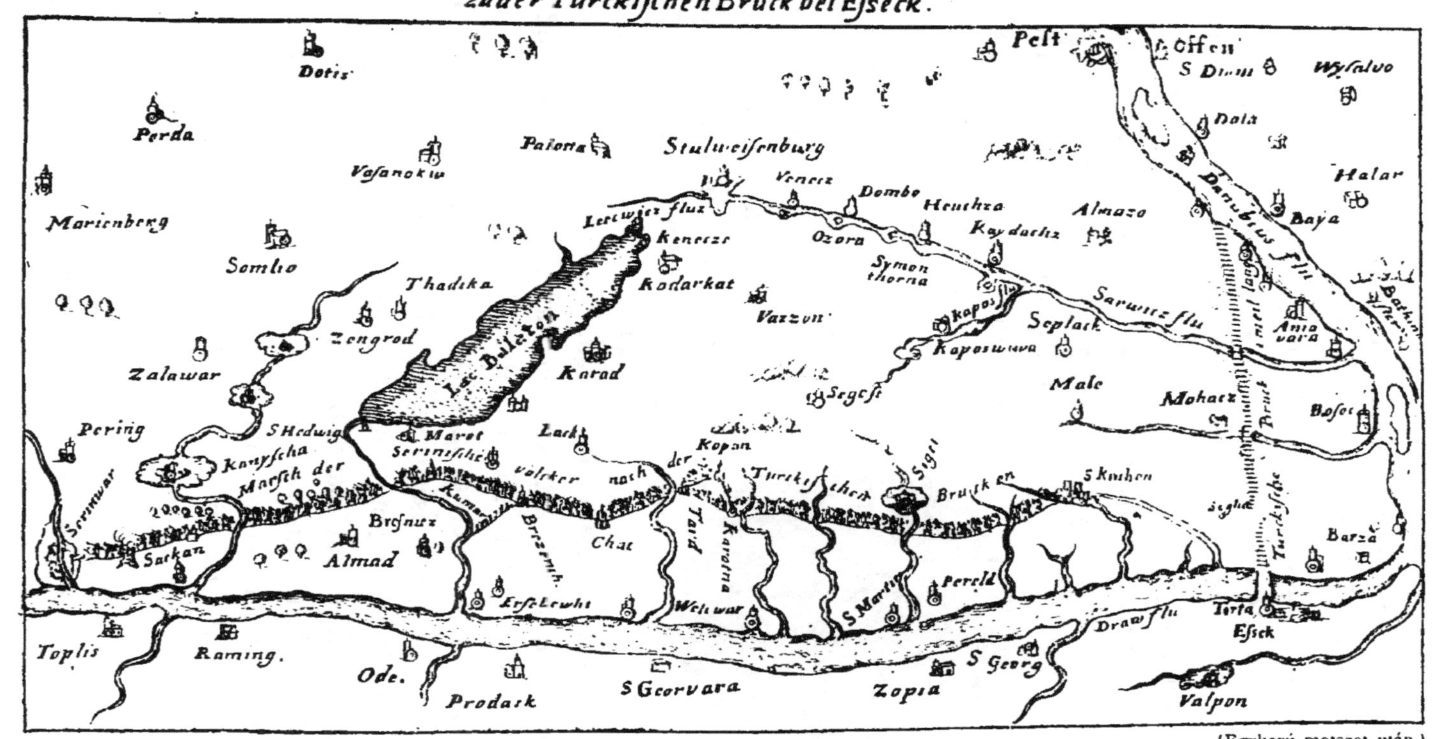

16. ZRÍNYI MIKLÓS TÉLI HADJÁRATÁNAK TÉRKÉPE.

(Egykorú metszet után)

teszünk és az ellenség erejét megtörjük». Végül sajátkezüleg hozzá tette: «Nem várhattam egyebet az Ön derék vállalkozásától és vitézségétől, csak hasonló diadalmas sikereket. Reméllem, hogy Isten másszor is meg fogja áldani, s én biztosítom mindenha a magam különös kegyelméről».[1]

Aztán jöttek az európai fejedelmek és nagyok levelei, kitüntetései. A pápa, *VII. Sándor*, apostoli áldását küldötte, ragyogó vitézsége és páratlan bátorsága elismeréseként. «A keresztyénség eme nehéz napjaiban ugyanis» mondja, «nem kaphatunk hirt Németországból valami jeles cselekedeted nélkül, a mit mindenek ajka dicsér. Úgy látszik, hogy egy ember ereje önt félelmet az ottomán birodalomba, reménységet és lelket a föld keresztyén népeibe». Aztán biztatja, hogy folytassa pályáját a jól kezdett úton igazi és örök dicsőséggel, mikép neve az egész földön elterjedjen s maga a mennyországban helyet nyerjen. És megáldja öcscsével, egész nemzetségével, majd azt kivánja neki, hogy a seregek ura segítse harczaiban mindenható jobbjával.[2] De az apostoli áldáson és jó kivánságon kívül lelki vigasztalására küldött egyebet is: ájtatossági emlékül 10-soros olvasót, búzavirágszinű lazúrkőbül, függő aranyérmekkel, teljes bűnbocsánattal s hat nagyobb ezüstérmet bevésett igékkel, külön diploma kiséretében «a keresztyén hit védelmezéséért, a miben napról napra inkább Krisztus vitézének bizonyúl».[3] A franczia király, *XIV. Lajos*, kinek figyelmét velenczei követe, Bonzi Péter beziersi püspök hivta fel

17. VII. SÁNDOR PÁPA ÉRME.

1 FORSTALL MÁRK-nál, 30., 31. l.

2 A római szentszék diplomacziai beosztása szerint Ausztria és Magyarország ide tartozott.

3 FORSTALL-nál.

hősünkre, még a mult esztendő április 21-ikén,[1] fényes hadi tényeiért, melyeket hosszú évek óta tanúsít vala a keresztyénség ellensége ellen, lelkében oly tiszteletet érzett személye, oly szeretetet vitézsége iránt, hogy a keresztyénség szolgálatában szerzett érdemei jutalmául költségei és áldozatai fejében mások serkentő példájára 10.000 aranynyal ajándékozta meg.[2] De ő a maga szerénységében nem tudta sem felfogni, sem megérteni, hogy a legkeresztyénebb király miképen értesülhetett nevéről;[3] s az ajándékot vonakodott elfogadni mindaddig, a míg a bécsi udvar kincstárnoka nem ajánlotta, mert idegen fejedelemnek, a Habsburgok vetélytársának pénze volt.[4] S a mikor elfogadta is, nem a maga czéljára, hanem a közjóra hozott áldozatúl fogadta el,[5] hogy általa a keresztyénség érdekeit annál buzgóbban mozdíthassa elő, így a végtelen nagylelkűségre annál méltóbb legyen. S a spanyol király, *IV. Fülöp*, kinek birodalma fölött a nap sohasem ment le, a legnagyobb kitüntetéssel, az aranygyapjas renddel tisztelte meg azokért az érdemekért, melyeket az ausztriai ház és keresztyén hit szolgálatában szerzett.[6] S kitüntetése annyival többet ért, irta *Castel-Rodrigo* marquis kisérő levelében, mert egyenesen a saját kezdeményéből adta s annyi és oly hatalmas várományos közül azzal egyedül őt ékesítette föl.[7] A király különben már novemberi diadalát Kottori mellett kimondhatatlan megelégedéssel hallotta s lelkesedése egész népére elterjedt. «Hihetetlen és kifejezhetetlen, jelentette *Petting* gróf, Lipót madridi követe Zrínyinek, az a köztetszés, melyet Excellentiád ebben az országban nyert. Mind közönségesen győzelmi jelvényeket emelnek lelkökben vitézségének, kérve Istent, hogy áldja és őrizze meg a keresztyén-

1 *Monumenta Slavorum Meridionalium*, XIX. k. 240. l.

2 FORSTALL MÁRK-nál, 36. l.

3 *Monumenta Slavorum Meridionalium*, XIX. k. 227. l.

4 FORSTALL MÁRK-nál, 37. l.

5 *Monumenta Slavorum Meridionalium* XIX. k. 228. l.

6 FORSTALL MÁRK-nál, 38. l.

7 *Ugyanott*, 39. l.

ség közjavára».[1] A toscanai nagyherczeg, *II. Ferdinánd* és testvére, Mátyás, kedveskedéssel, értékes ajándékkal halmozta el, *Francesco Barberino* háborús törekvésének istápolására 3000 aranynyal, *Bernát*, a harczias münsteri püspök elismerésének jeleként négy ujonnan öntött ágyúval lepte meg. *János Fülöp* mainzi választó-fejedelem új Castriótának nevezte, a keresztyénség összes harczosai közül a pálmát neki nyújtotta, *Sylvius* württembergi herczeg szíves, ragaszkodó levelekkel kereste föl, melyekben lelki hódolattal engedelmes fiának vallotta magát, ép úgy *Ferdinánd*, a bajor választó-fejedelem és *Friedenthal Gáspár*, a német lovagrend nagymestere.[2] A birodalmi rendek pedig téli hadjárata sikerének örömére Regensburgban hálálkodó ünnepi körmenetet tartottak, melynek élén maga Lipót haladt a választó fejedelmekkel és főpapokkal; s Németországban szerte, különösen Stiriában, megindúltak a körmenetek lobogó zászlókkal, zendülő énekekkel; mindenfelé a keresztyénség közösségének érzésével imádkoztak hősünk életéért és további diadalaiért, katholikusok és más hitűek egyiránt; s mindenfelől, a keresztyénség országaiból, városaiból, s magából a föld székvárosából, Rómából is, annyi vers, próza, óda, ének, dicsőítő dal, egyéb magasztaló irat érkezett Csáktornyára, hogy a rézmetszetekkel megtöltöttek volna két vaskos kötetet. Nevét és dicsőségét ezek a föld minden részére elvitték, gyermekek, ifjak, öregek vetekedve zengték. Valóban hire nem fért meg Európában, de *Grueber* hittérítő jezsuita atya állításaként túlszárnyalt az Eufratesen és Gangesen, Chinába, a nagy mogul birodalmába és Persiába. Törökországban, a fényes kapun, *Goes* báró bizonysága szerint jobban féltek tőle, mint Lipóttól magától, összes császári

1 FORSTALL MÁRK-nál 39. l.
2 *Ugyanott*, 40., 41. l.
3 TOLDY FERENCZ, A magyar költészet kézikönyve, I. k. (Budapest, 1876.) 161.

és királyi hatalmától,[1] mert kis csapattal gyakran roppant hadakat vert meg és szórt szélylyel.[2] A török harczosok, mondja *Pessina*, korabeli morva történetiró, nem birták tekintetét elviselni, a futásban kerestek előle menedéket,[3] sokszor csak az érkezésének hallatára is megszaladtak; a török anyák, jegyzi föl *András*, korabeli karmelita barát, siró gyermekeiket a bölcsőben nevével riasztgatták és csitították. Ez a két szó: «*Jön Zrínyi!*» elég volt nagyoknál és kicsinyeknél, hogy szivüket a rémület büvölje meg.[4] S ő a keresztyénség rajongásának és a pogányság félelmének közepette nem változott; olyan vallásosan szerény maradt, hogy soha egy hányaveti, kérkedő szót, irja *Forstall*, nem lehetett ajkáról hallani.[5] S a mikor barátai biztatták, nógatták, hogy a választó fejedelmekkel és többi rendekkel, kik irányában annyi tiszteletet és becsülést mutattak, vétesse föl magát birodalmi herczeggé, állhatatosan ellenállt unszolásaiknak, — soha sem tette meg.[6]

Nem a maga fölemelkedése, hanem nemzetének talpraállítása[7] volt az ő nemes és nagy lelkének nappali álmában és éjjeli álmatlanságában egyetlen gondja. Mert téli hadjárata óta hevülve hitte, hogy most avagy sohasem ronthatja vagy legalább tántoríthatja meg a felség az ottomán

1 FORSTALL MÁRK, id. m. 15. l.

2 *Ugyanott*, 23. l.

3 *Ugyanott*, 23. l.

4 *Századok*, 1900. évf.

5 FORSTALL MÁRK, id. m. 43. l.

6 FORSTALL MÁRK, id. m. 44. l. Komoly irodalmi és történelmi művekbe is bejutott az az állítás, mintha Lajos hősünket franczia pairré, Lipót birodalmi herczeggé nevezte volna ki, miről azonban ő szerényen lemondott. Mind a kettő csak a szeretet túlzása, annak semmi bizonyítéka, ennek csak annyi alapja van, hogy barátai ösztönözték a birodalmi herczegi czím kérésére, de nem hallgatott rájok. «Dum enixe etiam solicitaretur ab amicis,» írja Forstall, «ut iam sibi impense faventibus, operamque spondentibus electoribus, cæterisque comitiorum Ratisbonensium proceribus, peteret in imperii principem cooptari, id constantissime detrectaret». Pedig Forstall ismerte és gondosan összeszedte összes kitüntetéseit; de a birodalmi herczegségről csak ennyit tud, a franczia pairségről ennyit sem. Valóban sem Moro és Bonzi Zrínyihez szóló leveleikben pénzen kívül más dologról nem szólnak, sem ő hozzájok válaszaiban, hálálkodásaiban egyebet nem említ. (Monumenta Slavorum Meridionalium, XIX. k.)

7 *Hadtörténelmi Közlemények*, VI. k. 133. l.

holdat, mert ha másfelől is hasonlatos csorba érheti, a pogány mindjárt alább hagy a maga istentelen felfuvalkodásával,[1] de hevülékenységében is megmondotta eleve, még február 17-ikén a nádornak: ha sokáig tanácskozunk, ezt is, a kit cselekedtünk, elvesztegetjük.[2] Maga lobogott a tevékenység vágyának tüzétől, *Kanizsa megszállásának* előkészítésétől; szerette volna hát, ha mások is fellobbannak. «Bezzeg ha nekem csak egy kis erőm és értékem volna most több, hogy sem vagyon,» irja folytatólag, «Kanizsát három hét alatt magyarévá tenném; de mindenemet, a mim volt, erre a vállalatra költöttem, magam jószágát ott kinn, Muraközt itt benn a hadakkal kimerítettem». Mert hazafias önzetlenségében leginkább a maga költségén harczolt, a megvett várak őrségét leginkább a maga erszényéből fizette, a gréczi kormánytól hozzájárulásul csak néhány száz puskást és egy pár tüzért kért teljes fölszereléssel és néhány havi előleggel: mind a mellett a roppant hadi zsákmánybúl száz forint érőt magának meg nem tartott.[3] Így segítségre, tetemes segítségre volt csakugyan szüksége. De mások nem igen lobbantak fel. Wassenhoven csak várt, egyre várt Regensburgban; a király a gréczi hadi tanács legerélyesebb ajánlásának és leghevesebb szorgalmazásának ellenére is késett elhatározásával, mert hősünk irigyei és ellenségei befolyásolták. Montecuccoli és társai ugyanis, kiknek fájt az ő gyors és csattanós sikere, örökös diadalát egész Európa magasztalásával szemben is kicsinyelték és fitymálták, téli hadjáratát egyszerűen *cavalcadenak*, sétalovaglásnak nevezték;[4] attól féltek, hogy Zrínyi vagy új dicsőséget arat, vagy egész kipéczézett hadi tervüket felforgatja: azért mindenképen akadályozni vagy legalább

1 *Századok*, 1883. évf. 563. l.
2 *Hadtörténelmi Közlemények*, VI. k. 133. l.
3 FORSTALL MÁRK Stemmatographiája, 18. l.
4 MONTECUCCOLI leveleiben, *Századok*, 1883. évf. 685., 688. l.

megrontani törekedtek vállalatát. Meg ugyan nem akadályozták, de alaposan megrontották, mert a regensburgi katonai megállapodás úgy illesztette be a nagy háború keretébe, hogy nem volt köszönet benne.

A megállapodás szerint a háborúban három vonalon kellett működni: és pedig fent éjszakon Souchesnak 9000 főnyi hadával, meg Wesselényi Ferencz, Bercsényi György, Koháry István, általában a fölvidéki urak fölkelő népével Felső-Magyarország födözésére, Nyitra, Léva és Nógrád elfoglalására; nyugaton a Duna völgyében Montecuccolinak a fősereggel, Vas, Soprony, Moson, Győr, Komárom és Veszprém megyék magyar csapataival, összesen 29.000 emberrel Esztergom, Buda és Nándorfejérvár felé; végre lent Zrínyinek, Strozzinak és Hohenlohénak egyesülten, mintegy 13.000 főnyi németséggel, a Batthyányok, Draskovichok, Széchy Péter, Erdődy Sándor, Zala- és Somogy megyék, meg a társországok fölkelő népével Kanizsa ellen.[1] Így kapta meg hősünk, ezzel az utasítással az engedélyt márczius 18-ikán.[2]

Zrínyi gyors határozatot kivánt, hogy Bécs és Grécz műhelyeiben a víváshoz szükséges lövő-szerszámokat mielőbb megönthessék s a meglevőket a hadi szerekkel leküldhessék; mert a mint Wassenhovennel tüzetesen kifejttette, a siker attól függött, hogy a támadás húsvét előtt kezdődjék, mert különben megeshetik, hogy a nagyvezér az erősségnek fölmentésére siet és a megszálló hadat elvonulásra kényszeríti; de teljes *negyedfél hét, 24 nap* telt el a királyi válaszig; 17.000 németet kért, 13.000 gyalogot és 4000 lovast, hogy a várvivás különféle munkájára és őrállására

1 *A király rendelete Wesselényi nádorhoz* április 26-ikáról, Regensburgból: Országos levéltár. Wesselényi-levelek. V. ö. *Hadtörténelmi Közlemények*, I. k. 635. l.

2 ZRÍNYI MIKLÓS előterjesztése a királyhoz Montecuccolinak és társainak viselkedéséről Kanizsa megszállása és Új-Zrínyivár eleste ügyében, mely ma is minden magyar embernek arczába kergeti a vért. Vatikáni levéltár, Német nunciatura, 177. k. V. ö. *Család Könyve*, (Pest, 1856.) 35—39. l.

elég legyen; s kapott a papiron 13.000-et, a valóságban csak mintegy 8000 gyalogot és 3000 lovast; sőt eleinte annyi sem gyült össze, nem volt több mint Strozzinak 1500, Spicknek 1200, Sparrnak 1200, s a Rajnai szövetségnek Hohenlohe alatt 4000 embere, összesen 7900, a mihez csak később érkezett meg Pucher ezredessel 900 bajor és Montfort ezredessel 1700 másféle német és emelkedett a rendes katonaság száma 10.500-ra, vagyis mintegy 11.000-re; a megszállást a maga kezdeményéből tervezte, téli hadjáratának folytatásául és csattanójaként, természetesen a maga kivitelében, a maga önálló vezetésével, mert felelősséget a sikerért különben nem vállalhatott, — s Lipót melléje állította Strozzit és Hohenlohét egyenlő hatalommal.[1] Ha már most égen két nap, egy országban két király, egy hegyben két oroszlán, egy hadban két kapitány nem fér meg:[2] hogyan férhetne meg három? Hogyan működhetnék Zrínyivel közre egységesen két olyan vezér, a ki minden hadi elvére különbözik tőle? A mellett Hohenlohe Pécs elhagyása óta haragosa volt!

Mintha a hosszas halogatással, kevés erővel, s hármas vezérlettel eleve a vállalat, nem, nem, — szándékosan a Zrínyi megrontására törekedtek volna! Mintha titkos kezek működtek volna ellene alattomban! Tervét megengedték, de a siker föltételeitől előre megfosztották: a nemzet büszke bálványa, Európa csodált hőse hadd hulljon alá dicsősége magasából! Bukása sebével bizonyosan menekszik a háború szinhelyéről és a német uraknak nem alkalmatlankodik többet.

Hősünk azonban egyelőre a katonaságnak sem esetleges magatartásáról, sem tényleges számáról nem tudhatott: de az engedély megkéste s háromfejű vezérlet szervezése elegendő volt, hogy a megszálláshoz kedvét, a sikerben hitét

1 *Ugyanaz*, ugyanott.
2 Gróf Zrínyi Miklós hadtudományi munkái, 301. l.

veszítse, s vissza akart vonulni. A király nem hagyta, cselekvésre sarkalta, leveleiben elismeréssel, igérettel elhalmozta. Ez erkölcsi nyomás alatt s a gréczi kormány buzgóságának láttára a támadást mégis elhatározta, s kezdetéül *április 8-ikát* kitűzte, miről tüstént értesítette mind a magyarokat, kik lobbanó készséggel fegyverkeztek, hogy minél számosabban megjelenhessenek; mind a németeket, kik tétován, huzakodva készültek, s előre jelezték, hogy 12-ike előtt nem indulhatnak, némelyek még akkor sem. Mert a derék Pucher ezredesen kívül, sajnos, egyetlen generálisnak vagy főtisztnek őszinte részvevő szándéka nem volt. A magyarok a kijelölt napra Új-Zrínyivára előtt összegyülekeztek csakugyan; de a németek késtek, csak késtek és elmaradtak, minek következtében ők is haraggal, méltatlankodva tértek megint haza. Úgy látszott, hogy már az egész vállalat dugába dől, s hősünk bosszúság és kétség között habozott; valóban már ekkor szivesebben hagyta volna abba, mintsem erőltesse, mert a legjobb alkalom, a kellő idő elmúlt, a sikeres egyesülés meghiusult; pedig előre tudta, s mind a királynak, mind tanácsosainak előre megjelentette, hogy parányi erővel sem Kanizsát meg nem veszik, sem magokat a fölmentő sereg ellen nem védelmezhetik, ha a nagyvezér nyakukra jő:[1] de az események sodra magával vonta, Lipót leveleinek hangja előbb-előbb unszolta. Biztosította különös megelégedéséről, a legszerencsésebb kimenetelt és sikert kivánva vállalatának. «Kedves Gróf! Minden reményemet,» irta levele végén sajátkezűleg, «április 11-ikén, Önbe helyezem, biztosítom minden kegyelmemről és segíteni fogom minden módon . . .»[2] «Buzgósága az én szolgálatomban, hangoztatta hat nappal később, április

1 Zrínyi Miklós előterjesztése a királyhoz. Vaticani levélt., Német nunciatura 177. k. *Család Könyve*, 36. l.

2 Forstall Márk Stemmatographiája, 32. l.

17-ikén, s a haza és az egész keresztyénség hasznára, nyilván megbízonyult!»[1]

Épen azon a napon, a mikor a király utóbbi levele kelt, ültek össze a horvát-tótországi karok és rendek hősünk meghagyására, de a püspök elnöklete alatt Varasd városába; s két napos gyülésükön nagy lelkesedéssel intézkedtek a vállalat minden lehető biztosításáról és segélyezéséről, valamint a jövendő minden fenyegető bajának és hiányainak elhárításáról. Szavuk és áldozatuk két forrásból, a hősünk iránt való ragaszkodásukból és hazaszeretetükből fakad: szivük őszinte, erős felbuzdulásának nemes és méltó kifejezése. Mindenekelőtt elhatározták, hogy a török feltartóztatására, felmentő sereg gyülekezése vagy érkezése esetére a Kulpa és Dráva folyók átkelőit őrséggel megerősítik és gondosan őriztetik; de a megszállásban is közreműködnek és pedig minden három füstönként egy-egy válogatott és jól fölfegyverezett gyaloggal, az egytelkes nemesek harmadrészével, a czimeres nemesek és városi gyalogok felével. Ezredesül gróf Draskovich Jánost, alezredesül Fodróczy Pétert, kapitányokul és vezetőkül Pereczy Istvánt, Damianich Ferenczet, Gotthall Jánost és Kiss Gábort választják meg, míg a többi tiszteket maga az ezredes nevezi ki. Draskovichnak havonként 50, Fodróczynak 25, a kapitányoknak 20 forint fizetés jár, melyet a gróf a saját jobbágyainak 1663-ik évi adójából von le, a gyalogoknak és az ezredes csapatainak pedig a varasdi tárházból minden hóra egy varasdi mérő gabonát adnak, melynek a táborba szállítása végett 40 szekér kirendeléséről Kiss János szolgabiró, a szükséges faedények beszerzéséről Patachich Miklós és az őrletés dolgáról Drúskóczy Kristóf gondoskodik. Azonkívül Patachich az ország adójából hat zászlót készíttet és hat trombitást fogad, Zakmárdy János

[1] *Ugyanaz*, 32 l.

(Wideman egykorú metszete után.)

18. GRÓF DRASKOVICH JÁNOS ARCZKÉPE.

itélőmester pedig az ország fölszereléséből három mázsa puskaport és hat mázsa golyót szolgáltat ki az ezredes számlájára. A szolgabirák aztán ügyelni tartoznak, hogy ezek a vitézlő népek a Mura jobb partján aprilis 27-ikére a légrádi mezőn összegyűljenek; kiki maga köteles a saját járásának fegyvereseit a jó fölszerelésre inteni, a kijelölte mezőre vezetni, s ott az ezredesnek vagy helyettesének előállítani. A kik pedig makacsságból a megszállásra nem sietnek vagy Kanizsa alól engedély nélkül távoznak, az olyanok minden egyes gyalog után havonként 20 forint birságot fizetnek az országnak, melyet ez hadi szerek vásárlására fordít és 5 forint büntetést a szolgabirónak, ki ellenök eljár. S a kik a fizetést megtagadnák, azokon az al-bán a maga alkapitányaival és az ország haramiáival vegye meg; vagy az alispánok hajtsák be, ne csak a kiszabott 25 forint erejéig, hanem az eljárási büntetéspénz kétszeresével.

Az ülés után a Kulpa szorosaira, a Petrinia, Kaproncza és Szent-György körül eső kelőkre kirendelte az őrséget a Száva melléki járásokból, oly meghagyással, hogy kisebb bajban a jobbágyok részéről füstönként egy gyalog, a földesurak részéről két füstönként egy lovas, nagyobb szükségben minden egyes füst után két gyalog vagy egy lovas küldendő; végső veszedelemben meg a jobbágyok fele és a polgárok harmada minden egyes ház után, valamint az összes mágnások és mindenféle nemesek minél tömegesebben fölkelni tartoznak az egyházi férfiakkal a törvények szerint. A szávántúli részek védelmének élére főkapitányul Zrínyi Péter után gróf Erdődy Miklóst állította, Patachich Péterrel, a megye két alispánjával, a haramiák alkapitányával és a túrmezei gróffal; egyszersmind kimondotta, hogy a bánnak távollétében a fölkelést a száväntúli részeken Erdődy Miklós, az ország többi részében Orehóczy Gáspár hirdeti ki; s az összes fölkelők megtámadása esetében, ha a török teljes erejével egyszerre rohanná meg őket, a fenyegetetlen drávai, szávai és közbeneső szorosok valamennyi őrsége egyenként köteles segítségül sietni. Az ülés kiküldötte továbbá a német katonaság bevezetésére a felügyelő biztosokat azzal az utasítással, hogy vigyázzanak a jórend megtartására és a lakosság terhének arányos megosztására. A teher ez arányos megosztását tartotta szeme előtt maga is, a mikor elhatározta, hogy Zagóriában és mindazon vidékeken, melyeket a katonai elszállásolás és élelmezés nem érint, a földesurak minden füst után újabb forintot fizessenek pünkösd ünnepéig, a szegény jobbágyok és polgárok katonatartási pótlékának emelésére, mikép fél rajnai forint helyett egész forintot kaphassanak. Általában az áldozatot kinek-kinek viszonyához mérte, erejéhez alkalmazta, a mint a méltányosság követelte. Ezt az elvet követte, a mikor a czimeres és egy-telkes nemeseket újabb megadóztatástól kimélte; látva ugyanis, hogy az ő illetékök hadi szerek vásárlására kevés, újabb megrovások helyett elrendelte, hogy Zágráb megye egyik járásának egész kétforintos adója erre a czélra fordítandó. S ezt az elvet vallotta, a mikor az ország levelével Majczen Ferenczet a királyhoz követül küldötte, hogy a pozsonyi 1659-iki törvények értelmében a véghelyeken, különösen Petriniában a német és hazai katonaságot e nyílt háború idején az előbbi létszámra emelje föl, a báni vitézlő népeket pedig fizesse rendesen, mert évek óta tíz hónapi díjnál többet nem kaptak, azért sokan állomásaikat elhagyták, holott nem apasztani, hanem szaporítani kellene őket.

Az ülés azonban e háborús intézkedések mellett a kormányzati, jogszolgáltatási és közigazgatási bajokat sem hanyagolta el. Mivel nyilván tudta, hogy Zrínyi Miklós huzamosabb távolléte és akadályoztatása miatt nehézségek és zavarok támadnak, eleve szabályozta eligazításuk módját. Mindenekelőtt az országos ügyek vezetését az ő erős keze helyett egész bizottság kezeibe tette le, melynek tagjai lettek: az egyházi rendből a püspök, a zágrábi káptalannak és Remete-Szent-Pál rendjének egy-egy tagja, a mágnások közül Orehóczy Gáspár és Keglevich Péter, a nemesek sorából Zakmárdy János itélőmester, Patachich Miklós varasdi és Gotthall Miklós zágrábi alispán, Ivanovich Tamás, Zágráb és Körösmegyék jegyzője, s minden királyi város egy-egy polgára, kik a kanizsai megszállás alatt váltakozva Varasdon kötelesek tartózkodni és a bánnal folytonos érintkezésben maradni. Aztán gondoskodott az erőszakossági és hatalmaskodási perek rendes lejáratásáról, a közfelkelés előtt hozott itéletek végrehajtásának elhalasztásáról, s a kanizsai megszállásban részesek mindennemű pörének felfüggesztéséről; mert a míg a fölkelés és megszállás tart, óvni akarta a kedélyeket a zaklatástól és az érdekeket a koczkáztatástól, hogy a hazának kiki aggodalom nélkül, nyugodtan és hiven szolgálhasson. Ellenben annál gyorsabb és szigorúbb eljárást foganatosított a kóborlók, rablók és utonállók üldözésére és megbüntetésére, hogy a nehéz időben, a háború zavarai közt a védő nélkül maradt családok személyi és vagyoni biztosságát oltalmazza.[1]

A mily jól esett Zrínyinek az ország e lelkes hangulata, ép oly bántó volt a németség halogató magatartása. De végre a gyűlés alatt megérkezett hozzája Strozzi gróf, Holst és Wassenhoven kiséretében, több tüzértisztjével és katonai mérnökével Kanizsa kikémlése végett.[2] Már most a király biztatásával, az ország lelkesedésével és Strozzi szándékával szemben nem állhatott félre. Különben könynyen úgy tűnnék föl, mintha egyedűl ő akadályozná a megszállást, a ki indítványozta. S elindult velük némi összevont katonaság födözete alatt 19-ikén, sőt elindult éledő

1 *Acta et Articuli* stb., 208—215 l.

2 Zrínyi Miklós előterjesztése a királyhoz: Vatikáni levéltár, Német nunciatura, 177. k. *Családi Könyve*, II. k. 37. l.

reménységgel, minthogy az ellenség csoportosulásáról még eddig mi sem hallszott.

A vár négyszögben, négy sarokbástyával szigeten feküdt, 1500 lépés szélességü mocsárnak közepette. A Kanizsa-patak két részre szelte: keleti felén az Új- és nyugati felén az Óvárossal, melyeket széles, erős födött hid kötött össze és körös-körül a bástyaközök előtt 30 öl széles és másfél öl mély árok övezett, színig vizzel; de a mocsár is helyenként oly mély volt, hogy az ember lovastul elsülyedt benne. Fenekét iszap boritotta, fölszinét nád, hinár, sás, iszalag takarta, bozóttal és bokrokkal váltakozva. A mocsaran túl a külvárosok terültek, melyekkel a várbeli közlekedést két tömött töltés tartotta fenn; s ezek a töltések a bástyákról és falakról egész hosszukban tűz alá voltak vonhatók. A mellett a keleti bejáratot az Újváros felől hídfőként palánk védelmezte, az Óváros felől a nélkül is biztos volt. Kisebb töltések lejebb is estek, de annyira gyöngék és keskenyek, hogy rajtok lövegekkel, szekerekkel mozogni nem lehetett, támadás szempontjából még egyedül a vár alatt eső malomgát jöhetett számításba.[1]

Zrínyi és Strozzi társaikkal úgy találták, hogy az erősség nehezen közelíthető meg, de azért kelet felől megvehető, csak fölmentő sereg a megszállást meg ne zavarja. Legkönnyebb volna a rajtaütés, ha azonban ez nem alkalmazható, rendszeres vívással is megadásra lehet szorítani mert természeti fekvése teljesen elzárja minden külső élelmezéstől.[2] S abban egyeztek meg, hogy 21-ikén Gréczben gyülnek össze. A tanácskozáson immár megjelent Hohenlohe is, ki a tervet kezdettől fogva nyiltan rosszalta és ellenezte, s a támadást most is «fü növéséig» elhalasztani kivánta; de a tanács az ő szava ellenére elhatározta, hogy

1 Rónai Horváth Jenő: Hadtörténelmi Közlemények, I. k. 637, 638. l.
2 *Ugyanaz*, ugyanott, 636. l.

28-ikán megkezdi, miután Göller Keresztély, a gréczi kormány képviselője mindent megigért, a mit Holst és Wassenhoven szükségesül felsorolt. A támadás előtt, 27-ikén, Új-Zrínyivár alatt Légrádig kellett gyülekezni. S a hadak jöttek, de fogyatékos számmal, Strozzi megjelent, de Hohenlohe elmaradt; s a lövőszerszámok, éléskészletek késtek, azok nem voltak sehol. Mintha szándékosan halogatták volna leküldésöket! Zrínyi és Strozzi e miatt a megszállásról örömest lemondtak volna, de a dolgok már oda fejlődtek, hogy fegyverük becsületének koczkáztatása nélkül nem léphettek vissza.[1] Megelégedtek azzal, hogy hősünk a hadi tanácsot erélyesen fölkérte, mikép rendeljen Kanizsához sürgősen segélycsapatokat, mert máskép nem működhetnek sikeresen, a töröknek 20.000 embere lévén,[2] meg azzal, hogy Zechentner János, a belső ausztriai kamara biztosa megigérte nekik, mikép a készletek másnap megérkeznek. S 28-ikán csakugyan megszállták Kanizsát.

A megszálló sereg és védő őrség egyiránt ismerte a vár fontosságát és erejét, hiszen a század elején már erős mérkőzés folyt itt, de a török megvédelmezte és megtartotta a magyarság további veszedelmére. «E hely megvétele,» irja hősünk a beziersi püspöknek aprilis 21-ikén,» ép oly kimondhatatlan könnyebbülésére szolgálna a vidéknek, mint a mily kárára a töröknek ama haszon és előny miatt, melyet belőle húz. Bizom azonban, hogy a felség fegyverei győzni fognak, főként ha a legkeresztyénebb király hadai a vívás alatt megérkeznek. Az egyetlen akadály szándékunk keresztülvitelében az lenne, ha esetleg, minthogy a *nekünk legalkalmasabb idő már elmult*, s *az év nagyon előhaladt*, az ellenség seregei megérkeznének, melyeket igen hatalmasoknak mondanak, a mieink pedig nem jöhetnének

1 Zrínyi Miklós előterjesztése a királyhoz: Vatikáni levéltár, Német nunciatura, 177. k. *Család könyve*, II. k. 37. l.

2 *A császári és királyi hadi levéltárban*, 326. k.

19. KANIZSA OSTROMA. (Egykorú metszet után.)

össze oly gyorsan, legfölebb kevés számmal».[1] Az idő jó kihasználásán fordult meg tehát leginkább a siker. Zrínyi és Strozzi kelet felől, az Újváros előtt foglaltak állást, Hohenlohe, a ki utánok jött, nyugaton, a patak jobb partján helyezkedett el, az Óvárossal szemben, a mely voltakép megvehetetlen volt.[2] Így az idő jó kihasználását már eleve megrontotta, mert a harczot ekként már az első naptól fogva megbénította, a sereget ketté szakította, külön működéssel két külön táborra, melyek között az egyetlen összeköttetést az egész ostrom alatt a malomgát képezte; de nem bánta, a kudarczot sem sajnálta, csakhogy társai ellenében függetlenségét megőrizze; pedig már az első napon belátta, hogy boldogulni nem fog, a miért a vívást abbahagyni kivánta, sőt Zrínyinek is ajánlta; mind a mellett táborukhoz még felszólításra sem csatlakozott. Ezek kelet felől a külvárosra azonnal reáütöttek, miután a hosszas készülődéssel fölkeltett őrség ébersége miatt a vár meglepetéséről többé szó sem lehetett, bár hősünk 500 rohamhágcsót is hozott magával; de csak küzdelemmel, házrólházra nyomulhattak előre, mert a törökök egytől egyig külön védelmezték, aztán felgyújtották; a hidfő-palánkot is keményen tartották, végre lángba borították, úgy vonultak a várba vissza. A győzelmes magyar-német hadak most az ütegeiket elhelyezték, de még teljes *kilencz* napig kellett várniok, a míg a nagy ágyúk és szükséges kellékek megérkeztek;[3] addig közelítő töltések építésével és apró tüzeléssel telt az idő. Az ellenség pedig, melyet az első heves támadás annyira megzavart, hogy azt sem tudta, mit csináljon, lassacskán magához tért; a külső védőművek hiányának pótlására földsánczot vetett és mögüle ismételve

[1] *Monumenta Slavorum Meridionalium*, XIX. k. 228. l.

[2] RÓNAI HORVÁTH JENŐ: Hadtörténelmi Közlemények, I. k. 639, 640. l.

[3] ZRÍNYI MIKLÓS előterjesztése a királynak: Vatikáni levéltár, Német nunciatura, 177. k. *Család Könyve*, II. k. 37. l.

kitört. S a megszálló sereg, bár száma gyarapodott, előbb Esterházy Pál és Széchenyi György püspök csapataival, később Pucher ezredes 900 bajorjával és Montfort ezredes 1700 másféle németjével, úgy hogy német forrás szerint[1] 17.000, magyar följegyzés szerint[2] 24.000 főre emelkedett, — nem szoríthatta végkép vissza. Zrínyi és Strozzi terve az volt, hogy a derekas lövést akkor kezdik, ha a nagy ágyúkat és mozsarakat mind megkapják és felállítják, akkor egyszerre a bástyák és falak vívása közben a várat tüzes golyókkal, gránátokkal elborítják, hogy az egész Kanizsa lángot vessen és oltani ne lehessen; de szerencsétlenségre Hohenlohénak volt egy hitvány mozsara, melylyel néhány gránátot bevetett, a mi az őrséget előre figyelmeztette, hogy mi készül; s az épületek födeleit idejekorán leszedte és eltakarította.[3] Május 6-ikán végre megjöttek a lövő szerszámok: omlott a bomba és szakadt a gránát, de keveset ártottak. Egyik bástya ugyan ledőlt, a falak megtöredeztek, de a rombolás aztán tovább nem haladt. Mert az ágyúk, a bécsi gyártmányok, olyan kitünően készültek, hogy néhány lövés után kiégtek és megrepedeztek a támadók legnagyobb ámulatára és hüledezésére, mert a mikor eszély és szükség a legerélyesebb tüzelést parancsolta volna, tétlenül kellett vesztegelni; s a gránátok olyan csodálatosan jól sikerültek, hogy rendszerint a levegőben pattogtak szét vagy általában meg se gyúltak.[4] «Hogy Kanizsa mind e napig áll,» irja hősünk a beziersi püspöknek május 19-én, «nem az ellenség bátorságának, sem az erősség megvehetetlenségének tulajdonítható, hanem a hadi szerszámok fogyatkozásainak; olyan hitványak, hogy szégyenlem Excellentiádnak megírni . . . Csak bizalmasan mondhatom, hogy ha

1 *Hadtörténelmi Közlemények*, I. k. 639. l.
2 *Ugyanaz*, VI. k, 134. l.
3 ZRÍNYI MIKLÓS előterjesztése a királynak: Vatikáni levéltár, Német nunciatura, 177. k. S *Család Könyve*, II. k. 37. l.
4 *Ugyanaz*, ugyanott.

mi ebben a megszállásban, vagy a jövendő háborúban valami jó sikert nyerünk, Isten csodája lesz, nem a mi hadvezetésünk vagy iparkodásunk érdeme...»[1] S a mikor aztán jó gránátok érkeztek, nem volt minek gyúlni; s ha valami gerendázat szórványosan tüzet fogott, a várbeliek tüstént elnyomták.

Különös jelenségek! A megszállás előtt negyedfél hétig halogatják az engedélyt, szándékosan előre meggyöngítik a sereget, lehetetlenné teszik az egységes vezetést, három hétig megakadályozzák a támadást; megszállás után kilencz napig késleltetik a lövő szerszámokat és hadi kellékeket, s a mikor leküldik: az ágyúk szétrepedeznek, a gránátok nem gyúlnak vagy kezelhetetlenek, «mert olyan rosszul csinálták őket,» írja Lippay a nádornak, «tudatlanságból vagy gonoszságból, hogy mind a levegőben szakadoznak el».[2] Gonoszságból inkább, titkos kezek utasításából, mint tudatlanságból vagy véletlenségből; mert e jelenségek közül egy-kettő lehetett véletlen vagy tudatlanság műve; de következetességükben rendszer mutatkozik, mint a Hamlet őrültségében. S e rendszerbe még a Hohenlohe különválása és elsietett gránátja is beleillik! Minden a vállalat, nem, nem, a Zrínyi megrontására játszik közre. Mintha csak most teljesülne igazán sötét panasza a rontó gyűlölségről, melyet hat évvel előbb megérzett. «Van a ki akarna segíteni, csak tudna, fejtegette akkor Ruchich János barátjának; van ki tudna, csak akarna; de a ki akarna is, tudna is, csakugyan nincs senki. Sőt még többet mondok: van, ki e romláson nem siránkozik, nem gyászol; ki a hajó farán ül, nem retteg elmerülésétől a hajó orrán ülőnek, kit gyűlöl; azt mondja, hogy aztán örömest elvész, csak a másik előzze meg; van ki e tűzvészben gyönyörködik, hogy me-

1 *Monumenta Slavorum Meridionalium*, XIX. évf. 229. l.

2 LIPPAY GYÖRGY levele Wesselényi Ferenczhez május 20-ikáról. Országos levéltár, Wesselényi-levelek.

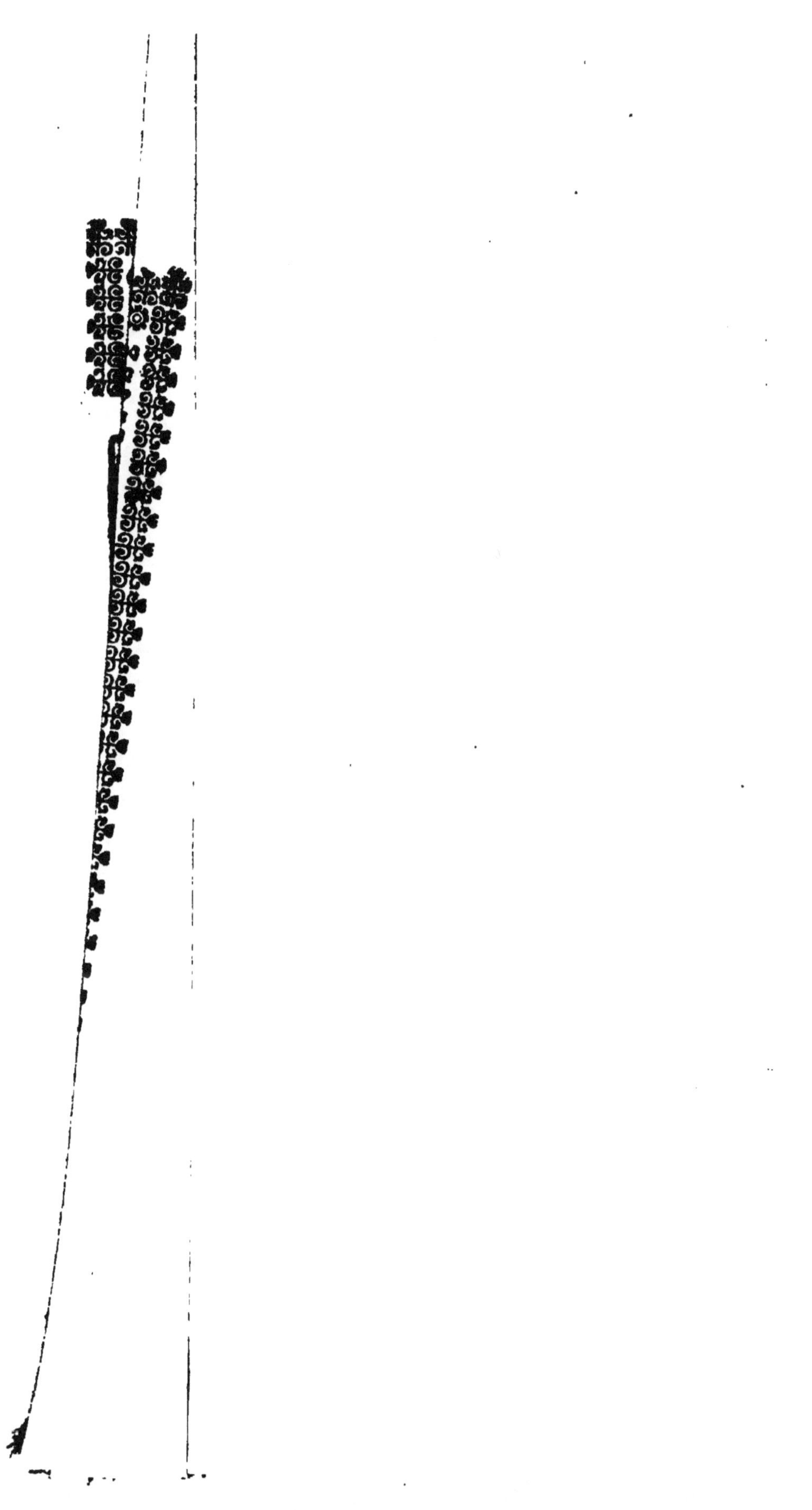

legedhessék nála».[1] S minél tovább tart a vivás, annál rosszabb a megvétel esélye, mert a törökök fölbátorodva mind sürűbben kiütnek, május 16-ikától szinte minden napon, a legsikeresebben 21-ikén és 23-ikán, a mikor Hohenlohe szárnysegéde, Bois-Renaut fogságba jut, Strozzi balkezén megsebesül, Sparr jobb karja elvesz, Esterházy és Zrínyi is nagy veszedelemben forognak, mert a golyók zápor módjára hullnak körülöttük, vitézeik egymás után esnek el, még a német puskások is védett helyükről rájok lövöldöznek, mert véletlenül ellenségnek nézik őket.[2] S elég közelítő töltéseik, táborszereik jelentékeny része, mert nem védekezhetnek elegendőkép; van ugyan ágyújok is, lövegük is, de a löveg a repedt ágyúkba való, s a meglevőkbe nem használható, a minő pedig a meglevőkbe illenék, olyan nincs.[3] Hősünk 21-ikén panaszos fölterjesztést intéz a hadi tanácshoz az ágyúk romlásáról, törökök pusztításáról, segítség szükségéről, mert a mindenféle munkára és őrállásra serege kevés; várja a francziák csapatát és Montecuccoli hadát:[4] mind a mellett társaiban a buzgalmat, katonáiban a serénységet és bátorságot fentartani törekszik; 23-ikán a küzdelem elültével tanácsot hiv össze, melyen elnöklete alatt részt vesznek: Hohenlohe, Strozzi és Spick, Széchenyi György püspök, Batthyány, Esterházy és Draskovich grófok, Pucher és Montfort ezredesek, Göller és Zechentner biztosok, Renner, Thaun, D'Avancourt és Leslie Jakab gróf alezredesek, Wassenhoven katonai mérnök s többen, és kifejti előttük, hogy Kanizsa megszállása olyan fontos vállalat, melyet sem a fölégetés meghiusulta, sem a lövő szerszámok hiánya, sem esetleges fölmentő segítség érkezte miatt abba hagyni nem szabad, hanem folytatni kell

1 *Győri Történelmi és Régészeti Füzetek*, II. k. 210., 211. l.

2 Esterházy Pál, Mars Hungaricus, 61. l.

3 Rónai Horváth Jenő: Hadtörténelmi Közlemények. I. k. 640—642. l.

4 *A császári és királyi hadi levéltárban*, 328. k.

a hadi szabályok és eljárások szerint, mert a vár árkai nem olyan mélyek, sem nem olyan szélesek, hogy áthághatatlanok lennének;[1] pár nap mulva pedig levelet irt Montecuccolinak, hogy a király rendelete értelmében siessen segítségökre; mert mindannyian igazán remélik, hogy hadtestével megjő és megütközik a nagyvezérrel, ki Kanizsa fölmentésére közeleg; ha pedig más szándékai lennének, s kérésüket nem teljesíthetné, ebben az esetben küldjön némi jó lovasságot, legalább 1000 lovast és 1000 vértest, hogy az érkező ellenséggel szembe állhassanak, mert különösen lovasságuk kevés.[2] Azokat ugyan meg nem várhatja. Mert a nagyvezér három hónapi nehéz munkával az eszéki hidat helyreállította, május 14-ikén 20.000 főnyi fölmentő seregével átköltözött rajta, 25-ikén már Szigetnél járt és csakugyan egyre közeledett. Ennek hirére hősünk a tábor körül sánczot vonatott, az esetleges támadás ellen Strozzival együtt harczra készült, sőt Hohenlohét is közös működésre, a körsáncz közös megszállására szólította fel: de ez az egyesülést kereken megtagadta, ám jőjjenek hozzá, ha tetszik, ő nem megy a keleti táborba. Hősünk mit tehetett? Erősítésül Berzencze, Babócsa és Segesd őrségét Kanizsához rendelte, a várakat pedig felgyújtatta:[3] de 30-ikán, a mikor Köprili Ahmed már a babócsai mezőn állt, Strozzi is megingott, egyszerre csak csomagoltatott, s podgyászait vezértársa tudta nélkül Új-Zrínyivárra indította. Mozgás és zavar támadt. Batthyány Kristóf sátrába testvére Pál, Senynyey István püspök, Esterházy Pál és a többi főurak összefutottak és lelkesülten elhatározták, hogy a vívással semmiképen föl nem hagynak, hanem a nagyvezér közelítésének ellenére folytatni akarják és ha van bátorságuk a német

1 ZRÍNYI MIKLÓS május 23-án kelt votuma. Eredeti a császári és királyi hadi levéltárban, 1664., 5/105. «*a*» szám alatt.

2 ZRÍNYI MIKLÓS levele Montecuccolihoz május 30-ikáról. Hadi levéltár, 1664., 5/167. sz. alatt. Eredeti, mind végig sajátkezűleg.

3 *Hadtörténelmi Közlemények*, I. k. 642., 643. l.

uraknak, a török eleibe mennek, egyesülten ütközetbe bocsátkoznak, s a keresztyénség védelmében életüket dicsőségesen feláldozzák. Határozatukat Esterházyval és Senynyeyvel rögtön megüzenték Zrínyinek, kit Strozzinál találtak, a mint épen a maradásra kérte és beszélte. Végre kezet adott nekik, hogy a magyarokkal élni és halni fog.[1]

RELATION
wasmassen
durch Herrn Graf Serini,
die Oerter in Nider-Hungarn
Berzenche, Koppan, Seges, Babocza,
und Fünffkirchen/
den Türcken ab-erobert:
von denen auch die Vestung Canischa
allbereit meinst verlassen worden.
M. Januarius A. 1664.

20. UJSÁG ZRÍNYI 1663-IKI HADJÁRATÁRÓL.
(A M. N. Muzeum példányáról.)

S ezzel az izgalomnak és a podgyászok szállításának vége volt. Zrínyi új kedvvel tette meg a küzdelemre intézkedéseit. Másnap azonban, a mint Köprili Ahmed érkezésének hire kelt, Strozzi újra szedelőzködött. Hősünk hiában kérte, intette, buzdította az összes főurakkal egész napon, hogy ne szegje meg szavát, a mire kezet adott; hanem tartson velök és támadják meg együtt az ellenséget, a hosszas

1 *Ugyanaz*, VI. k. 134., 135. l.

rábeszélésre az volt a kifakadó válasza: «Hol' mich der Teufel, ich thue es nicht».[1] Junius elsején, pünkösd vasárnapján, a hadi tanácsban Zrínyi még egyszer megindítványozta, hogy az egész sereg kerekedjék föl, vonuljon a nagyvezir elé, harczoljon meg vele, hisz könnyen megverheti. Indítványát Hohenlohe, Strozzi és a többi németek leszavazták, mert a sereg gyönge és kettészakadva, ágyúinak nagy része elpusztult, jó összeköttetés és lövegek hiában együtt sikeresen nem működhetik és a közeledő 60.000 török ellen meg nem állhat; sőt ha késik, menekvésének útja is el van vágva.[2] Fölvert rémlátással az ellenség számát megháromszorozták, gyávaságukat a saját hibáikkal födözgették; s nagy gyalázatosan elmentek Kanizsa alól, a mint Esterházy irja,[3] a keresztyénség magasabb érdekeinek megóvására, a mint magok mondták.[4]

A magyarok még helyükön maradtak és szomorúan állták körül az elborúlt, zokogó hőst,[5] ki mint a szárnyatörött sas hullt alá a magasból, dicsősége magasából. Aztán távoztak ők is: a Batthyány testvérek a visszavonulás födözésére Körmendhez, Esterházy, Sennyey Vattra, hová Nádasdy elég különösen, mintha csak a zavar fokozása végett, épen erre az időre szemlét hirdetett.[6] Maga még nem mozdult, másnap még délig lövette a várat búsan, elszántan,[7] úgy indult meg utolsónak kinos csalódással, háborgó lélekkel. Soha fájdalom nélkül a feloszlásra nem emlékezhetett! «Mit tehettem? Visszatartani őket, panaszolja a királynak, nem birtam; így kénytelen-kelletlen velök szaladnom kellett, sőt még csak annyit sem érhettem

1 *Ugyanaz*, VI. k. 136. l.

2 *Ugyanaz*, I. k. 644., 645. l.

3 ESTERHÁZY PÁL, Mars Hungaricus, 64. l.

4 *Hadtörténelmi Közlemények*, I. k. 643. l.

5 *Mars Hungaricus*, 64. l.

6 LIPPAY GYÖRGY levele Wesselényi nádorhoz május 20-ikáról. Országos levéltár, Wesselényi-levelek.

7 *Hadtörténelmi Közlemények*, VI. k. 136. l

el, hogy a podgyászt előre küldvén, együtt maradnánk, a zavar mindent összebonyolított és sokat elvesztett».[1]

A kudarcz csúfos és szégyenletes volt. Kanizsa állt, a téli hadjárat fényes eredménye elveszett! Berzencze, Babócsa, Segesd romjai közt megint török tanyázott. Montecuccoli és társai elégültek lehettek, a mit a perspectiva[2] előre látott, ime bekövetkezett: a gyors és csattanós siker haszontalannak bizonyult, az egész kipéczézett hadi terv összeomlott; mert a déli hadsereg a nagyvezért magára vonta, következéskép a Duna völgyéből a fősereget is oda sodorja! Pedig «Kakuk Máté uram» irja Lippay a nádornak, «olyan, mint amaz dúsgazdagh emberek, az kik csak azt kévánják, hogy mennél több légyen a ládájokban, kivel ne éljenek, se haszonra ne fordéchák».[3] De ki volt mindennek az oka? Zrínyi bizonyára *nem*. «Vajha az ő esze és terve szerint ment volna végbe az ostrom,» sóhajt fel annak egyik részese, «Kanizsa Isten segedelmével már a kezünkben volna!» Mert kémje a megszállás feloszlásakor a várat megjárta és beszélte, hogy egy tehenen kívül már nem volt benne más élő állat, az éhség miatt meg kellett volna dőlnie; a foglyok és szökevények is erősítették, hogy *hat* napnál tovább nem tarthatta volna magát; sőt állították, hogy a nagyvezér, ha a keresztyén tábor föl nem bomlik, nem merte volna megtámadni; valóban, a kanizsai sánczon át sem kelt, hanem Berzenczenél megállapodott . . .

Mindez fényesen igazolja, hogy Zrínyi jól számított,

1 Zrínyi Miklós előterjesztése a királynak: Vatikáni levéltár, Német nunciatura, 177. k. *Családi Könyve*, II. k. 38. l.

2 Montecuccoli gúnyneve. Krones Ferencz: Handbuch der Geschichte Österreichs. III. k. 591. l.

3 Montecuccoli 28,000 főnyi seregével állt veszteg a maga táborában, s csak gyűjtötte, egyre gyűjtötte azt a nélkül, hogy meg akart volna mozdulni, míg Nádasdy Ferencz magyar csapatai és Badeni Lipót német hadai meg nem érkeznek, melyek együtt mintegy 15—16,000 embert képviseltek; sőt ezekkel sem elégedett meg, 28,000 gyalogot, 22,000 lovast és 140 ágyút kért a királytól, hogy megharczolhasson a törökkel. Az éjszaki és déli hadsereg állományával általában nem gondolt. (*Hadtörténelmi Közlemények*, I. k. 635., 633. l.)

helyesen tervezett. Ha a németek *6* nappal *előbb* jönnek, vagy *6* nappal *tovább* kitartanak: a győzelem biztos. De *24* napig késtek az engedélylyel, *20* napig a támadással, *9* napig a lövőszerszámok leküldésével, a miből a hat nap *kilenczszeresen kitelt* volna: aztán a komoly ütközet lehetőségének első hirére megszaladtak, bár hősünk, a mint a királynak panaszolja, nem javallta, ellenezte, sőt tiltakozott ellene! A téli hadjárat epopeiaként indult, s a kanizsai kudarczczal tragédiában végződött.

Csakhogy hőse nem a vétségéért, hanem a kiválóságáért bukott, mivel nagyobb volt valamennyinél; tragédiája a fenség tragédiája volt.

A futó sereg Új-Zrínyivár alá takarodott. A török is Berzenczéről oda nyomult és szinte egy időben érkezett meg.[1] Hősünk apró csatározással fogadta és meg-megütötte, s indítványát társainak megismételte, hogy a terület kedvező fekvésénél fogva támadják meg: de azok a megütközésről hallani sem akartak, sőt attól az ajánlatától is ijedeztek, hogy az erősség körül eső dombokat szállják meg; nem nyugodtak, míg a Mura mögé nem menekültek:[2] Strozzi a várszigetre, a két folyó közé, Hohenlohe odább, Kottori felé, ő kénytelen-kelletlen tartott velük és szélről, Kottori fölött ütött tábort magyar-horvát csapataival. Helyzetöket ezzel aztán teljesen elrontották, visszavonuló útjokat feláldozták, élelmezésöket megnehezítették, mert a Mura és Dráva mocsarai közé beszorultak és egyedül Stiriával közlekedtek, míg Köprili Ahmed az elhagyott dombokról uralkodott az egész környéken, szabadon mehetett a Rábához és Dunához, szabadon vonhatta össze hadait, hogy a gyülölt hősnek gyülölt fészkét megvehesse.[3] Ám ez a fészek, a mint most a hivatalos német ócsárlások ellenére kitűnt,

1 *A császári és királyi hadi levéltárban*, 328 k. *Hadtörténelmi Közlemények*, IV. k. 308. l.

2 *Hadtörténelmi Közlemények*, I. k. 645. l.

3 *Ugyanott*, IV. k 308, 309. l.

jó helyen és jó módon épült: a dombok környezete és az ágyúk megeresztett tüzelése keveset árthatott neki; azért előbb a murai átkelést akarta kierőszakolni s a keresztyén sereget leverni, hogy a várnak is könnyebben birtokába jusson: de többszörös kisérlete meghiúsult. A Kanizsapataknál Hohenlohe akadályozta meg, Kottorin fölül Zrínyi űzte vissza véres vereséggel, a szigetnél Strozzi tartotta fel; s bár hősi küzdelem után maga is elesett, a szigetet megmentette. A nagyvezir immár egészen az erősségre vetette magát rendszeres vívással, folytonos lövetéssel, közelítő árkok és sánczok ásásával; de az őrség, mintegy 1900 német, magyar és horvát gyalog D'Avancourt tábornok vezetése alatt vitézül védekezett. Védelmét a sereg hathatósan támogatta egyfelől azzal, hogy Hohenlohe a fáradt német harczosokat naponként felváltotta, másfelől azzal, hogy Zrínyi merész portyázásaival a törököt egyre zaklatta.[1] E portyázások közben veszett el Kiss Farkas, legvitézebb kapitánya, ki törökből lett magyarrá, mohamedánból keresztyénné, a pogány igazi ostorává, száznál többet pusztított el belőle a maga kezével. Hősünk és övéi őszintén megsiratták,[2] halálát busásan megboszulták s csapatosan hajtották a foglyokat táborukba.[3]

Így telt el a hónap első fele szakadatlan csetepatéban. Junius 15-ikén megérkezett az új fővezér, *Montecuccoli*, a kanizsai kudarcz csorbájának kiköszörülésére, a keresztyén fegyverek becsületének megmentésére:[4] teljes volt az elégtétele és diadala Zrínyi fölött. De a történeti igazság fennen hirdeti, hogy erre az elégtételre és diadalra ő nem szerzett jogot és hősünk nem adott okot. Mert a történt hibában mindenki részes: a király, a hadi tanács, a német

1 *Hadtörténelmi Közlemények*, IV. k 314. l.
2 *Mars Hungaricus*, 68. l.
3 *Hadtörténelmi Közlemények*, IV. k. 314. l.
4 *Ugyanott.*

miniszterek és vezérek: csak épen Zrínyi *nem*. Montecuccoli megérkezett és — veszteg ült, mert a segélyhadak jöttéig nem akart semmibe kezdeni; s jöttek egymásután: Batthyány Pál magyar csapata, 600 hajdú és 1400 lovas, Zrínyi Péter 4000 horvátja, Kucsenich horvát lovas, Bachone és Jaques vértes ezrede, aztán a Montecuccoli, Spork, La Corona, Schneidau és Sparr lovas ezredek, a Nassau és Kielmansegg gyalogezredek, Nádasdy Ferencz és Esterházy Pál csapatai: 1200 hajdú, 3500 magyar lovas; s jövendőben voltak a birodalmi német hadak, 9—10.000 ember *Badeni Lipót* őrgróf és a francziák, 6000 válogatott vitéz *Coligny János* gróf parancsnoksága alatt.[1]

A török pedig a gyülekezés ez idején mind sikeresebben közeledett a várhoz: pár nap múlva már elérte a külső védőműveket, már töltögette be az árkokat, s az új fővezér, a nagy megmentő, nem tőn ellene semmit. A csatangoló portyászókat csak a magyar és horvát lovasok üldözték, főleg Zrínyi alatt, ki majd valamely csapatukat verte szét, majd valamely szállítmányukat vette el; június 20-ikán pedig, a mikor a tábor már 30.000 főre növekedett, Sparron, Badeni Lipóton és Colignyn kívül mindenki megérkezett, a hadi tanácsban Montecuccolit is támadásra hivta föl, mivel a két sereg szinte egyenlő és a harcz a keresztyénségnek kivánatosabb, mint a nyomorú tétlenség, mely az erősséget elvesztheti: de a gőgös olasz, ki fővezér létére a hősünk vára és szigete védőjének is feltolta magát, a kivánságot kereken visszautasította, míg Sparr meg nem jövend. Hát megjött ő is, a mire Zrínyi 26-ikán megújította indítványát azzal a módosítással, hogy ha a fővezér nem akarja az ellenséget egész erejével megtámadni, engedje meg legalább neki, hogy 8000 magyarral és horváttal a török hátába csaphasson: de Montecuccoli ezt is meg-

1 *Ortelius Redivivus*, II. k. 327., 328. l.

Az Athenaeum nyomása.

tagadta, a míg Badeni Lipót meg nem érkezik. A hadi tanács egyszersmind kijelentette, hogy támadást kezdeni előbb, semmint az egyesülés a birodalmi németekkel és francziákkal megtörtént, — inkább bolondság és őrültség

21. BADENI LIPÓT ŐRGRÓF. (Egykorú metszet után.)

lenne, mint bátorság és vitézség. Az egész okoskodás nem volt egyéb, mint a gyáva halogatás dadogása, a szent metodismus tökéletlen beszéde. Montecuccoli és társai nem miveltek egyebet, csak értekeztek, tereferéltek, egy-egy kirohanást elhatároztak meg visszavontak, mert majd valamely katonájok szökött meg, majd eső esett; s hősünk elborúlva, szomorúan látta, hogy komoly szándékuk sem a megütközésre, sem a vár megoltalmazására nincsen. A török pedig csak haladt, egyre közelebb haladt a várhoz; 24-ikén elérte a kiszögellő félholdat, éjjel felgyújtotta a czölöpös sánczot; másnap részleges támadást kezdett, 27-ikére általános rohamot tervezett, 28-ikán az erőd árkáig jutott. Az őrség ügyesen és keményen viaskodott, akna ellen maga is aknát, árok ellen robbanó bombát alkalmazott; a két utolsó napon azonban súlyos veszteség érte, 27-ikén véletlenül vagy gonosz kéztől levegőbe repült legnagyobb bástyája, a belehalmozott lőporral és gránáttal, a mi 20 embert megölt, Horváth Andrással, hősünk derék kapitányával; 28-ikán megsebesült D'Avancourt, a védelem buzgó vezetője, kinek helyébe Tasso alezredes lépett. De még állt a vár, mint szikla a tengerben, a török hadak özönében, melyek már legalább 40.000 főre emelkedtek.[1]

Valóban csodálatos juhakol, mely tavaly háromszor vert vissza tetemes ellenséget, s most négy hét óta daczol 40.000 ember rendszeres vívásával, folytonos lövésével! Senki föl nem mentheti Montecuccolit a vád alól, hogy vesztét eleve eltökélte, derekasan azért nem védelmezte; a helyett hogy egész táborával födözte volna, aknákat ásatott alá, s megtöltötte őket lőporral, hogy levegőbe röpíthesse! «Nagy Isten ostora,» sóhajt Esterházy, «hogy többen vagyunk az Töröknél, még sem mernek az emberek reája menni!»[2]

Zrínyi Miklós lelke mindennek láttára fájdalomtól, keserűségtől, haragtól viharzott. Ez hát a király kegye, a miről annyiszor biztosította; ez a segítsége, a mivel támogatni minden módon igérte? Előbb tudatlanságból vagy gonoszságból magát megrontották, mostan várát föláldoz-

1 *Hadtörténelmi Közlemények*, IV. k. 327. l.
2 *Mars Hungaricus*, 70. l.

zák, az uralkodó kijátszásával. Nem akarta végig nézni a szégyent, hogyan kerül a török kezére! Kanizsa alól hazafiságból, háborgó érzéseinek elnyomásával és a maga meggyőzésével még ide jött, még velök maradt, abban a reményben, hogy majd megtámadják és leverik a törököt, a mikor még ő is használhat nemzetének: de most már minden reménye ködbe oszolt! Fölszedte sátorát, kevés hivétől elbúcsúzva Csáktornyára ment, egyenesen azzal a szándékkal, hogy Lipótnál panaszt emeljen, elégtételt keressen!

(Rajzolta Jancsó Lajos.)

22. TÖRÖK ÉS MAGYAR FEGYVEREK A XVII. SZÁZADBÓL.

23 A ZRÍNYI-KASTÉLY CSÁKTORNYÁN

(Rajzolta Cserna Károly.)

III.

KALANDOS TERVEZGETÉS, VÉGZETES VADÁSZAT.

Ki csodálkoznék a Zrínyi távozásán erősségének feláldozása miatt? Annyi szeretettel és fáradsággal építette, annyi eszélylyel és hősiességgel védelmezte, hogy a létele, megmaradása egészen a szivéhez forrt. Még csak néhány nappal előbb is eltökélte magában, hogy inkább holtan vonatja ki magát belőle, semhogy élve az ellenség kezében vagy birtokában lássa.[1] S ime, most galád gyűlölségből, gyáva kicsinyességből, titkos udvari és katonai érdekből veszni kellett hagynia; pedig vitézi vére még annak a gondolatára is lázongott, hogy a mit alkotott, megtartani ne birja! Witnyédy már eleve, eltökélésének első hirére megremegett miatta, csillapító és nyugtató szavakkal vigasztalta, hogy Új-Zrínyivára se nem az egész Magyarország, se nem az egész keresz-

1 Vitnyédy István levelei, II. k. 220. l.

tyénség, hanem csak egy szegletecske; ha sokan szép királyságokat vesztettek el a káspiai hegyekből kiszabadult nagy bestia ellen, ő magános úr létére nem restellheti veszteségét. S romlott hazája és csaknem utolsó gyalázatra jutott nemzete képében kérte és kérlelte urát,[1] hogy azért a rosz helyért ne koczkáztassa és ne dobja oda életét, mert sem az Isten, sem a világ előtt nem adhat számot, ha elrontja magát és faját, mivel a természet sokáig fáradt, a míg őt megteremtette a pogány eb veszedelmére és a magyarság oltalmára.[2]

S alig távozott, döbbenés és megütközés fogta el a magyarokat és horvátokat Montecuccoli és társai viselkedése miatt. Úgy érezték, hogy a hősnek puszta jelenléte is fölér egy sereggel.[3] A német vezérek szintén megijedtek a következményektől. S egyesülten fölkérték *Esterházy Pált*, a bán kedvenczét, hogy Montecuccoli levelével menjen utána és hozza vissza a táborba; Esterházy még az nap éjjel postán Csáktornyára utazott. Bálványát ágyban, a sok lelki fájdalomtól megtörve, betegen találta. Két órai rábeszéléssel sikerült mégis megkérlelnie és megigértetnie, hogy visszatér. Örömmel sietett Új-Zrínyivár alá;[4] de mire odaért, az erősségnek előre elkészített sorsa bekövetkezett. Még június 29-ikén a törökök az árokhoz jutottak és betöméséhez fogtak, mire az őrség visszavonult; kisebb rohamot intéztek ellene, de eredménytelenűl; éjjel aztán a palánkokat fölgyújtották, kora reggel, június 30-ikán a mellvéd kiszögellése alatt az aknát felrobbantották, mi a félholdat megrontotta. Montecuccoli, Sparr és Holst,

1 *Ugyanott*, 221. l.

2 WITNYÉDY szerető rajongásának és becsülésének ez a mély kifejezése nem egyéb, mint megható alkalmazása a hősünk szép mondásának, melyet Mátyásról írt: »Nem mindenik században születik Fénix és sok századig kell fáradozni a természetnek, meddig alkothat oly embert, a ki világ s országok megbotránykozásának gyógyítója legyen, s maga nemzetének megvilágosítója.« (*Hadtudományi Munkák*, 136. l.)

3 BUBICS ZSIGMOND: Esterházy Pál Mars Hungaricusa. (Budapest, 1895.) 71. l.

4 *Ugyanott*, 72—73 l.

a kedves Holst, a ki két évvel ezelőtt hősünkkel elhitetni szerette volna, hogy okosabban cselekszik, ha nem épít vala, — ott álltak a vársánczon,[1] és nyugodtan, tétlenűl nézték az ellenség rombolását és előnyomulását; sőt Montecuccoli Hohenlohe tábornokot, ki a heves lövöldözés hallatára segítségül elősietett, visszaparancsolta, hogy ne törődjék a dologgal, menjen a gondjaira bízott erődítési munkálatokhoz.[2] S nyugodtan, nyomorultan nézték tovább, hogy a törökök miként özönlik el a félholdat, miként foglalnak fölhányt föld és rőzse fedezete alatt a vár lefutó oldalaival szemben állást, a hol csekély árkon és czölöpös palánkon kívül más oltalmazó eszköze nem volt. S miután meggyőződtek, hogy immár menthetetlen, Montecuccoli meghagyta *Tassónak*, a sebesült D'Avoncourt parancsnok helyettesének, hogy a faműveket és faházakat idejében gyújtassa föl, a csapatokat vonja ki, s a vár alá fúrt és megtöltött aknákat, miket maga ásatott, robbantassa föl, azzal megelégedve, belső örömmel Légrádra indúlt.[3]

Tasso azt hitte, hogy az erősséget még egy napig tarthatja; de Montecuccoli alig hagyta el társaival azt, a mikor a janicsárok, 10,000 ember, a nagyvezér jelenlétében, jutalommal biztatva, büntetéssel fenyegetve, oly hévvel és erővel támadták meg, háromszor egymásután,[4] hogy a védők meginogtak, egyszerre megfutamodtak, olyan rendetlenül és hirtelen, hogy sem az aknák felrobbantására, sem utánok a hid elrombolására idő nem maradt. Utánok? Hisz a hidon át sem kelhettek. A torkolatnál megtorlódtak, mert a kik előljártak, a középen rémülve megálltak: egyik összekötő hajó vagy a török golyóktól átlyukgatva, vagy a menekülők súlyától és rohanásának lökésétől el-

1 GALEAZZO GUALDO PRIORATO, Historia di Leopoldo. II k. 414. l.

2 RÓNAI HORVÁTH JENŐ: Hadtörténelmi Közlemények, IV. k. 330. l.

3 *Ugyanott*, 328., 330. l.

4 MOLIN ALAJOSNAK, Velencze bécsi követének jelentése 1664 július 6-ikáról. Esterházy Pál Mars Hungaricusa. 73. l.

szakasztva elsülyedt. Nem volt más útjok, mint a Mura tátongó mélye. A janicsárok pedig a torlódás és rémület zavarát felhasználva, vagdalták, kaszabolták őket, mint a barmokat. A kik úszni tudtak, a hullámokba vetették magokat, hogy az árral küzdve, vergődve, a jobb partra eljussanak; a kik félrecsaphattak, a balparton levő nehány dereglyére tolultak, melyek aztán a nehéz teher alatt elmerültek velük. Az egész őrségből, 1900 emberből 1400

24. GRÓF ESTERHÁZY PÁL ALÁÍRÁSA.

veszett el, közte Della Torre gróf alezredes, Tasso helyettese, négy kapitány; Ronft a Tasso, Mitterlich a Sporck, Analdon gróf a bajor választó ezredéből és a nassauiak százados, meg több hadnagy és 26 altiszt, aztán valami 500 török. Tasso megszabadult, de fején halálos sebbel.[1]

Esterházy Pálnak mindezek láttára köny tolult szemébe és bánta, hogy Zrínyivel visszatérését megigértette.[2]

Így esett el Új-Zrínyivára, Montecuccolinak szégyenére és gyalázatára, mi annyival nagyobb, mert 40,000 törökkel szemben szinte ugyanannyi haddal rendelkezett; ily egyenlő

1 PRIORATO, Historia di Leopoldo, II. k. 415. l. *Hadtörténelmi Közlemények*, IV. k. 328. l.

2 ESTERHÁZY PÁL Mars Hungaricusa, 73. l.

erő mellett pedig, mondja a jeles katonai iró, R. Horváth Jenő, egy várnak elveszni nem szabad, ha csak magunk nem akarjuk.[1] S a lelketlen olasz bizony hiában védekezik a történet itélőszéke előtt a szándékosság gyanúja ellen, mely az ő állításaként ép oly nevetséges föltevés, mint az athenieké volt, a kik azt beszélték: Fülöp makedon király csak azért halt meg, hogy őket megcsalja; mert nagy ékesszólás kellett volna annyi ember rábeszélésére, hogy szükség nélkül vagdaltassák magokat össze.[2] Nem, nem ékesszólás kellett ahhoz, hanem éktelen hitványság, mely őket feláldozza! Ha nem volt szándékában az erősség elvesztése: miért ásatott Zrinyinek *tudta nélkül* alája aknákat és töltette meg előre lőporral? Miért akarta már két nappal a megvétele előtt összes hadi készletét, 30 ágyúját, valamennyi bombáját és gránátját elszállítani? Hiszen csak hősünk ama heves felszólalására hagyta abba, hogy ez az intézkedés voltakép nem egyéb, mint a törökök útjának megkönnyítése vára és szigete minél hamarabb való elfoglalására.[3] S miért nem engedte meg Hohenlohenak, a mikor a heves lövöldözés hallatára elősietett, hogy segítségül menjen? Miért nem rendelte meg a seregnek, az őrség kaszabolását látva, hogy megszabadítására kardot húzzon? Mert igaza van hősünknek: a katonaság arra való, hogy megharczoljon, nem pedig arra, hogy az élést fogyaszsza; s a megharczolás teljesen a vezértől függ.[4] Semmi nyilvánabban ellene nem szól Montecuccolinak, mint a tény

1 *Hadtörténelmi Közlemények*, IV. k. 329. l.

2 *Ugyanott*, 329. l.

3 ESTERHÁZY PÁL ugyanazt írja, hogy Montecuccoli a várból az ágyúkat és hadi szereket előre kihordatta (71. l.), a török azért támadta meg olyan hevesen és vette meg olyan rövid küzdelemmel (72. l.): de valószinüleg csak a szándék után állítja; mert különben a velenczei követ nem emlegetné következetesen az ágyúk és hadi készletek elvesztését, pedig MOLIN egyenesen Zrinyi értesítéseire hivatkozik. Ágyútalan várnak, négy heti megszállás után, bombák és gránátok nélkül nem kellett volna 10,000 ember háromszoros ostroma; kivált ha oldalán nyitva áll, a mint az álnok olasz rajzolta.

4 MOLIN ALAJOS jelentése július hó 13-ikáról.

maga, hogy a török az erősséget, mely 1900 főnyi őrség kezén 30 ágyú birtokában még ép alappal, ép falakkal állt, szinte 40,000 ember szeme láttára kivont szablyával foglalta el.

Zrínyi a szomorú eseménynek azonnal hirét vette s a gréczi hadi tanács tagjainak első keserves felindulásában megjelentette. «A mi a történetben ismeretlen, sőt általában hallatlan, mondja, lelkem nagy fájdalmában irom Kegyelmességteknek, hogy az én új váramat ép alappal, ép falakkal az ellenség ma, csak mintegy szablyával, a mi nagyobb seregünk szeme láttára megvette és elfoglalta. Ez tehát a mindég remélt és mindég kivánt segítség! Gróf Montecuccoli úr soha még kardot sem rántott védelmére, a mi arra indított, hogy postán ő felségéhez siessek; de ma a magyar urak és Montecuccoli úr ismételt kérésére utambúl visszatértem. A mikor itt megállok és a táborba menésről gondolkozom, — veszem a boldogtalan hirt. Gondoskodjanak Kegyelmességtek gyorsan és értessék meg legkegyelmesebb urammal, hogy nincs oly hatalmas sereg a világon, mely több várat és országot veszthetne el, ha mindég így hadakozik. Én visszamegyek a táborba, melyről azt beszélik, hogy egészen föl van háborodva, és védeni fogom a Mura vonalát, a mennyire birom, bárha egyedül kellene is lennem; s nem hátrálok utolsó csepp vérem hullásáig, mert itt az ideje, itt a helye, hogy a haza minden fia meghaljon. Én többet a jövendőről nem irok, az az Önök gondja. Többet Wassenhoven úr fog Kegyelmességteknek mondani; én többet a fájdalomtul nem mondhatok.»[1] És fájdalmának ellenére csakugyan visszatért. Mert Esterházynak s általa a többi uraknak megigérte, s mert július 3-ikán a királytól levelet kapott, melyben Lipót biztatta és felhívta, hogy mihelyt a segélyhadak Badeni Lipót

[1] *Monumenta spectantia historiam Slavorum meridionalium*, (Zágráb. 1888) XIX. k. 230—231. l.

őrgróf alatt megérkeznek, a míveletek igazi serénységgel ismét meginduljanak; s e végett ő is menjen vissza, hogy jelenlététől buzdulva a magyar katonaság is kitartóbban és lelkesebben viselkedjék a táborban.[1] Mert a király is érezte, hogy a puszta jelenléte fölér egy sereggel. És ő csak megerősödött elhatározásában, mert hazaszeretete a maga veszteségénél, kavargó személyes keserűségénél nagyobb volt. Még reménykedett, hogy az országnak használhat, mert Montecuccoli váltig hitegette, hogy csak Badeni Lipót őrgrófot várja, aztán átkel a Murán és derekasan megütközik a törökkel. Sőt talán reménykedett, mint Esterházy, hogy ha a németség eddigi szokása szerint szaladásra nem veszi a dolgot, hanem győzni fog, a vár is megint hamar az övé lesz isten segítségéből.[2] S a várás közben a németséggel együtt a Mura-vonalat őrizte és védelmezte,[3] melynek támadásában és áttörésében sem az aleppói basa, ki Köprili Ahmed hadához utoljára érkezett, s egyenesen azzal a rendelettel jött, hogy a Muraközt elfoglalja és elpusztítsa;[4] sem a nagyvezér, ki a Murát és szigetét hatalmába szerette volna venni, nem boldogult semmi kisérletével. A széles folyón, a jobbparti erődítéseken megtört igyekezetük.[5] Köprili Ahmed tehát csak arra szorítkozott, hogy a balparti vidéket dúlja s a megvett várat megsemmisítse. Táborába hordatta belőle az ágyúkat, hadi készleteket és július 7-ikén reggel alsó kerítését és éghető épületét köröskörül meggyújtatta, s azzal a két aknával, melyet Montecuccoli számára előre elkészíttetett, levegőbe röpíttette.[6] S minden romja, törme-

1 *Zrínyi Miklós* előterjesztése a királyhoz: Vatikáni levéltár, Német nunciatura. 177. k. *Családi könyve*, 32. l.

2 ESTERHÁZY PÁL Mars Hungaricusa, 73. l.

3 *Monumenta Slav. Merid.*, XIX. k. 231. l. *Hadtörténelmi Közlemények*, IV k. 598 l

4 MOLIN ALAJOS jelentése a császári és királyi titkos levéltárban július hó 27-ikéről.

5 *Ugyanott*, július 13-ikáról.

6 *Hadtörténelmi Közlemények*, IV. k. 598. l.

léke harmadfélszáz esztendő viharában annyira eltűnt a föld szinéről, hogy ma már helyét, fekvését, külső alkatát és katonai értékét is csak hosszas kutatással lehetett megállapítanunk.

Hősünk elborulva, vonagló szivvel már most végkép hazatért; annyival inkább, mert abból, a mit Lipót levelében kilátásba helyezett, semmi sem valósult. Montecuccoli az ő megkérdezése vagy értesítése nélkül a közelgő segélyhadakat nem hogy összevonta volna, de a bádeni őrgrófot Stiria széleire, a francziákat valamivel beljebb rendelte; sőt az ő szándékára, hogy távozni fog, kijelentette, mikép maga is azonnal tovább vonul, mihelyt a nagyvezir megmozdul. Miért maradt volna hát, mikor immár semmi hadi vállalat nem mutatkozott, a magyar katonaság az eleségből kifogyva oszladozott, Nádasdy pedig a régi hang szerint megtagadta iránta az engedelmességet, hogy nem tőle, hanem a fővezértől függ.[1] S utána elment Batthyány Kristóf, Zrínyi Péter és a horvátság minden hadával. Otthon aztán eltünődhetett magában: mi czélja lehetett Montecuccolinak, mi a magyar uraknak, hogy erőnek erejével visszahivták? Ezek talán csak önkénytelen eszközei voltak az álnok olasznak, ki attól tarthatott, ha Zrínyi Bécsben idején megjelen, a királynak és udvarának a helyzetet lefestheti, a maga egyéniségének és ékesszólásának közvetlen erejével még megakadályozhatja, hogy várát a török pusztításának oda dobja. Vagy vezéri tekintélyét, uralkodója kegyét féltette? Most már hősünket elereszthette útjára. S ez a maga nagy lelkével, gyötrő és emésztő fájdalmában sem vesztette el még minden reménységét a háboru szerencsés fordulatára. Még abban bizott, hogy a német és a franczia segítő hadak egyesülése más lelket önt a seregbe, más szellemet a

1 *Zrínyi Miklós* előterjesztése a királyhoz: Vatikáni levéltár, Német nunciatura, 177. k. *Családi könyve*, 135—39. l.

vezetésbe;[1] még abban bizott, hogy az idegen nagy katonáknál hadi tudása, belátása, hősiessége több elismerésre talál, mint az osztrákoknál; és jó szándéka, szava, hazafias buzgósága legalább aztán az ország javára jobban érvényesülhet, mint eddig. S csakugyan az idegen nagy katonák, európai hire és dicsősége miatt, különös figyelmet, kitüntető tiszteletet tanusítottak iránta. *Badeni Lipót* őrgróf, a birodalmi csapatok vezére, mindjárt megjövetele után, július 8-ikán fölkereste *Waldeck* gróf altábornagy kiséretében Csáktornyán, hogy a hadviselés folytatására nézve tanácsait kikérje;[2] s *Coligny* gróf, a franczia hadak parancsnoka, magasztalással emlegette és július 12-én az ország határáról levelileg üdvözölte Witnyédy által, ki ura nevében meglátogatta és melegen köszöntötte. Sőt a francziák, a mint Witnyédy irja, az ebéden Zrínyi egészségére ittak, s asztal felett váltig és nyiltan hangoztatták, hogy ők nem a felségért, hanem nemzetünkért jöttek,[3] egyedül annak szolgálatára.

S a maga reménységében és bizakodásában hősünk Bécsbe indult, hova vára elestéről levele a gréczi hadi tanácstól már előbb fölérkezett. S mi lőn a vesztés hatása? Az, hogy két nap mulva a hir vétele után futár sietett Nándorfejérvárba, a hol a császári ügyvivő, Renin-

1 Vitnyédy István levelei, II. k. 222. l.

2 *Hadtörténelmi Közlemények*, IV. k. 597. l.

3 Vitnyédy István levelei, II. k. 224, 225. l. Witnyédy ugyan Coligny grófot levelében név szerint nem említi meg, csak a francziák generálisáról beszél, de a generális Coligny volt. Hada két részre oszolt, egyik része Itálián keresztül Marburgnak nyomakodott a Murához (Zwiedineck-Südenhorst, Deutsche Geschichte, I. k. 242. l.); másik része a birodalmon át Linz, Bécs és Sopron mellett vonult oda. Coligny maga a franczia nemesség virágjával ennek a vezetője volt. Véle jöttek Dell'Ediguierra, D'Harcourt, Subise és Usez herczegek, a fiatal Villeroy, a marsal fia, D'Arbret, Curselles, Guitry, Rochefort és Treuille marquis-k, Langle és Tonnesaranta grófok és még annyian. A mikor Linzhez értek, a hol ekkor Lipót tartózkodott, valamennyien kiszálltak a hajóbul a császár kezének csókolására, csak Coligny nem mozdúlhatott, mivel épen köszvénye kinozta. S a maga képében Guitry marquist küldötte fel, (Priorato, Historia di Leopoldo, II. k. 446. l.) ki e szerint a helyettese volt. Természetes, ha Coligny Sopronnak érkezett, Witnyédy az ő jelenlétében, ura nevében mást nem köszönthetett.

ger Simon tartózkodott, hogy miután az erősség lerontásával egyik akadály a béke útjából elhárult, szorgalmazza annak megkötését.[1] Mert az udvar az ő féltékeny és gyáva politikájával annak daczára, hogy a háborút sikerült a keresztyénség harczának elfogadtatnia a pogányság ellen, s annak daczára, hogy ezen a czimen sikerült fél Európát megmozdítania segítségül, hogy 40,000 főnyi serege állt a Muránál, melylyel már a birodalmi német és a franczia hadak is egyesültek vagy egyesülendők voltak, örvendetes eseményképen kapva-kapott a szerencsétlenségen és a béke erőszakolásán fáradozott. Nem gondolta meg, hogy Köprili Ahmed egyfelől a saját sikere, másfelől a Montecuccoli kudarcza miatt csak jobban felbátorodhatott, hogy minden kivánságát teljesítheti.[2]

A vesztés e hatásánál, az udvar e hangulatánál fogva Zrínyi hideg fogadtatásra talált, a mikor július 12-ikén Bécsbe ért;[3] holott az ő lelke a felindulástól és haragtól még mindég hevesen tüzelt. Így a kedvetlenség annál inkább nehezére esett. Lipót minisztereit, s a külföld követeit zokérzettel, panaszkodva járta végig; keserűen ismételgette, hogy az ő új erősségét a pogány nem az aknái, nem az ereje által vette meg, hanem a németek gyávaságából, kik a helyett, hogy vitézül ellenállottak és megharczoltak volna, fegyvereiket földre eresztették és magokat barmok módjára ölni engedték.[4] S a királynak irásban, részletesen kifejtette a szerencsétlenség okait és indítékait.[5]

Keserűen említette föl, hogy a táborból, hol se meg nem kérdezték, se meg nem hallgatták, a nevetségesség elől távoznia kellett, s a királyi szék elé menekült, hogy a haza és az örökös tartományok feldúlását ne lássa. Aztán

1 MOLIN ALAJOS jelentése a császári és királyi titkos levéltárban, július 13-ikáról.

2 *Ugyanott.*

3 *Történelmi Tár*, 1894. évf. 578. l.

4 MOLIN ALAJOS jelentése július hó 13-ikáról.

5 ESTERHÁZY PÁL Mars Hungaricusa, 74. l.

őszintén, méltósággal, a maga mentegetése nélkül, de éles kiméletlenséggel Hohenlohe és Strozzi ellen fordulva szólt. Szinte érezzük, a mint szive sajog és vére háborog, mikor harcziatlan gáncsoskodásukat, rontó visszavonásukat maga ellen és hona ellen fölidézi. Bánat és harag váltakozva ragadja meg, de a mennyire birja, elnyomja, vagy legalább mérsékli, hiszen királyának ír. S elbeszéli Kanizsa megszállásának sikertelenségét, s a német vezérlet további tehetetlenségét és rosszhiszeműségét: hogy miként bútt a józan észnek és területi viszonyoknak ellenére a Mura mögé, hogy Montecuccoli miként halogatta a megütközést egyre, előbb Sparr jöttéig, aztán Bádeni Lipót érkeztéig, a míg új vára elesett, mert oltalmára semmi sem történt, minden csak az elvesztésére. A mikor maga 200 embert akart küldeni megsegítésére, Montecuccoli parancsnoka azt mondta, hvgy irásbeli rendelet nélkül a várba be nem ereszti őket. Le kellett tehát tennie szándékáról.

S a mikor mindezt sajgó fájdalommal felhordja, egyszerre háborgó hévvel folytatja:

«Hallatlan dolog! Ötven török csupán szablyával az árokbul és sánczbul 350 németet kiűzött és többet megölt közülök. Egy ember lőtte ki puskáját, de egy sem húzta ki kardját. Montecuccoli gróf bosszankodni látszott, sőt kijelentette, hogy példát akar állítani, de beszéde csak szófia volt! Azonban miért fárasszam Felségedet a többi szégyenletes dolog előterjesztésével? Az ötven török a mieinket végre mind kiverte az árokbul és sánczbul és a várba hatolva nemcsak sokat elűzött és legyilkolt a mieink és a németek közől, de oly zavarba hozta őket, hogy mindnyájan rögtön elhagyták állomásaikat és a hidra futottak fegyelmezetlenűl, úgy, hogy a szűk kapun át, melyet a félelem miatt menekültökben nyitva hagytak, a törökök benyomultak és még azt a keveset is, ki az erősségben maradt, egy szálig felkonczolták. Gondolja meg kérem,

25 MONTECUCCOLI VÁZLATA A ZRÍNYIVÁR MELLETTI CSÁSZÁRI TÁBORRÓL
(Eredetije a bécsi cs. és kir. hadi levéltárban.)

Felséges Uram, maga, valjon Montecuccoli grófnak volt-e komoly szándéka a vár megvédésére: tudtomon kívül, a mint rendezett mindent, a vár alá aknákat ásatott, hogy mihelyt az ellenség a támadást megkisérti, az erősséget levegőbe röpíthesse; miként a czölöpös sánczot felrobbantotta, mielőtt bárki meghágni törekedett volna. Így egy napon a vár elfoglalása előtt a parancsnok kétségtelenül Montecuccoli meghagyásából elrendelte, hogy száz katonám a várból távozzék, azt állítva, hogy a németek elegen vannak. Sőt a legutolsó éjjel Batthyány gróf kérte, hogy az övéi közül 200 ember bemehessen a várba, de hiában. Biztosan attól féltek, hogy azt hosszabb ideig védelmezik úgy, mint óhajtják vala. A mult évben 120 német és 150 magyar vitézem három heves és váratlan rajtaütéstől védte meg diadalmasan az ellenség súlyos veszteségével az erősséget és most 1900 ember,[1] sőt az egész roppant sereg ily gyalázatosan vesztette el.

Bizony gyönyörűséges segítség, mely váramat elvette, szigetemet elpusztította, lakosait elűzte és megölte. Mindezt azonban, bár nekem drága volt, nem sajnálom annyira, mint azt, hogy katonáimat, kik oly sok év óta nemcsak a szigetet, de Felséged Stiriáját is megoltalmazták, házukból kikergették és tudja Isten, hová kényszerítették menekülni feleségükkel és gyermekeikkel. Elhallgatom a szégyenfoltot, melyet e tettükkel Felséged fegyvereire hoztak.

Ezek azon okok, Legkegyelmesebb Uram, melyek Felséged elé sietnem kényszerítettek, hogy megértsem, mit tegyek javaim feldúlása, jobbágyaim elpusztulása után, ka-

1 *Zrinyi* előterjesztésében a vatikáni másolat szerint «*mille nonaginta*» *1090*, a Vass József fordításában *900* áll. De tudjuk, hogy a vár őrsége június 3-ikán *1000* Spick-ezredbeli, június 8-ikán *500* birodalmi gyalogossal szaporodott, előbb átlag nehány száz ember volt, a mult évben 120 német és 150 magyar, most valami kétszer annyi. A parancsnok egy napon az elfoglalása előtt hősünk *100* vitézét kiparancsolta belőle. Valószinű, hogy az előterjesztés eredetijében *1090* helyett *1900*-nak «mille nonaginta» helyett «*mille nongenti*»-nek kellett állania, s a másolatban csak tollhibával van dolgunk.

tonáimtól is megfosztva elnéptelenült, üres és az ellenségnek nyilt szigettel? Negyven éven át eddig a roppant ottomán hatalom ellen a magam és embereim vérével és verejtékével megvédtem, most a honnan segítséget vártam, a miben minden bizalmamat és reményemet vetettem, a miatt vesztettem el. S a mi legjobban fáj, Felséged java és a keresztyénség minden haszna nélkül.

És most ezzel a szablyával, melyet oldalamon viselek, Felséged parancsait várom».[1]

Mire nézve? Előterjesztésében csak panaszolva, háborogva megvilágítja és fölfejti Montecuccolinak és társainak megdöbbentő viselkedését: de nem kér semmi határozott dolgot. Azt mellesleg tette meg.

Voltakép mit akart? Elégtételt káraiért és engedélyt önállóbb tevékenységre: *külön hadtestet a saját parancsnoksága alatt*, hogy azzal a Mura vonalán mozogva vagy a Dráván átkelve, a fősereggel közös czélra, de a saját terve szerint működve, a nagyvezir oldalába, hátába csapdosson. A velenczei követ értesülése szerint e végre 12,000 embert kivánt és e mellett a varasdi főkapitányságot kérte.[2] Hogyan? Hiszen hat évvel ezelőtt maga irta Ruchich Jánosnak: «Nevetséges, hogy én a varasdi főkapitányságra törekszem, vagy olyan esztelen vagyok, hogy egészségesül a bélpoklosok közé kivánkozzam?»[3] A varasdi főkapitányság a gréczi hadi tanács alá tartozott, s ő bán létére, még inkább a maga egyéniségére ilyen függést hogyan kereshetett? Kérését nem magyarázhatja egyéb, mint az a föltevése vagy számítása, hogy ekként nagyobb erőhöz előbb juthat. Mert külön hadtesten kívül is, ha a varasdi német katonasággal szabadon ren-

[1] *Vatikáni titkos levéltár*, Német nunciatura, 177. k. S VASS JÓZSEF, Család könyve, (1856.) 38—39. l.

[2] MOLIN ALAJOS jelentése augusztus elejéről és 24-ikéről.

[3] *Győri történelmi és régészeti füzetek*, II. k. 204. l.

delkezhetik, ha a gréczi hadi tanácscsal ujabb szives viszonyánál és Stiriának a Muravonallal való közös érdekénél fogva egyetért, ezt a katonaságot 2000 főre könnyen fölemeltetheti s a maga magyar-horvát vitézlő népéhez csatolhatja. Az udvar a két állást, a bánságot és főkapitányságot nem tartotta egyesíthetőnek, eleinte hajlandó volt azonban más elégtétel adására. Molin előre látta, hogy ez a kormány lassúsága és a pénz hiánya miatt bajosan fog menni, vagy még inkább azért, mivel a grófot derék katonának ismerték, de félték is, minél fogva nem akarták hatalmát növelni.[1] Pedig elégtételre, kárainak megtérítésére csakugyan reászorult. Hisz a maga bevallásaként nemcsak várát, összes fölszerelését, ágyúit és egyéb készleteit vesztette el: de a német katonaság kiélte egész szigetét, elfogyasztotta összes szénáját, kifosztotta minden jobbágyát, 2000 embere, kiket a védelemre tartott, földet adva nekik, melynek terméséből megélhettek, a bántalmaktól megszökött, elbujdosott;[2] s a ki nem menekülhetett, a németség kinozta, üldözte, a nőket megfertőztette, a templomokat kirabolta.[3] S mind e pusztulás mellett egész álló hónapon keresztül 20,000 főnyi magyar hadtestet a saját kenyerén élelmezett, Montecuccoli amaz igéretének reményében, hogy az ellenséggel megütközik, a mit be nem váltott.[4] Bizony nem tudja, hogy birta volna a költséget, ha a franczia királytól a 10,000 aranyat nem kapja. Mert szokása szerint, mint a stiriaiak jegyajándékát, a XIV. Lajos adományát is a közre fordította. A velenczei követ hősünket vigasztalta s a varasdi főkapitányságról lebeszélte, mert ez igénye nélkül könnyebben nyerhetne elégtételt, s külön hadtestet, melylyel az ellenség nyugtalanítására

1 Molin Alajos fentebbi jelentései.
2 *Ugyanaz*, augusztus 10-ikéről.
3 Esterházy Pál Mars Hungaricusa, 71. l.
4 Molin Alajos jelentése augusztus 10-ikéről.

szabadon mozoghatna. Porcia herczeget pedig meggyőzte, hogy mind a királynak, mind a keresztyénségnek érdekeire fölöttébb káros lenne, ha Zrínyi grófot, ezt az érdemes vitézt, ki a felségnél hasznossá s az ellenség előtt rettenetessé tette magát, végkép elidegenítenék és elkedvetlenítenék, mert miatta az egész magyarság elidegenednék és elkeserednék! S kifejtette előtte, hogy az ő bátorsága, vitézsége sokat vihetne véghez, s a háborúnak minden koczkáztatás nélkül sokat használhatna, ha egy külön röpülő hadtestet kapna, melylyel a törököt folytonosan zavarná, megütné, mint eddig annyiszor olyan sikeresen és diadalmasan cselekedte; hogy vesztett váráért, szenvedett sok romlásáért kárpótolni kellene.[1] A herczeg beismerte a tanács helyességét, megkisértette kivitelét: de aztán minél tovább időzött Zrínyi a birodalmi székvárosban, az udvar hangulata, s a viszonyok alakulata annál élesebben ellene fordult. Mert az udvar napról-napra féltékenyebb figyelemmel kisérte azt a megtiszteltetést, melylyel elhalmozták: a velenczei követ egyebet se tett, mint örökké dicsérte, a pápai nunczius, *Carafa* biboros, a szent atya nevében arany éremmel lepte meg,[2] a bécsi nép háza előtt és bárhol, a merre járt, tüntetve üdvözölte, tömegesen követte,[3] s a lengyelek, a mint Rottal gróf tudatta Kassáról, a lemondásra készülő János Kázmér helyébe a királyságra jelölgették és rajongva emlegették.[4] Mindennek benyomása alatt már most csakugyan az a nézet kerekedett fölül, hogy a hősünk hatalmát növelniök nem szabad; a háború folyamata miatt pedig Montecuccoli sérelme és az események megzavarása nélkül nem lehet.

Mert azalatt a hónap alatt, a mióta a Mura mellől eljött, nagyot változott a helyzet.[5] A nagyvezér július 12-ikén

1 MOLIN ALAJOS jelentése júl. 20-ról.
2 *Ugyanaz*, augusztus elejéről.
3 *Történelmi Tár*, 1894. évf. 579 l.
4 ROTTAL gróf jelentése a császári és királyi hadi levéltárban, július 17-ikéről.
5 A hadjáratról részletesen szól RÓNAI

fölszedte sátorát és Kanizsához szállt, melynek biztosítására apróbb kirándulásokkal Kis-Komáromot, Zala-Egerszeget, Egervárt és Keméndvárt elfoglaltatta, aztán a Rábához nyomakodott, hogy a döntő ütközetre alkalmas helyet keressen; s július 26-ikán Körmendnél állapodott meg. Montecuccoli csak két nap mulva, július 14-ikén indult utána, hogy biztos távolból, a találkozás veszélye nélkül, mozdulatait figyelemmel kisérje és a maga kanyarodásait azokhoz alkalmazza. Július 15-ikén Csáktornyán keresztül Uj-Udvarra ért,[1] 17-ikén Alsó-Lindvára és Nádasdy a magyar lovassággal Lentibe, 18-ikán a Muránál még egyszer megnyugodott, 19-ikén aztán maga is Lentire nyomult, hogy Egerszegnek haladjon; de már ott volt a török, s ő meghőkölve visszafordult 20-ikán Alsó-Lindvára, hogy 22-ikén pihenésre Mura-Szombathoz takarodjék. Mert az volt a merész eltökélése, hogy a míg 8—10 napi élést nem gyűjt és a segítő hadakkal nem egyesül, ütközetet *nem* koczkáztat. Ezért sétálgatott szép lassan, a szent Methodismus nevében, hol oldalogva, hol visszakanyarodva, hol meg-megállapodva, csakhogy a törökkel össze ne találkozzék. És egymásután szedte föl a birodalmi német, meg a franczia csapatokat, Nádasdy és Batthány magyar lovasait, úgy érkezett július 24-ikén Szent-Gotthárd alá, Stiria és Ausztria födözése, Körmend és Sárvárnak megnyugtatása végett; holott azokat födözni, ezeket megnyugtatni nem kellett. Összesen már 60.000 embere volt, mégis csak arra törekedett, hogy az ellenség mozdulatait megfigyelje, a ma-

Horváth Jenő becses tanulmánya: *Hadtörténelmi Közlemények*, IV k. 598—647. l. Priorato, Historia di Leopoldo, II Libro V. — Rasid effendi emlékezése Thury Józseftől: *Hadtörténelmi Közlemények*, III. k. 516—520. l.

1 A német források Neuhofot mondanak, s ezt Horváth Jenő a német irókkal Mura-Szerdahelynek nevezi, holott a Zrínyifalujáról, Uj-Udvarról, Nova-Curiáról van szó, mely közvetlenül Szerdahely alatt esik. Innen a félreértés. Ebben szerzőnk ép úgy téved, mint mikor a *Lapincsot* folytonosan *Lafnitznak*, *Badafalvát Weixelbaumnak*, Alsó-*Szölnököt* Alsó-*Zaningnak*, *Nagyfalvát Magersdorfnak*, *Szakonyfalut Eckersdorfnak* és *Tótfalut Windischdorfnak* emlegeti, mintha nem is magyarországi, hanem valami németföldi csatatérről írna!

gáéit azok szerint igazítsa; sőt vissza akart térni a Murához, hogy a nagyvezérnek, a ki a Rábától meg se mozdult, Stiriába, Regede ellen való nyomulását feltartóztassa. Szerencsére Waldeck gróf, a beteg Badeni Lipót helyett a birodalmi sereg parancsnoka, megakadályozta ezt a szégyenletes szándékot azzal, hogy egyszerűen kijelentette, mikép a fővezért ez útjára követni nem fogja. Így ő is ott maradt Szent-Gotthárdnál, de amaz erős elhatározással, hogy ha már nem sétálhat és nem keringelhet tovább, a törökkel meg nem ütközik, ha csak az meg nem támadja. Még mindig vonakodott a harcztól, még mindig csak a védekezésre szorítkozott; pedig a nagyvezér már napok óta megkisérlette ismételve a Rábán való átkelést, hogy a döntő csatát megvívhassa. S a mikor Körmendnél, július 27-ikén, hosszú, heves támadással sem törhetett át rajta, Montecuccoli rögtön felbuzdult, hogy a győzedelem örömére a *Te Deum laudamust* elénekeltesse és a díszlövéseket elropogtassa; de arra nem lelkesedett föl, hogy a törököt alkalmas helyen átereszsze és arczába vágva leverje, vízbe fojtsa. A mi késett, nem múlt el: a döntő csata, Montecuccoli bárhogy szerette volna elkerülni. Köprili Ahmed nem soká váratott magára. Július 31-ikén egy fél mérföldnyire a Rábán fölfelé előre nyomult és ott a jobbparti magaslatokon táborba szállt, jobb szárnyával Szent-Gotthárdra, a ballal Alsó-Szölnökre támaszkodva. Az egyesült sereg párhuzamosan követte, s a balparti magaslatok lábánál helyezkedett el, jobb szárnyával Badafalváig nyúlva. Köztük a Rába ama nagy kanyarulata esett, hol a víz a legsekélyebb, a jobb parton Szakonyfaluval és Tótfaluval, meg Alsó-Szölnökkel, a balparton Nagyfalvával és Badafalvával. A síkságot ott a szakonyfalvi, itt a nagyfalvi patak és a Lapincs folyó hasította meg. Szent-Gotthárd a Rába két oldalán középütt feküdt, keleti fele a török, nyugati fele az egyesült sereg kezében volt. Másnap, augusztus

1-én, kora reggel, Köprili Ahmed Nagyfalva ellen heves ágyúzást kezdett, s a míg a keresztyén sereg figyelme oda tapadt, a kanyarulat déli partján előbb szórványosan, aztán tömegesen megindult az átkelés. Ismail boszniai basa 3000 szipáhival, kik a lovaikon 3000 janicsárt hoztak magukkal, partra szállt, a hol épen a keresztyén sereg közepeként a német birodalmi és szövetséges hadak estek, a császári csapatok a jobb, a francziák a bal szárnyon levén; a szipáhik egyszerre az örs-csapatokat szétszórták, s a janicsárok Nagyfalvát elfoglalták; a meglepett birodalmi és szövetséges hadakat megzavarták, s az ellenök küldött sváb és bajor, frank, szász és würtembergi, meg a segítségül érkezett Nassau és Kielmannsegg császári ezredeket visszanyomták; Schmidt és Waldeck lovassága ugyan közbevágott, de a harczot nem fordíthatta meg: Ismail vállalata fényesen sikerült. Az átkelés azonban megcsappant, a törökök csak kisebb rajokban szállingóztak, minek következtében a keresztyén hadak újra rendezkedhettek, s a császári ezredek Ismail basát balról, Hohenlohe csapatai jobbról közrekapták és nehéz küzdelem után a Rába kanyarulatába visszaszorították, hol már ekkor a La Corona, Sparr és Tasso gyalog-, a Lothringen és Schneidau lovasezredek őrködtek az átkelő felett. Sőt Hohenlohe csapatai Nagyfalvát megvették a janicsároktól, kik Montecuccoli szerint csodálatos makacssággal küzdöttek. Ez a siker azonban csak ideiglenes volt, mert legottan jött Mehmet janicsáraga és jött Kaplán basa: a visszavetett szipáhikat és janicsárokat is fölszedték, a támadást megújították és a szövetséges hadakat meghátráltatták. Csak a francziák vitéz dandára *La Feuillade* parancsnoksága alatt, főleg *Bauvaise* lovassága tartotta fel rohamukat, mire a küzdelem délig félben szakadt és helyette tűzharcz következett. A keresztyén sereg csüggedve, megfélemedve állt az ellenséggel szemközt; többen már elmenekültek, mások menekülésre

26. A SZENT-GOTTHARDI CSATA.

(Egykorú metszet után.)

készen csomagoltak; maga Montecuccoli tervbe vette, hogy a harczot egészen megszünteti, a török sereg elé az éjjel hirtelen sánczot vonat, s másnap a mögül védekezik, miképp sokkal nagyobb baj ne legyen: de a rögtönzött hadi tanácsban Hohenlohe mind a fővezért, mind társait meggyőzte, hogy ha még ma, most egyszerre a döntő csatát meg nem kisértik, a sötétben a sereg fele megszökik; ha az ellenséget elfoglalt helyében az éjen át megtűrik, holnap egyikök feje sem lesz a törzsökén, hanem valamely török tarisznyájában. S a míg e határozat megfogant, Köprili Ahmed a döntő csatát megkezdte: a Rábán fölfelé öt lovas hadoszlopot indított, hogy négy Badafalvánál átkeljen, az ötödik fölebb a császáriak oldalába kerüljön; a Rábán lefelé pedig három lovas hadoszlopot küldött, hogy a balszárny átellenében, a francziákkal szemben keresztül törjön. Itt a heves ágyúzástól vízre sem bocsátkozhattak, ott, Badafalvánál partra kaphattak ugyan, de Spork visszaűzte őket Alsó-Szölnökig. Ugyanakkor a kanyarulaton belül is sorakozott a török főserege, kilencz tömött hadoszlopban; fölfogására és megtámadására Montecuccoli seregével csatarendbe helyezkedett ismét, jobb szárnyon a császári hadakkal, középen a birodalmiakkal és szövetségesekkel, balszárnyon a francziákkal. A mint a törökök első három hadoszlopa három órakor általért, a birodalmi hadak Waldeck, a szövetségesek Hohenlohe parancsnoksága alatt reárohantak, a császáriak meg a bal és a francziák a jobb oldalába csaptak, heves és kemény viadal után visszaverték, különösen a franczia dandár vakmerő vitézkedése következtében. Parancsnoka, La Feuillade, kezében kopjával egy maga húsznál több törököt ejtett el és nehány zászlót szedett.[1] A pogány megfutott és a Rábába menekült, hol a nagy része, lovas és gyalog összegomolyodva, egymást

[1] PRIORATO, Historia di Leopoldo, II. k. 466. l.

nyomva elmerült. Annyi ember és ló hullt el ott, írja Witnyédy hallomásból Zrínyinek Bécsbe, hogy a testeken és lovakon száraz lábbal mehettek volna által a folyón.* A hat többi hadoszlop erre a jobbparton szintén megfordult és a magaslatokra vonult, a tüzérség pedig teljesen felbomlott és ágyúi mellől megszaladt, melyeket aztán a

27. SZENT-GOTTHÁRD.

keresztyén csapatok részint beszögeztek, részint a folyóba sülyesztettek.

A véres ütközet csak egy óra hosszáig tartott, Köprili Ahmed mégis 10.000 jó katonát vesztett benne, a janicsárok és szipáhik, albánok és bosnyákok közül. Elveszett Mehemet janicsár aga, Ismail boszniai basa, Szindullah aga és Kaplán basa, meg számos főtiszt. De a keresztyén seregből is szinte 2000 ember maradt a sikon, köztük a nassaui gróf, Trautmannsdorff és Usemberg, Fugger és Wied grófok, Pleitner, Schmidt és Zobel ezredesek és Herard alezredes; s a franczia nemességből a fiatal Villeroy, Muly, Rochefort, Sery, Chattres és Beauverzé marquisok. A győzelem mind a mellett teljes és

* VITNYÉDY ISTVÁN levelei. II. k. 231. l.

fényes volt,[1] csakhogy Montecuccoli nem a maga leleményének és hősiességének köszönhette, hanem kedve és akarata ellenére *Waldeck*, *Hohenlohe* és a rettenthetetlen *La Feuillade* vívták és nyerték meg.[2] És köszönhette *Zrínyinek*, az ő nevének, mert az a hír zavarta meg és tartóztatta vissza a nagyvezért, hogy a Rába tulsó partján küzdő seregeinek segítséget nem küldött, mikép a Zrínyiek hátukban vannak;[3] s köszönhette az ő erősségének, mert ha annak megvételében a nagyvezér hetekig nem vesztegel, sem a birodalmi német, sem a franczia hadakkal való egyesülése végbenem mehet.[4]

Montecuccolinak az ütközet után se volt kedve és akarata, hogy a sikert kiaknázza, a nagyvezért üldözze. Csak arra gondolt, hogy Rákóczy elnyert pallosát két aranyos kopjá val a diadal jeleként Lipótnak felküldje,[5] a maga érdemét himes képzelettel kiszínezze. Köprili Ahmed ennélfogva erejét összeszedte és augusztus 6-ig Szent-Gotthárdnál pihentette; ekkor háborítatlanul Körmendhez vonult, majd Vasvárhoz szállt, hol a császári ügyvivővel, Reninger Simonnal, ki Nándorfejérvárból már előbb táborába jött vala, nagy titokban, Montecuccoli nagy örömére, békét kötött nagyjában ugyanazon föltételek alatt, melyekkel Lipót a hadjárat kezdete előtt megkinálta.[6] És a bécsi udvar, da-

1 PRIORATO: id. m. 465—466. ll.

2 PAULER GYULA: Wesselényi Ferencz nádornak és társainak összeesküvése, II. k. 217. l.

3 *Hadtörténelmi Közlemények*. IV. k. 637. l.

4 KRONES FERENCZ, a jeles osztrák történetíró mondja ezt: Handbuch der Geschichte Österr. Berlin, 1878. III. k. 595. l.

5 VITNYÉDY ISTVÁN levelei, II. k. 230. l.

6 A *vasvári békekötés* közmegegyezés szerint *augusztus 10-ikén* kelt, de ezen a napon semmi esetre sem kelhetett. Mert augusztus 10-ikén a bécsi udvar az állami tanácsosoknak és külföldi követeknek már előterjesztette föltételeit; pedig a szerződés felküldésére és az értekezlet összehívására is idő kellett. Föltételei: 1. hogy Lipót őrségeit Erdélyből kivonja, a megszállt várakat Apaffynak átengedi, kinek halála után az országra visszaháramlik a szabad fejedelemválasztás joga; 2. hogy Szabolcs és Szatmár megyét megtartja, Szatmárt, Nagy-Károlyt, Kállót, Ecsedet megerősíti, de beléjök nagyobb csapatokat főtisztekkel nem helyezhet; 3. hogy sem Rákóczy, sem Kemény fiát egyik uralkodó sem segíti, a kóborlókat pártolásába nem veszi; 4. hogy Új-Zrínyivárát egyik sem építheti föl és láthatja el őrséggel újra; Székelyhid hasonlóképen teljesen lerombolandó; 5. hogy

czára hadi költségeinek, nagyobb seregének, daczára a Souches győzedelmeinek, ki áprilisban Nyitrát, júliusban Lévát megvette, s július 19-ikén Garam-Szent-Benedek alatt, a szőlősi mezőben, Husszein, Khalil és Kaszim basák egyesült török-tatár hadát Koháry István, Balassa Bálint,

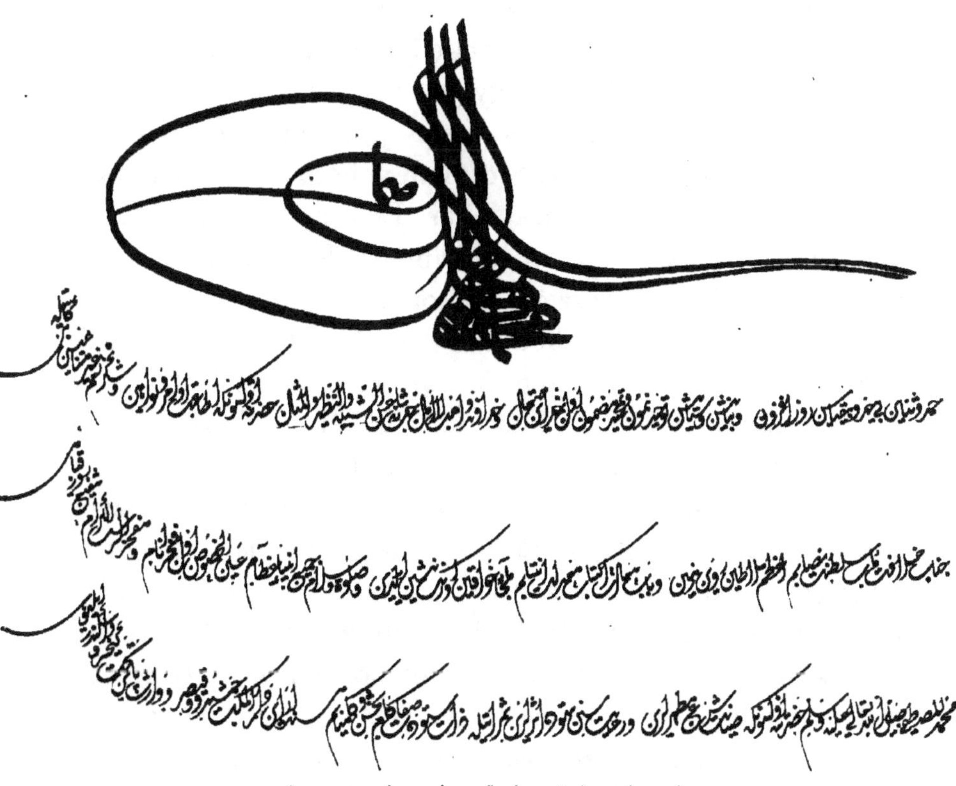

28. A VASVÁRI BÉKEKÖTÉS TÖRÖK ZÁRADÉKA.

Sándor Gáspár és Szobonya István uramék segítségével keményen megverte,* aztán Párkányt elfoglalta és az eszter-

azok az erdélyiek, kik az előbbi zavarokban fölkeltek, teljes kegyelmet kapnak és jószágaikat visszanyerik; 6. hogy Lipót Érsekujvár helyett a Vágon túl és a Dunántúl is, Gután alul, új várat emeltethet; 7. hogy a szabad portyázásokat egymás területére a király és szultán kölcsönösen megszüntetik; 8. hogy a király a szultánnak 200 ezer forint értékű ajándékkal kedveskedik, ki Lipótnak viszont illő ajándékot adand. S a béke *húsz esztendőre* szól. *(Monumenta Slavorum Meridionalium*, XIX. k. 233—235. ll.)

* Ebeczky, *a szent-benedeki praefectus* levele, mely a csatáról igen érdekes részleteket foglal magában, július 20-ikáról a nádorhoz. Országos Levéltár, Wesselényi-levelek.

gomi hidat lerontotta, — kapva-kapott a megalázó szerződésen; mert neki csak a béke, minden áron a béke és mindenek fölött a béke kellett.

S ebben a békén való nyomorult kapdosásban többé szó sem lehetett a Zrínyi külön hadtestéről. Ha fölmenetele idején megkapja, a Mura mellől elvonuló törököt hol oldalt, hol hátban megcsapkodja, Péter öcscsével meg az eszéki hidat elállatja, úgy a nagyvezér sem a Rábához olyan nyugodtan el nem jut, sem az ázsiai és egyiptomi segítő csapatokat föl nem veheti.[1] Most már akár a táborára, akár Kanizsára, akár Boszniába ütne, csak a háború hamvahódó üszkét lobbantaná fel. Hisz az udvar még később is összerezzent, mikor Péter gróf 1000 vitézzel Károlyváros alól a hódoltságba tört, hogy a békének vége; s csupán akkor lélegzett föl, a mikor hallotta, hogy kevés zsákmányt ejtett.[2] Mert neki a béke, minden áron a béke és mindenek fölött a béke kellett!

S Porcia herczeg, a ki előbb a velenczei követ közvetítésére megigérte, hogy hősünk számára az önálló parancsnokságot 2000 német s a saját magyar-horvát vitézlő népe fölött kieszközli,[3] immár kitért minden ilyen követelése elől. Zrínyi az idő fecsérlése s fáradozásainak meddősége miatt mindinkább türelmetlenné lett; hiszen méltán, öt heti járással-keléssel, kéréssel-érveléssel semmit sem ért el. Haraguva panaszkodott, hogy az az élet, melyet itt folytat vala, inkább udvaronczhoz, mint katonához illik, az ő becsülete csorbát szenved általa, s haragjában haza készült, hogy a nemzethez sérelméről kiáltványt intézzen; de Molin lebeszélte, mert azzal csak a kedélyeket izgatná fel. Az udvar nem szerette volna épen haraggal elereszteni. «Tudják itt,» írja a nuncius augusztus 16-ikán a pápának,

1 *Hadtörténelmi Közlemények*, IV. k. 607. l.
2 *Monumenta Slavorum Meridionalium*, XIX. k. 219. l.
3 MOLIN ALAJOS jelentése július 20-ikáról.

GIO: FERDINANDO DEL S·R·I. PRINCIPE DI PORTIA,
MITTERBVRG, CONTE DI BRVGNARA, ET ORTENBVRG,
SIGNOR IN SENOSETCH, E PREMB, CAV.^r DEL TOSON D'ORO
MAGGIORDOMO MAGGIORE E PRIMO MINISTRO DI
LEOPOLDO CESARE

A. Bloem, delt. — Cor. Meyssens, Fe. Viennæ

29. PORCIA HERCZEG.

«hogy ha a kétségbeesés sugallatára hallgat, nagy bajt okozhat ama nagy népszerűségnél fogva, melylyel Magyarországon bír, s azon figyelmességnél fogva, melyet Francziaország és a rajnai szövetség fejedelmei tanusitanak irányában. Ezek könnyen arra határozhatnák magukat, hogy hadaikat Montecuccoli parancsnoksága alól a Zrínyi kezére bocsássák. Könnyen elgondolható, hogy ebben az esetben a felségre és az egész keresztyénségre micsoda károk és veszedelmek háramolnának: mind a mellett remélem, hogy a szokott meggondolással és azzal a hűséggel fog eljárni, melylyel eddig őseinek példájára viselkedett.»[1] Ebbeli reménysége pedig ama nyilatkozatokon épült, melyeket hősünk előtte ejtett. Látogatása alkalmával elérzékenyedve említette Carafának, hogy a keresztyénség atyja a legmelegebb hálára kötelezte levelével, melyet másolatokban országszerte elterjesztett, s hálája bizonyságaként kész vagyonát és életét a keresztyénség javára áldozni fel.[2] A nuncius, úgy látszik, nem vette észre, hogy a keresztyénség mellől a felség elmaradt; s nem képzelte el, hogy a keresztyénség javát a bécsi udvar érdeke nélkül, vagy érdeke ellenére is lehet szolgálni. De Zrínyi haragja, keserűsége egyre nőtt, s pár nap mulva már a nuncius is másként gondolkozott felőle. Mert Porcia a helyett, hogy a hősnek kielégítésére vagy megnyugtatására alkalmas módot keresett volna, egyenesen megsértette őt. Nevezetesen Lipóttal egy erszényben ezer aranyat küldetett neki vereségeinek és fájdalmainak díjául. Ha nem nézte volna, mondta a velenczei követnek indulatosan, hogy a király kezéből jő, majd a fejéhez vágta volna annak, a ki hozta.[3] Méltatlankodva, háborogva hagyta el Bécset augusztus 21-ikén, hol hosszas elmaradása már azt a gyanút ébresztette Witnyédyben, hogy talán fogva

1 *Történelmi Tár*, 1894. évf. 579., 590. ll.
2 *Ugyanott*, 580. l.
3 *A velenczei követ jelentése* augusztus 24-ikéről.

tartják.[1] Bár többek előtt kinyilvánította, jelenti Carafa a pápának, hogy a felség leghívebb jobbágyaként akar élni-halni, könnyen megeshetik, hogy *a kétségbeesés uralomra jut lelkében.*[2] Az esztergomi érsek közbevetette magát érte, de kilátás nélkül; a pápai nuncius többször fölkereste Porciát érdekében, de eredménytelenül. Pedig hathatósan figyelmeztette a herczeget, hogy sem a felségnek, sem a keresztyénségnek nem válik előnyére, mikép oly érdemes és vitéz férfiút tétlenségre szorítsanak; mert a kétségbeeséstől legyőzve, a rágalmazástól elkeseredve *elpártolhat és sok bajt okozhat.*[3] Máris híre kerekedett, bár alaptalanul, hogy a törökkel egyezséget, sőt szövetséget kötött, a minek némi látszatot adott az az intézkedése, hogy feleségét Magyarországból horvát földre küldötte.[4] És Porcia herczeg megigérte, hogy a mennyire az állam szorult viszonyai megengedik, igyekezni fog igényeinek kielégítését kieszközölni; megigérte annyival inkább, mert egyenesen a pápa kivánta, hogy a grófot, tekintettel érdemére, általános nagy hírére és szenvedett kárára, elégítsék ki, mert fölöttébb sajnálja, hogy kedvetlenül és elégtétel nélkül távozott az udvarból.[5] De az igéret csak üres szó maradt, foganatosítás nélkül, — az érsek, a nuncius, a pápa hiában beszélt.

Zrínyi pedig ezalatt vitézi és hazafiúi számításában csalódva, a király közönye, ministereinek és vezéreinek gyávasága, a gyalázatos béke miatt háborogva, a kétségbeesés és boszúállás gondolatával küzködött; a bécsi politika ellen idegen hatalomnál segítséget keresett. Nem a töröknél, a mire soha egy pillanatig sem gondolt, hanem XIV. Lajosnál, a legkeresztyénebb királynál, a keresztyénség érdekeinek megóvásával. Az érintkezést voltakép öcscse, a heves

1 *Történelmi Tár,* 1894. évf. 590. l. VITNYÉDY ISTVÁN levelei, II. k. 229. l.

2 *Történelmi Tár,* 1894. évf. 580., 590. ll.

3 *Ugyanott,* 580., 591. ll.

4 *Ugyanott,* 580. l. VITNYÉDY ISTVÁN levelei, II. k. 235. l.

5 *Történelmi Tár,* 1894. évf. 581., 592. ll.

és indulatos Péter kezdte, a kanizsai megszállás keserűségeinek és egyenetlenségeinek idejében. Május 12-ikén báró *Reifemberget*, a mainzi választó fejedelem ügyvivőjét Gréczből udvarias levéllel és titkos üzenettel Lajoshoz küldte, hogy a maga és bátyja hódolatát és szolgálatát titkos szövetségre felajánlja. A király Lipóttal a török háborúra már egyezkedett, így sem illőnek, sem tisztességesnek nem tartotta, hogy ellene jobbágyaival tárgyalásba ereszkedjék; s akaratát Reifemberggel szintén szóbelileg közölte, abbeli óvakodásában, hogy levele eltévedhet és más kezébe kerülhet; de írt egyszersmind július 25-ikén Péter grófnak egész általánosságban, hogy senki nálánál jobban két oly vitéz és kitünő lovag érdemét a keresztyénség védelmében nem becsüli, s mindég örömmel karolja fel az alkalmat, hogy irántok jóindulatának bizonyságait adhassa. Reifemberg Bécsben találkozott újra megbizójával, s úgy látszik, kissé kedvezőbben színezte neki XIV. Lajos felfogását és magatartását, titkos szerződésre biztatva. Péter gróf azonban nem mert, vagy nem akart eleinte teljesen megnyilatkozni;[1] csak néhány héttel később, a béke megkötése és hősünk hazautazása után tette meg az elhatározó lépést. Feleségét, *Frangepán Katalint*, ez ép oly eszes és nagyravágyó, mint szívós és határozott asszonyt, Velenczébe küldötte, hogy *Bonzi Péterrel*, Beziérs püspökével összeköttetésbe lépjen. A püspök a köztársaságnál Francziaország követe s legtehetségesebb diplomatája volt, kit XIV. Lajos maga kényes feladat megoldására a legügyesebbnek ismert el.[2] A grófnő nem személyesen kereste föl, mert maga csak horvátul beszélt, hanem egy franczia kapucinus baráttal, ki horvátul is értett; s általa azt az ajánlatot terjesztette elébe, hogy a császár és hadvezérei oly rosszul bántak urával, Péter gróffal és sógorával, Miklós gróffal,

[1] *Monumenta spectania historiam Slavorum Meridionalium*, XIX. k. 231., 241., 239. ll.
[2] *Ugyanott*, 248. l.

s a bécsi udvar féltékenysége és irigysége oly élesen tör ellenök, mikép készek XIV. Lajos pártfogása alá helyezkedni, ha elfogadja őket; s készek Magyarországon lázadást idézni föl, mivel a nemesség annyira el van keseredve, hogy kapva kap más király választásán. Péter gróf ég a vágytól, hogy a legdicsőségesebb és legkeresztyénebb uralkodó szolgálatára lehessen, tőle függjön és érte harczoljon irígyei ellen. Birtokai Horvátországban a Buccari kikötővel olyanok, hogy egy hadsereget befogadhat, vagy a tengeren át Olaszországba szállíthat valamely idegen fejedelem megkérdezése nélkül, a mikor szükségére lenne. S ha az ő hada átkelne, a Miklós gróf serege Magyarországon maradna; felettük mind a ketten függetlenül rendelkeznek. Ha a király méltóknak találja őket kegyeire és képeseknek szolgálatára, titkos szerződésre lépnek véle, hogy pártfogására érdemesek legyenek; s a részletek megbeszélése végett mind a ketten Buccariba mennek, hogy az ő oda küldendő megbizottjával megállapodjanak, vagy ha a titok megőrzése szempontjából jobbnak tartja, ők küldenek valakit Velenczébe egyezkedésre, s a kötést aztán Buccariban aláírják és hűségök biztosítékaként egyetlen fiaikat kezesűl adják. A grófnő a választ Velenczében vagy Pádovában, vagy a környéken be fogja várni.* A püspök mindezt azon melegében, szeptember 27-ikén megirta urának, azzal a kijelentéssel, hogy az ajánlatot szándékainak teljes megismeréseig nem vélte elutasíthatónak, mert meg van győződve, hogy általa kellő időben az ausztriai házat, szégyenére és kárára, meg lehetne fosztani Magyarország koronájától, a mire a magyarok támogatás esetében mindég hajlandók; de állhatatlan és csélcsap természetük miatt nagy bölcseséggel kell eljárni. Felhívta egyszersmind a dologra Lionne figyelmét azzal a kérés-

* *Ugyanott*, 239. l.

sel, hogy a feleletet Turinon keresztül indítsa, mikép a felség parancsait minél előbb megkaphassa.* Lionne október 17-én egész emlékirattal válaszolt. Kifejtette királya nevében, hogy az elhamarkodott vasvári béke következtében a viszonyok egészen megváltoztak, mert azt az egyezséget Lipót akkor, a mikor a pogány a szent-gotthárdi diadal után annyira meggyengült, hogy a háború folytatásával már csak veszthetett volna, olyan szégyenletes föltételekkel nem köthette meg más okból, mint hogy XIV. Lajos jogos flandriai érdekeinek árthasson. Nevezetesen Lajos annak ellenére, hogy felesége, *Mária Terézia* spanyol infansnő a pyrenæi békében (1659.) lemondott a spanyol koronára való minden igényéről, a brabanti ius devolutionis polgári törvény erejénél fogva, mely az öregebb nőtestvérnek a fiatalabb fitestvérrel szemben közelebbi jogot adott az örökösödésben, IV. Fülöp halálával, II. Károly ellen Flandriát meg akarta szerezni, s épen e végből hozta létre a német fejedelmekkel a rajnai szövetséget; most azt hitte, hogy Lipót ennek a tervének megakadályozására kimélte erejét. S e hitében a Zrínyiek ajánlatát örömmel vette és velenczei követét megbizta, hogy puhatolja ki óvatosan, ha a béke után is megmaradtak-e szándékukban; s ha meg, ugyanazon kapucinus által, kit a grófnő használt, üzenje meg, vagy ha jobbnak találja, maga menjen el Zrínyi Péternéhez és mondja meg, hogy urát és sógorát hajlandó pártfogásába fogadni, hathatós jóakaratáról biztosítani az előterjesztett feltételek mellett, hogy tudniillik teljesen fenhatósága alá vetik magokat és odaadással szolgálják érdekeit, bármiféle ügyben, bármikor kivánja őket, tekintélyüket, helyiségeiket, eszközeiket és barátaikat felhasználni. De mindennek, a mi történni és végeztetni fog, mély titokban kell maradnia. Épen azért a király nem tartja

* *Ugyanott*, 240. l.

jónak, hogy a grófok Buccariba jöjjenek, a mi könnyen feltünnék, hanem küldjék megbizottjukat Velenczébe követéhez tárgyalás végett pontos utasítással, hogy mit ajánlanak az ő érdekeinek előmozdítására, ha akár Magyarországon, akár Itáliában szüksége lesz rájok, s annak fejében viszont ők mit kivánnak tőle? Mert csak a kisebb vagy nagyobb kötelezettség mellett lehet határoznia. Később aztán, ha a szerződés meglesz, a grófok megjelenhetnek Buccariban aláirás végett, vagy egyikük a másik felhatalmazásával, s egyetlen fiaikat kiküldhetik, a mint igérik, Francziaországba, országlátás vagy nyelvtanulás örve alatt.*

XIV. Lajos egyelőre, a míg mindenről kimerítően nem értesül, Bonzinak az ügy lebonyolítására biztos parancsot nem adhat, de aztán a teljes felhatalmazást részére el fogja küldeni. S akkor az egyezség alakiságánál a püspöknek figyelnie kell, hogy uralkodója hivatalos szerződést nem köthet, mert az napfényre kerülve, a mi véletlenből, hanyagságból vagy szerencsétlenségből könnyen megeshetik, a világ előtt kellemetlen helyzetbe hozhatná; hanem megegyezés esetében nem lesz nehéz oly irásbeli nyilatkozatot cserélni ki, mely az efféle koczkáztatást kizárja. Nevezetesen a király maga részéről oly iratot juttat a Zrínyiek kezébe, mely annak említése nélkül, a mire egymás iránt magukat lekötötték, biztosítja őket pártfogásáról és jóakaratának jeleként mindarról, a mit előnyükre a megegyezés magában foglal; a grófok viszont oly okmányt állítanak ki, mely felsorolja mindazt a kötelezettséget, a mit a király szolgálatában magukra vállaltak; s minthogy ez okmány a király kezében marad, megemlítheti egyszersmind mindazt a kedvezést, a mit ő nekik engedett és megigért. Az egyezség érdemére nézve pedig a püspöknek a Zrínyieket rá kell birnia, hogy Magyarországon viszályt

* *Monumenta spectantia historiam Slavorum Meridionalium*, XIX. k. 241—244. ll.

éleszszenek, *lázadást* szítsanak, mert e nélkül XIV. Lajos az egész dologra nem sokat ád; de csak a keresztyénséggel, mert a török felhasználásába vallásosságánál fogva nem egyezik bele; a fődolog az, hogy ezzel a lázadással oly eszköz legyen kezében, melylyel Lipótot zavarba hozza, mielőtt az neki zavart okozhatna, kénytelen levén katonáit a saját országaiban foglalkoztatni. De a követ előbb tájékozódjék alaposan: vajjon csakugyan megvan-e a grófoknak a lázadás fölidézésére szükséges hatalmuk és befolyásuk akár új királyválasztás, akár egyéb okok ürügye alatt? Vajjon mi a magyarok szándéka ily változás esetében: kire vetik szemüket? Micsoda ezközökkel lehetne a mozgalmat támogatni, micsoda szerepet lehetne benne XIV. Lajosnak elfoglalni és biztosítani, micsoda részt Apaffynak juttatni? Mert az erdélyi fejedelem ez esztendő eleje óta szintén egyengette a bizalmasabb érintkezést a királylyal. Fölkérte őt levélileg, hogy támogassa konstantinápolyi követével abban a törekvésében, mikép a fényes kapu a 80,000 tallér évi adót a régi 30,000-re szállítsa, s a végbeli török csapatok dúlásait eltiltsa; épen ebben az időben pedig emlékirattal kereste vagy kerestette föl, mely egy franczia-erdélyi szövetség előnyeit fejtegeti[1] Lipót lengyelországi terveinek megakadályozására, erejének megoszlatására és a török hatalom megnyerésére. S Lajos a fejedelem kérését szíves készséggel teljesítette és erejét most értékesíteni szerette volna.[2] Azért óhajtotta, hogy a Zrínyiek Apaffyval egyesüljenek. S követének meghagyta, hogy tudja meg biztosan: ebben az esetben mekkora hadat tudnának hamarosan kiállítani, ha valamely nagy terv végrehajtására alkalom nyílnék?[3]

Hősünk az egyezkedésnek ez előkészítésébe közvetlenül nem folyt bele: de sógorasszonya az *ő* sérelméről, az *ő*

1 *Ugyanott*, 235—238. ll.
2 *Ugyanott*, 240. l.
3 *Ugyanott*, 244. l.

30. APAFFY MIHÁLY FEJEDELEM.

hódolatáról, az ő hadáról, az ő titkos szövetkezéséről s az ő kis fiának, a két éves Ádámnak kezesül adásáról is beszélt, a mi az ő tudta nélkül nem történhetik vala. Lehet, hogy a Reifemberg báró közvetítéséről eleve nem értesült; de a sógorasszonya titkos küldetéséről tudnia kellett, mert a terv kivitele nem Péteren, hanem főként rajta fordult volna meg, hiszen Lajosnál az ő neve, az ő tekintélye, az ő európai híre szolgálhatott csak az ajánlat komolyságának zálogául, s a magyar nemzetnél az ő hazaszeretete, az ő vitézsége, az ő népszerűsége kelthetett csak érdeklődést: ő volt a kerekedő mozgalom sikerének reménysége és biztosítéka! Hogyan mehettek volna bele Péter és felesége az ő nevével, az ő egyetértése nélkül oly koczkázatba, melyen a magukén kívül az ő fejével, az ő vagyonával, az ő családjával is játszottak? Hiszen Péter, szerető testvére, egyetlen régi vagyoni összeütközésük feledte óta leghívebb fegyvertársa volt, a mellett kifogástalan férfi és lovag, hogyan hazudhatott volna a franczia királynak? Ez erkölcsi képtelenség! Lehet, sőt valószínű, a mint később látni fogjuk, hogy a kivitel módjára a heves és indulatos Péter, a ki csak közbevágni, karddal bánni tudott, eltért tőle; de abban a szándékban, hogy Lipóttól elszakadnak, abban a törekvésben, hogy XIV. Lajos legyen uruk, vagyis a dolog érdemére nézve köztük különbség nem lehetett; hiszen emlékezhetünk, Miklós Bécset oly kavargó elkeseredéssel hagyta el, mikép a pápai nuncius már akkor féltette, hogy a kétségbeesés uralomra jut lelkében, az udvarnak hátat fordít és bajt okozva pártot üt. Ha mégis nem ő, hanem öcscse mozog Velenczében, nem is személyesen, hanem felesége révén, annak egyszerű és természetes oka az, mert elismert nagyságánál és nyilt elégületlenségénél fogva a bécsi udvar reá élesebben gyanakodott, szemesebben ügyelt, mint öcscsére; Péterre is inkább, mint feleségére, különösen Velenczében, régi összeköttetése miatt, hol most is titkon

31. GRÓF ZRÍNYI PÉTER.

és bizalmasan tudakozódott: nem tettek-e valami lépést a köztársaságnál.[1]

Hősünk okosságból és óvatosságból a háttérben maradt; sőt mintha egyébbel sem törődnék, mint bánsága kormányával, október 23-ikára Varasd városába összehívta a karokat és rendeket, hogy velük az országos folyóügyeket és elharapózott bajokat eligazítsa. Az ülés mindenekelőtt intézkedett az idei adó kivetéséről, a tavalyi hátralékok behajtásáról, az ország tiszteinek és katonáinak fizetéséről s egyéb szükségleteinek födözéséről, aztán a megzavart közbiztonság helyreállításáról. Mert a bán távollétében, a mikor minden hazafi gondja és gondolatja csak a háborúval foglalkozott, a gonosztevők annyira elszaporodtak és vakmerőkké lettek, hogy nemcsak az országutakat lepték el, de a városokba is betörtek, a város közepén, a piaczon, nyilt utczákon ragadoztak, zavarogtak, a kereskedőket, nemeseket és egyházi férfiakat fosztogatták és bántalmazták, a harminczadokat fölverték és kirabolták. Az ülés elhatározta, hogy a hatóságok keményen üldözzék és példásan büntessék őket; s a külföldi kereskedőknek és árúiknak, valamint a harminczadoknak és országutaknak nagyobb biztossága végett egyes városok: Zágráb, Varasd és Krapina, vásáraik idején a jövő-menő külföldi kereskedők mellé elegendő fegyveres kiséretet adjanak, és pedig Varasd Zavarchia (Zavarsje) falváig, Zágráb a Sutla folyóig és Krapina Kolari községig. Végre gondoskodott a zálogos pörök rendezéséről, Erdődy Sándor gróf főispáni beigtatásáról és az ingyenes munkák felhasználásáról. Ezzel a karok és rendek eloszoltak, Zrínyi meg csáktornyai várába visszatért.[2]

Otthonn aztán megint tovább emésztődött, tovább küzködött a kétségbeesés és bosszúállás gondolatával. S érintkezett Lippayval, ki a nemzeti romlás miatt az alázkodó

1 *Monumenta spectantia historiam Slavorum Meridionalium*, XIX. k. 245. l.
2 *Acta et Articuli* stb. 215—218. ll.

és hódoló főpapból immár egészen kemény és nyakas magyarrá, igazi ellenzéki főúrrá vált, s a német gyülöletében és a gyalázatos béke elitélésében vele teljesen egyetértett; s még sűrűbben érintkezett Witnyédyvel, ki legmeghittebb embere és legrajongóbb hive volt.

Ez a Witnyédy jobbágynak született, de már kiskorától nemesnek növekedett; majdan büszke nagy urak bizalmasa, utoljára pedig hatalmas olygarchák barátja lett. Előbb soproni jegyző és ügyvéd, aztán az országgyűléseken városi, később megyei követ, ki elismerésben, vagyonban, tekintélyben, befolyásban folyvást gyarapodott, míg felekezetének egyik legbecsültebb vezérévé, hazájának egyik legnevezetesebb politikusává emelkedett.[1] Szavát a Batthyányak, Czirákyak, Draskovichok, Esterházyak, Kéryek, Lisztiusok, Megyeryek, Nádasdyak, Pálffyak, Thökölyek, Wesselényiek és Zichyek egyiránt szivesen meghallgatták; s a katholikus főpapok, Lippay és Szelepcsényi ép oly komolyan számba vették, mint az egyszerű lutheránus lelkészek, kiknek védelmük és támaszuk volt eszével, munkájával, tetemes áldozatával, vallásabeli szegény ifjak hazai és külföldi iskoláztatásával. Mert szava ritka tehetségeinél, országos összeköttetéseinél, felekezetére való döntő irányításánál és hősünkhöz való benső viszonyánál fogva mindég különös súlylyal birt. Senki urán kívül az eseményeket következményeikkel élesebben föl nem fogta és biztosabban nem látta, mint ő, a ki Rákóczy lengyel vállalatának balkimenetelét, az erdélyi zavarok minden fordulatát és magyarországi hatását előre megjósolta; senki az embereket szivök és veséjök szerint jobban nem ismerte, s néha egyetlen szóval találóbban nem jellemezte nálánál, ki Nádasdyt gúnyosan csak *chamaeleonnak*,[2] Montecuccolit csak bécsi *perspectivának* em-

[1] FABÓ ANDRÁS: Vitnyédy István levelei, I. 7—12. l. s PAULER GYULA: Wesselényi Ferencz nádornak és társainak összeesküvése, I. k. 69., 70 ll.
[2] PAULER GYULA: id. műve, I. k. 69. l.

legette.[1] Senki a közérdeket, vallási és nemzeti közérdeket nálánál hivebben és hathatósabban nem szolgálta, miért mind Rákóczy, mind Apaffy szerette volna Erdélybe vonni, de ura oldala mellől nem akart távozni. Megismerése óta megható, magasztos ragaszkodással csüngött rajta, bálványozó tisztelettel a század fönixének tartotta, kin a természet sokáig fáradt, a míg a pogány ebnek veszedelmére és a magyarság oltalmára megalkotta.[2] Sorsát a nemzet sorsával azonosította, benne egész faját féltette, minden bántódásán, sérelmén felháborodott, keseregve felzúdult, minden sikerén, diadalán örült, dicsekedve ujjongott. S ezt a mélységes vonzalmat átvitte betegeskedő feleségére, kis fiára, testvérére. Mindég készen állt, hogy mellette lóra üljön, tábori irodája igazgatását elvállalja, érette útra keljen és ügyeiben szóljon; a magyar országnagyokat ép oly készségesen kereste föl, mint a bécsi főbb embereket: Porciát, Lobkovitzot, Auersperget, Gonzágát, Rottalt. Tenni, hatni, izgatni volt az eleme: tenni, hatni, izgatni sohasem fáradt el, ha vallása érdeke kivánta, mint az 1662-iki országgyűlés alkalmával; avagy hazája java követelte, melyet vallásánál is lángolóbban szeretett; vagy urának használhatott véle, mint az uj vára engedélyének kijárásában. Mindig és mindenütt az ura neve, tisztessége, dicsősége lebegett előtte, de nem maradt csak egyszerü bámulója, szerény szolgája, bár «főember» szolgája: hanem sokszor serény ösztönzője, bizalmas tanácsadója volt, ki már 1657 márcziusában ajánlta neki a német választó-fejedelmek megnyerését;[3] már 1662 áprilisában az eszéki híd lerombolását,[4] sőt egyenesen maga fordult helyette később, úgy látszik, már a gyalázatos béke után[5] a mainzi érsek-

1 Franz Krones: Handbuch der Geschichte Österreichs, III. k. 591. l.

2 Vitnyédy István levelei, I k. 175 II. k. 221. l.

3 Ugyanott, I. k. 41. l.

4 Ugyanott, I. k. 198. l.

5 Ugyanott, II. k. 237. l.

hez és holsteini herczeghez az országnak a pogány kézből való megszabadítása végett. Ennek reményében köszöntötte ura nevével megérkezésükkor a franczia hadakat, és szőtte a barátságot a franczia tisztekkel, kik házába ki s bejártak,[1] s ennek a meghiusultában búcsuzott el oly panaszos fájdalommal tőlük. Guitry marquist, Brisach herczeget török lóval ajándékozta meg, Coligny grófnak ura levelét, Malesherbes marquisnak a sebesültek számára való adományait közvetítette; csakhogy rokonszenvüket megszerezze és biztosítsa. S leveleinek hangjában a Colignyhez,[2] La Feuilladehoz,[3] Pisio marquishoz[4] az őszinte sajnálkozásnak érzése csendült meg azon, hogy olyan hamar távoznak és mellettük tovább nem szolgálhatnak, azzal a kijelentéssel, hogy emléküknek a magyarok szivében örökké élni fog! A miben benne van az óhajtás is, hogy bár tovább harczolhatnának együtt. Mert Witnyédy a béke föltételei s ura sérelmei miatt a bécsi udvar ellen, német miniszterei és hadvezérei ellen minden csepp vérével lázongott, s lánya lakodalmán, bornemissza létére, fölhevülésében elszólta magát és azzal köszöntötte fel franczia vendégeit: «Adja isten, a franczia király legyen urunk!» Igaz ugyan, hogy a mikor szavainak hire kelt, s épen fia által, elszólását tagadta s az esztergomi érseknek még tiltakozó szándékát is rosszalta: de egyebet[5] a maga védekezésére és tisztázása végett nem tehetett. Az ilyen szükségbeli tagadás nem sokat ér. Többet mond nála, hogy felköszöntője és a Zrínyiek velenczei törekvése mind az idejére, mind a czélzatára, mind a szellemére teljesen megegyezik és kölcsönösen megerősíti egymást.

A gyalázatos béke különben országos ingerültséget támasztott. Hiában törekedett az udvar megalázó föltételeit

1 Pauler Gyula id. müve, I. k. 71. l.

2 Vitnyédy István levelei, II. k. 232., 242., 245. ll.

3 Pauler Gyula id. müve, I. k. 72. l.

4 Vitnyédy István levelei, II. k. 244. l.

5 *Ugyanott*, 236., 238. ll.

dicsérni, inditó okait szépíteni: azokat a nemzet vívmányainak, ezeket a királyi jóakarat jeleinek senki sem fogadta el. Pedig mindjárt, augusztus 10-ikén, összehívta az állami tanácsosokat, külföldi követeket, főpapokat és főurakat, aztán bizalmasan eléjük terjesztette a vasvári egyezséget, egyenesen a jó hangulat előkészítése végett, hisz egyenesen fölkérte a mejelent magyar tanácsosokat,[1] hogy mivel a nép az ilyen bonyodalmas kérdésben az állam érdekeit nem ismeri, sokszor rosszul értelmezi, a közönséget aztán

32. A SZENTGOTTHÁRDI CSATA EMLÉKÉRME.

félrevezeti és fölizgatja, oszlassanak el minden kellemetlen benyomást, mert a béke a magyar királyságnak csak javára van. Milyen szerencse például, hogy Új-Zrínyivára elpusztult, mert a török legalább nem helyezhet bele őrséget,[2] s milyen szerencse, hogy Székelyhidat le kell rombolni, mert a török legalább nem szállhatja meg, pedig annyira becsülte, hogy Várad tükrének nevezte.[3] S milyen előny, hogy a király Érsekújvár helyett más várat építhet, Szatmár és Szabolcs vármegyékben az erősségeket megtarthatja, legalább német őrséggel megrakhatja és a török terjedését Győr és Erdély irányában megakadályozhatja. A béke Erdélynek is igazi áldás. S a siker annál nagyobb, mert

1 *Monumenta Slavorum Meridionalium*, XIX. k. 232. l.

2 *Ugyanott*, 231. l.

3 *Ugyanott*, 232. l.

Európa segítsége kevés volt és későn érkezett, Magyarország és az örökös tartományok pedig már kimerültek, a háború terhe alatt szinte összeroskadtak; eztán legalább az erődöket jól felszerelhetik, német katonákkal megtölthetik, s a magyar királyság újra fölvirágozhatik.[1] Természetesen ebben a gyönyörűséges sikerben senki sem hitt, hiszen még az örökös tartományokban és német birodalomban is fölháborodtak a föltételeken, s Francziaország bécsi követe, *Gremonville* lovag, már sejtette, hogy az udvar a békével Magyarországon csak korlátlanabb uralomra törekszik, s Nagy-Várad és Érsekújvár vesztébe, melyek magyar parancsnokság alatt állnak vala, a király

33. GREMONVILLE LOVAG ALÁÍRÁSA.

csak azért egyezett bele, a mint értette, hogy helyettük Gútába, Nyitrába, Semptébe, s építendő új várába, általában minden erősségbe német parancsnokságokat helyezzen, s velük a magyarokra szorosabb féket vethessen, így a pártütésben és új király választásában meggátolhassa őket: a békének ez volt az uralkodóházra nézve főérdeke és főhaszna.[2] Mert bizalmasainak Lipót maga is beismerte, hogy az különben nem sokat ér és sokaknak nem fog tetszeni. De hát a béke, minden áron a béke, és mindenek fölött a béke kellett, azért *szeptember 27-én* sietett a szerződést hitelesíteni, a török kétszeres örömére, mert Magyarországon nyugalomba, téli szállásra vonulhatott, olasz földön, Velencze ellen könnyebben hadakozhatott. A béke gyors és önkényes megerősítése miatt az országos ingerültség csakugyan mind erősebben izzott és a föltételek meg-

1 *Monumenta Slavorum Meridionalium*, XIX. k. 232—233. ll.

2 *Ugyanott*, 4., 8. ll.

akadályozására a kétségbeesés és bosszúállás elszánásával kalandos terveket koholt. Több megye gyűlésében elhatározta, hogy inkább háborút indítanak a szultán vagy császár ellen, csak hogy kedvezőbb föltételeket erőszakoljanak ki; mert bennük is megfogant a gyanú, hogy az egész béke csak az ő megfékezésükre czéloz. S a kivitel módjára megoszoltak a vélemények. Egyesek arra gondoltak, hogy a moldvaiakkal, havasalföldiekkel, erdélyiekkel szövetkeznek, s közös erővel a töröknek és németnek ellenszegülnek; mások viszont arra, hogy új királyt választanak és a török fenhatósága alá helyezkednek. Különösen a Felföldön volt meg ez az áramlat, hol már az év elején oly hajlandóság mutatkozott a behódolásra, hogy Witnyédy február végén nyomatékosan fölemelte szavát ellene, mert vajjon micsoda állapot volna az: «avagy nem arany békó-e, vagy hogy parasztul irjam, nem olyan dolog-é, mint az ebhóhér dolga, ki az ebet pórázra fogván, akkor veri agyon, az midőn tetszik neki.»* Némelyek megint azzal a szándékkal foglalkoztak, hogy titkon a svéd királyhoz fordulnak, ki köteles ama szolgálatokért, melyeket Rákóczy iránta Lengyelországban teljesített és vesztével fizetett meg, a magyarság érdekeit támogatni; mert föltették, hogy ha X. Károly a segítségre vállalkozik, a Rákóczy névre annyi fölkelő találkozik, hogy a négy ország: Erdély és Svéczia, Moldva és Havasalföld szövetsége könnyen létre jöhet. Mások azonban inkább XIV. Lajosban reménykedtek, mert a mióta a Coligny hadait látták, rendjüket, fegyelmüket, bátorságukat és vitézségüket csodálattal emlegették, s arra a meggyőződésre jutottak, hogy a törököt megsemmisíteni és Magyarországot megsegíteni csak a franczia király birja. Ezt a nézetüket a bécsi franczia követnek nagy nyiltsággal, sőt nagy szabadsággal vallották meg, később a vérmesebbek

* Vitnyédy István levelei, II. k. 157. l.

azzal a kijelentéssel, hogy készek magukat Lajosnak alávetni.[1]

Gremonville eredetileg nem a diplomata pályára készült. Katona volt s altábornagyságig emelkedett, a mikor egyszerre ura megbizásából és képviseletében Coligny hadaival a bécsi udvarhoz jött: de új tisztébe hamar bele tanult és született diplomatának bizonyult. Élénk, ötletes, vidor szellemével csakhamar az udvar és miniszterei kedvencze lett. Idegen létére, mint valami jó német, úgy viselkedett, asztalaiknál, vadászataikon, s mulatságaikban csaknem naponként összejött velük; éles szemmel, sok emberismerettel megfigyelte, egy-egy odavetett kérdéssel vagy elejtett megjegyzéssel meglepte és megszólaltatta őket, elleste beszédöket és titkukat.[2] A barátság és bizalmasság szine alatt ekként könnyen értesült Lipót flandriai és lengyelországi törekvéseiről, az udvar magyarországi czélzatairól, valamint a magyar főurak mély elkeseredéséről és koczkázatos háborgásáról. S bár természetüket változékonynak és állhatatlannak, erejüket gyöngének és eszközeiket elégteleneknek tartotta: a legelső alkalom adtával mégis szította elégületlenségüket és biztatta elkeseredésüket, abban a számításban, hogy Francziaország érdekeinek eszközeiül használja fel és játsza ki őket; mert úgy hitte, hogy Magyarország esetleges zavargása Lipót minden tervét az ő ura ellen egy csapással elronthatja és minden erejét lekötheti. S a nélkül, hogy sejtelme lett volna a Bonzi és Zrínyiek megbeszéléseiről, a versaillesi udvarban közvetve fokozta azok jelentőségét, abbeli véleményével, hogy gyors és hathatós segítség esetében Magyarországon soha kedvezőbb alkalom nem volt nagy változásra, mint most,[3] egyszersmind kiemelte, hogy a nagy vállalkozás vezetésére és kivitelére a leghivatottabb *Zrínyi Miklós*, sőt az egyetlen arravaló

1 *Monumenta Slavorum Meridionalium*, XIX. k. 16., 17. ll

2 *Ugyanott*, 14. l.

3 *Ugyanott*, 5. l.

ember nagy népszerűségénél és az érsekkel való barátságánál fogva;[1] mert Wesselényi ingatag, Nádasdy és Pálffy osztrák, ő a legtekintélyesebb és legképesebb — mozgalom támasztására. S igyekezett tájékozódni érzelmeiről, szándékairól. November 3-ikán, egész váratlanul és nagy meglepetésére elegendő tájékozást szerzett: a fiatal *Bethlen Miklóssal* ismerkedett meg. Bethlen a békekötés tudta nélkül azzal a czéllal indult el Erdélyből, hogy a háborúban hősünkköz csatlakozik és oldalán a vitézi szolgálatot, hadi művészetet tanulja, mert ő volt abban az időben a két magyar hazában a nagyrakelő ifjak hősi eszményképe,

34. BETHLEN MIKLÓS ALÁIRÁSA

kiről a székely bérczeken túl, Havasalföldön és Moldvában is csak tisztelettel és csodálattal beszéltek.[2] Útközben aztán értesült a szomorú fordulatról s az udvar ellen fölkelt izzó gyűlöletről, különösen Pozsonyban Lippay György esztergomi érseknél, ki igen kegyelmesen, majd minden nap asztalánál látta;[3] Sopronyban Witnyédy Istvánnál, ki őszinte bizalmára méltatta. E látogatásai után, lelkében a két találkozás benyomásával érkezett Bécsbe, hol első kötelességének tekintette, ha nem egyenes megbizásból, kétségtelenűl készséges fölhatalmazással, hogy Francziaország követét fölkeresse és az ingerült közhangulatról tájékoztassa. Elbeszélte Gremonvillenek, hogy Lippay annyira föl van a

1 *Ugyanott*, 9. l.
2 *Ugyanott*, 9. l.
3 Gróf Bethlen Miklós önéletirása, I. kötet. Pest, 1858. 324. l.

béke ellen háborodva, mikép kijelentette: inkább a bőrét nyúzatja le, semmint abba bele egyezzék.* Hazafias indítékain kívül a saját anyagi érdekei miatt is indulatoskodott, mert Érsekújvár átengedésével és a környező hódoltság terjedésével 50.000 tallér évi jövedelmet vesztett s az udvar hiában kecsegtette kárpótlásul 6000 tallér évi javadalommal, a pápai nuncius révén piros süveggel: egyre esküdözött, hogy engedni nem fog. S Bethlen elbeszélte Gremonvillenek, hogy Zrínyi Miklós hasonlókép annyira el van keseredve, mikép Witnyédy szerint kész az első kedvező alkalommal a békét megakadályozni és az udvaron bosszút állani. A lovag kapvakapott a hiren s fölkérte Bethlen Miklóst, hogy bővebb felvilágosítás végett utazzék tovább Csáktornyára és tudja meg a grófnak valódi szándékait: a béke megakadályozására micsoda alapon, micsoda eszközökkel számít, a főemberek és főurak közül kikkel van egyetértésben, s micsoda támogatásban bízik? S minderről tudósítsa tüzetesen, titkos kulcs szerint. Bethlen csakugyan november 6-ikán reggel útra kelt, hogy Gremonville megbízását teljesítse és hősünkhöz közeledését közvetítse; de Sopronyban Witnyédy házánál újra megállt, s onnan titkos betűvel, a megállapított elővigyázat szerint újra közölte a követtel: «Tervben van, hogy mindent elkövetnek, mikép az udvaron bosszút álljanak». A mire Gremonville régi velenczei ismeretsége czimén rögtön irt Witnyédynek, mintha csak udvariaskodva, semmiről sem tudva, értesítené Bécsben lételéről; voltakép pedig azért, hogy felbátorítsa az érintkezés megújítására, ha talán véle találkozni és előtte megnyilatkozni akarna, hogy ekként világosan láthassa szándékaikat és eszközeiket: mi hát a tervök, mi az a minden, a mit elkövetni, mi az a bosszúállás, a mit végrehajtani készek? Velencze követétől aztán megtudta, hogy az

* *Monumenta Slavorum Meridionalium.* XIX. k. 4. l.

esztergomi érsek levéliieg fölkérte, mikép a köztársaság ne kösse meg a pogánynyal a tervezett négy hónapos fegyverszünetet, mert ez *idő közben nagy lázadás üt ki Magyarországon;* hogy Zrínyi Miklós megigérte, közelebb feljő Bécsbe, mikép vele beszéljen, mert ha pénzt adnának, *új háborút lehetne kezdeni.**

Velencze követe szerint tehát, ki Gremonvillenek az érsek levelét is megmutatta, s ki hősünkkel a legbizalmasabb lábon állt, Lippay lázadásra, hősünk új háborúra gondolt; vagyis Lippay, mint Péter gróf, a mozgalmat lázadáson, hősünk új háborúval akarta kezdeni, hogy velenczei vagy franczia pénzen szedett haddal, s esetleg franczia segítséggel a törököt megtámadja, Lipótot zavarokba és bajokba sodorja, aztán bekövetkezhetik az elszakadás, a nemzetközi bonyodalmak fejlődésével. A dolog érdemére, végső czéljára egyetértettek, de a kivitel módjára eltértek egymástól. A bosszúállásnak az a módja, mely a heves és indulatos Péter gróf és az érsek fejében forog, merészebb, de koczkázatosabb, mert a belső fölkelés könnyen elfojtható; ellenben az a módja, melyet messzebb látó és politikusabb hősünk és Witnyédy kohol, meggondoltabb, de biztosabb, mert a külső bonyodalmakkal nehezebb elbánni; ott a mellett a személyek lépnek az előtérbe, itt a nemzetközi összeütközések.

Gremonville meg volt győződve, hogy gyors és hathatós segítség nagy fordulatot idézhetne elő, mert az elégületleneknek e mozgalom keltésére két igen erős és nevezetes ürügyük van: egyfelől az elfoglalt templomok visszakövetelése, másfelől az ország alkotmányos jogainak érvényesítése; az első miatt hozzájuk csatlakoznak a protestánsok, kiknek sérelmével hősünk egyetértett, a második miatt ama katholikusok, kik az érsekkel Magyarország közjavát immár

* *Ugyanott*, 8. l.

felekezetük érdekénél többre becsülték, mert a nemzeti romlást a saját kárukon érezték.[1] Gremonville ennélfogva biztatta a velenczei követet, hogy a köztársaság, melynek egy magyarországi háború a török lekötése által nagy hasznára válik, lássa el hősünket a szükséges összeggel: de az hazája pénztelenségére és kimerülésére hivatkozott és inkább franczia támogatásra czélzott. Molin e szabadkozásának hatása alatt a lovag, ura velenczei összeköttetéseiről még mindig nem tudva semmit, megírta november 23-ikán Versaillesbe, hogy az elégületlenek valamely hatalmas keresztyén fejedelem segítségére alig számíthatnak, még legkönnyebben sikerülne dolguk a törökkel, mely a császár és a nagyvezér között való kötés ellenére készségesen keresne ürügyet az egyezség felbontására, ha a magyarok fenhatósága alá vetnék magukat; s utasítást kért királyától magatartására nézve, ha vajjon ezen az alapon bele ereszkedjék-e valami tárgyalásba, vagy inkább valamely közvetett támogatás reményével kecsegtesse azokat, a kik közülök esetleg fölkeresendik?[2]

XIV. Lajos szemességet ajánlt követének, hogy mindent megfigyeljen, és óvatosságot, hogy kelepczébe ne kerüljön.[3] Mert Bécs nem az a hely, hol koczkáztatás nélkül ilyen tárgyalást vinni s ilyen összeköttetést fentartani lehetne. S a nélkül, hogy a velenczei megbeszélésekbe beavatta volna, egyszerűen jelezte, hogy *neki más*, *biztosabb esz-*

1 *Ugyanott*, 7—8. ll. Lippay ujabban, különösen a gyalázatos béke után, sokat engedett felekezeti merevségéből, főpapi hivatalos elfogultságából, hiszen czéljában a protestánsok nélkül nem boldogulhatott. Asztalánál a fiatal Bethlen Miklóssal (*Önéletirása*, I. k. 324. l.) a vallásról szép csendesen elvitatkozott, egész kedélyesen a fiatal főúrnak egyszer azt a kérdést vetette föl: Elkárhoznak-e mind a pápisták? Mire az felebaráti szeretettel megengedte, hogy a mint Luther előtt sok pápista üdvözült, úgy e név alatt most is sokan üdvözülhetnek. Sőt a veszedelmes helyzetben a vakbuzgó Lipót is hajlandóságot mutatott a templomok visszaadására, illetve oly bizottság kiküldésére, mely az elfoglalt templomokat kijelölje s e munkálatát a jövő országgyűlés elé terjeszsze elfogadás és helybenhagyás végett, de aztán a jó szándékkal felhagyott. ACSÁDY: Magyarország története I. Lipót és I. József korában. (*A Magyar Nemzet Története*, VII k. 204. l.)

2 *Mon. Slav. Merid.*, XIX. k. 8. l.

3 *Ugyanott*, 9. l.

közei vannak, ha majd alkalmazni akarja őket, a magyarokkal megértetni, mi lenne az ő szolgálatára. Egyelőre okossággal, tettetéssel éljenek, különben soha sem szabadulnak meg szenvedéseiktől; ha egyszer látni fogják, hogy Lipót más terveket, főleg ellene való terveket forral, akkor tisztességgel, szerződése megszegése nélkül, támogathatja őket; akkor kész ügyük előmozdítására és új királyuk eltartására pénzzel szolgálni, ha a választáshoz nyúlnak. Zrínyi grófnak is ugyanezt a tanácsot adatja, hogy az eljárás mindenben egyöntetű legyen.*

Lajos az egész egyezkedést Velenczében, a Bonzi kezében akarta összpontosítani, ki utasítása szerint a kapucinustól megtudta, hogy a Zrínyiek a béke után nemcsak megmaradtak szándékukban; de még inkább megerősödtek benne; hogy Péter gróf annyira türelmetlenül várja Magyarország ingerült hangulatának közepette a király válaszát, mikép feleségével kétszer kérdezősködött utána, jelentve, hogy kész Buccariba, onnan Velenczébe jönni a tárgyalás személyes vezetésére. A püspök azonban ura kivánságainak közlése mellett megüzente a grófnőnek, hogy férje Velenczébe ne jöjjön, mert könnyen feltünnék; hanem a kapucinus helyett, ki a dolog előhaladása miatt, lelkiismeretének megnyugtatása végett, a legnagyobb titoktartás igéretével a további közvetítéstől visszalépett, küldjön hozzája teljes hatalmú megbizottat. Arról szó sem lehetett, hogy a horvát nyelvbeli járatlanságánál fogva a grófnővel maga érintkezhessék. A grófnő nevében, de a két gróf meghatalmazása nélkül, mert ez Magyarországból ilyen egyszerre megszerezhető nem volt, csakugyan megjelent Bonzinál az asszony egyik kisérője, tekintélyes és vagyonos nemes ember, kinek megbizhatóságáról rokoni kötelékei és anyagi érdekei kezeskedtek: felesége a Zrínyiek atyafiságához tar-

* *Ugyanott*, 13. l.

35. XIV. LAJOS FRANCZIA KIRÁLY.

tozott, 10,000 tallért érő birtoka a Péter gróf uradalmainak földjén esett; a grófnak ennélfogva főember szolgája, híve, bizalmasa volt, kit a velenczei út titkába is beavatott. S az eddigi ajánlat ismétlése után meglehetős zavaros írásban előterjesztette, hogy a *Zrínyiek czélja Lajos protektorátusa alatt Magyarország felszabadítása és új király választása*, mert különben teljesen elvesznek, házájukkal, gyermekeikkel rabszolgaságba esnek, ha tovább is Lipót uralmában maradnak; ki nemcsak elhagyja s igazságtalansággal halmozza el őket, de kezüket is megköti és lehetetlenné teszi nekik, hogy bátorságukat, vitézségüket a honnak és keresztyénségnek szolgálatában kimutassák, pedig árulás és rossz szándék nélkül tennék, hogy az egész világ dicséretét kiérdemeljék. Czéljuk kivitelének módját és követelésüknek mivoltát ugyan bevallása szerint nem ismerte, de általánosságban kifejtette, hogy Lajosnak hadat kellene küldeni Buccariba, egyszersmind pénzt katonaszedésre Horvátországban, mert a Zrínyiek a hosszú háborúban kimerültek, másként anyagi segítséget nem kérnének. Hisz a siker érdekében minden áldozatra készek. Péter csak azért tartotta meg a horvát végbeli csapatok alkapitányságát, hogy a katonaságot tervére felhasználhassa, s egy török basa 200,000 tallérnyi váltságdíját szintén e végre szánta. Az egyesült franczia és iratos haddal aztán, meg a végbeli vitézlő néppel, összesen mintegy 40,000 emberrel a török földre, vagyis a hódoltságba törnének, új háborút kezdenének, a mitől nagy dolgokat várnak. Miket? Kétségtelenül, hogy az új háború Lipótot zavarokba, bajokba sodorja, aztán következhetik az elszakadás, nemzetközi bonyodalmak fejlődésével. S az új állapotban a Zrínyiek maguknak valami előkelő hivatalt kivánnak, *a koronát Lajosnak ajánlják.**

* *Monumenta Slavorum Meridionalium*, XIX. k. 245., 246. ll.

Szóval ez a nemes ember Francziaország velenczei követe előtt a török megtámadásáról, *új háború inditásáról* beszél, épen úgy, mint a hogy hősünk Velencze bécsi követének beszélt; a mi nyilván bizonyítja, hogy a velenczei és bécsi tervezgetés között összefüggés van, s a míg egyfelől kölcsönösen megerősíti egymást, addig másfelől igazolja azt az állításunkat, hogy Péter gróf a Miklós gróf tudtával s egyetértésével közeledett Bonzihoz és általa XIV. Lajoshoz, és a testvérek *eredeti* megállapodása csak a török megtámadására, a háború megújítására szólhatott, mint czéljuk kivitelének módjára; hogy Péter is a megállapodást hivével, ezzel a nemes emberrel, otthon ebben az alakjában közölte; s a kivitel merészebb és koczkázatosabb módját, a *lázadást*, heves és indulatos vérének sugallatát, vagy az érsekkel kieszelt változtatást csak feleségének emlegette.

Bonzi az előterjesztésre hasonlókép csak általánosságban felelt. A Zrínyiek jövőjére nézve megjegyezte, hogy csak tőlük függ, mikép a legszebb állást nyerjék el;[1] a török megtámadása, az új háború inditása helyett azonban azt kivánta, hogy lázadást keltsenek, mert attól tartott, hogy Lipót a háborúban a török dühének és boszújának szabadjára hagyja őket, s az egész mozgalom dugába dől, mielőtt királyának használna. A nemessel úgy végzett, hogy az három hét mulva a két gróf teljes felhatalmazásával és részletes követelésével visszatér Velenczébe s akkor tüzetesen ki fogja mutatni, hogy lázadás és elszakadás esetében miképen tudnának akár maguk közül, akár idegen házból királyt választani? Mert meg akart győződni, a mint Lionnenak az értekezlet után, november 15-ikén irta,[2] hogy vajjon chimærákról vagy szilárd alapon épülő tervekről van-e szó, s csakugyan lehetséges-e Magyarországon oly párt ala-

[1] *Ugyanott*, 249. l. [2] *Ugyanott*, 247. l

kítása, mely alkalmilag XIV. Lajosnak hasznára lenne. Az ő legjobb tudomása szerint a Zrínyiek tekintélye nagy és általános; de figyelmeztette urát, hogy talán bővebb tájékozást nyerhetne róluk katonatiszteitől, kik Magyarországon jártak, s követei révén, kik Németországban tartózkodnak.[1] Nehány nap mulva már maga is jelentette, hogy a Zrínyieknek Magyarország alsó részeiben oly erős a hatalmuk, hogy 8000 embert a saját jobbágyaikból lábra állíthatnak, a környező hódoltságból pedig, a hol sok a keresztyén, 20—25,000 lovast könnyen kaphatnak, kik a zsákmány reményében első felhívásukra, az első jelre lobogóik alá gyülnek.[2]

S hogyan fogadta XIV. Lajos Bonzi ez újabb jelentéseit? Követe eljárását teljesen helyeselte, az ajánlat nagy jelentőségénél fogva azonban mégis meghagyta neki, hogy a nemes ember visszatértekor, a Zrínyiek bármi előnynyel kecsegtessék, semmit addig el ne fogadjon és el ne határozzon, a míg ő eléje nem terjesztette és az ő rendeléseit meg nem kapta. Annyit már most eleve kijelentett, hogy két dolgot, melyet úgy látszik, reá nézve különösen kedvezőnek tartanak, határozottan utasítson vissza: és pedig *a török ellen való kötelezettséget és az ő királylyá választását*, mert a mint jelenleg a világ ügyei állanak, sem az egyik, sem a másik az ő érdekének meg nem felel.[3] Vagyis sem háborúba a törökkel, a mi a Zrínyiek egész mozgalmának alapföltétele volt, sem szorosabb szövetségre, a mi bármiben terhelte volna, lépni nem kivánt, még a korona árán sem. Lajosnak egyéb nem kellett, mint *zavar*, melylyel kellő időben a Lipót flandriai vagy lengyelországi számításait megsemmisítheti.

Hősünknek azonban Csáktornyán a király e titkos szándékáról tudomása nem lehetett, mert a mire Bonzi újabb

1 *Monumenta Slavorum Meridionalium*, XIX. k. 246. l.

2 *Ugyanott*, 247. l.

3 *Ugyanott*, 249. l.

jelentései Versaillesba értek és Lajos utasításai megjöttek, hetek teltek el; sőt a velenczei tárgyalások részleteiről sem értesülhetett, mert Péter grófné csak november 14-ikén indult haza és meghittje csak a következő napon.[1] Hősünk még bízott a király megnyerésében és hadi segítségében, s bízott Velencze erkölcsi és pénzbeli támogatásában, szóval a háború megújulásában, a miről Molinnak írt. S Velencze valóban óhajtotta és javallta a háborút, mert a magyarországi új bonyodalmak az ő baját könnyítették volna meg. Hisz a diplomácziának, akár franczia, akár olasz volt,

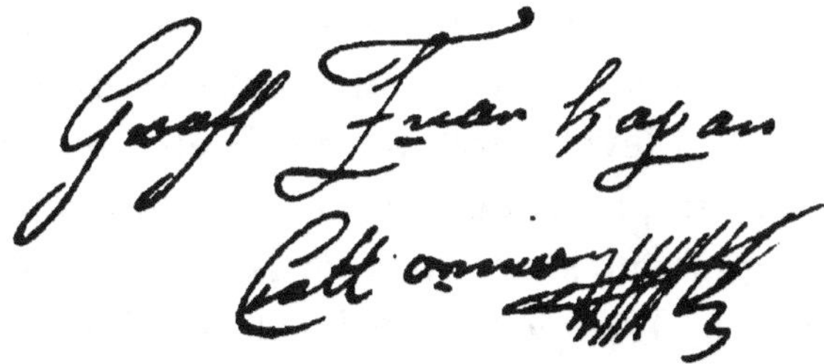

36. GRÓF ZRÍNYI PÉTERNÉ ALÁÍRÁSA.

czélja csak egy volt: az elégületlen magyarok fölhasználása, eszközül való kijátszása a német vagy török ellen. Sőt Velencze a maga érdekében szívesen vette volna, *ha Magyarország királyi székén Zrínyi Miklós ül*, a pogány legfélelmesebb ostora, mert a köztársaság annyival könnyebben felszabadul a hevesebb támadás, sőt talán minden támadás alól. Azért Molin még november első felében ismételve fölkérte Gremonvillet, mit ez urának rögtön mind a kétszer jelzett: hogy működjék vele közre és beszélje reá hősünket, *miképp álljon a magyarok élére és választassa magát királyukká.*[2]

Zrínyi Miklós valószinűleg ismerte a velenczei követ ebbeli törekvését, s nem egyszer hallgathatta rábeszélését,

[1] *Ugyanott*, 246. l. [2] *Ugyanott*, 5, 8. ll.

ezt a régi dalt a régi reménységről; hiszen tudjuk, föltétlen bizalommal érintkeztek és az új háborúról is értekeztek: de eszélyből, ildomból, hazafiságból és önzetlenségből maga előbb XIV. Lajosra gondolt, kinek nagy hatalma a siker biztosítékául igérkezett. S a király válaszáig várt és tervezett. Mellette voltak: *Gusich Miklós*, az udvari kapitánya, *Zichy Pál*, a kamaraelnök fia,. s odaérkezett várába november 13-ikán *Bethlen Miklós*, a Gremonville megbizottja, ki a franczia lovag érdeklődéséről, rokonszenvéről iránta csakhamar bizalmasan értesítette. Hősünk a fiatal vendéget családjáért, a nagy Bethlen Gábor emlékénél fogva, «érdeme felett» megbecsülte, önmagáért, hazafias rajongása és titkos küldetése miatt megszerette, belső körébe vette és tervébe avatta.[1] S levelet íratott véle Gremonvillenek, hogy a bécsi értekezletre, a békekötés meghallgatására, november 25-ikére fel fog menni, s meg fogja őt látogatni; *addig is bízzék meghittjében*, *Witnyédyben*,[2] kiről Bethlen, úgy látszik, azt a hírt hozta, hogy a lovagot fel szándékozik keresni, mert mihelyest tőle a nevét és Bécsben lételét hallhatta, a régi ismeretségnél fogva nyilván alkalmas közvetítőnek tekintette a velenczei tárgyalások gyorsabb befejezésére. Witnyédy azonban meggondolta a dolgot és egyszerre Csáktornyán termett; valószinűleg azért, hogy előbb urával értekezzék. Vagy talán nem is a maga elhatározásából, hanem ennek rendeletére jött? És Zrínyi Miklós a maga hívének meg a Gremonville megbizottjának társaságában kétségtelenül nem egyszer beszélt a franczia és velenczei összeköttetés tervéről, hiszen mind a kettő egyenest e végből kereste föl; s maga ezért készült a székvárosba, a mire különben az udvar és király egyiránt szólongatta. Mert belső titkos tanácsos létére nemcsak a szokott nagypecsétű latin meghagyással hívták, de a Lipót sajátkezű német levelével is, a kis titok-

1 BETHLEN MIKLÓS Önéletirása, I. k. 326., 325., 148. l.

2 *Monumenta Slavorum Meridionalium* XIX. k. 10. l.

pecsét alatt, melyet ép ez idétt futár hozott várába. Bethlen szerint ez a kettős hívás gyanús volt előtte.[1] De állítása alig lehet egyéb tévedésnél. Mert azzal az udvar és király csak az értekezletet akarták biztosítani. Hiszen egész Magyarország lázban volt, a főurak engedetlenkedtek, októberben megtagadták ama kivánságnak teljesítését, hogy a béke megbeszélése végett Bécsbe fölmenjenek; országgyűlést kértek Pozsonyba, s a mikor szóval megnyerték, de valósággal meg nem kapták, Lipót újabb sürgetésére, november 25-ikére csak azon föltétel alatt igérkeztek föl, hogy semmi határozatot nem hoznak, csak az előterjesztést hallgatják meg.[2] S még e kikötés után is vonakodtak: Wesselényi könyörögve kérte a felséget, hogy betegen és rosz időben olyan messzi útra ne fáraszsza és végzett dologról tanácsba ne hívja;[3] Zrínyi eleinte habozott: fölmenjen, ne menjen? S Lippay érsek, kit tanácsa felől megkérdezett, ingerült kedvvel felelte: ő bizony nem megy, nehogy egymással szembesítsék és esetleg megvallassák.[4] Az országnak és nagyjainak ilyen hangulata mellett természetesen megindult és járt a futár a kis titok-pecsétes levelekkel, vagyis a király saját kezeirásával: a bánhoz, az érsekhez, a nádorhoz, pedig Wesselényi kétséget maga iránt még nem támasztott.[5] A kettős meghívás tehát nem lehetett gyanús, hanem titkos összeköttetése, a kétségbeesés és boszúállás sugallta terve fölfedezésének lehetősége jöhetett szóba valami kósza hírek nyomán: hátha maga esik verembe, mielőtt másnak megáshatta volna? S Witnyédy le akarta útjáról beszélni, de azt felelte szavaira: «Conscia mens recti

1 BETHLEN MIKLÓS Önéletirása, I. k. 326. l. A *Handbrief* szóban semmi gyanússág vagy félelmetesség nem lehetett, mert a Handbrief vagy Handbillet nem volt egyéb, mint a király sajátkezű levele vagy levélkéje.

2 *Monumenta Slavorum Meridionalium*, XIX. k. 7. l.

3 *Wesselényi Lippay György esztergomi érseknek* 1664 október 31-éről. Országos Levéltár, Wesselényi-levelek.

4 *Monumenta Slavorum Meridionalium*, XIX. k 7 l.

5 *Wesselényi Lippay György esztergomi érseknek*, 1664 október 31-éről. Országos Levéltár, Wesselényi-levelek.

famæ mendacia ridet: a jó lelkiismeret neveti a mendemonda hazug híreit. Semmit sem vétettem, ha veszek, ártatlanul, tisztességesen, az igazságért, nemzetemért veszek hogy azt a törökkel való gyalázatos békeséget nem javallom, melyben nem voltam egyedül.» Az ő legjobb meggyőződése szerint semmit sem vétett, mert a nemzet veszedelmére kötött gyalázatos békeségről való felfogásában és megakadályozására czélzó törekvésében jogos és törvényes alapon állt, egyenest az alkotmány: az *Aranybulla* 31-ik czikke és a *Hármaskönyv* I. részének 9-ik czíme szolgáltatta kezébe a fegyvert, melylyel a hűtlenség vétke nélkül ellenszegülhet. Elhatározta tehát önérzetes elszánással és férfibátorsággal, hogy fölmegy, a mint Molinnak jelezte és Gremonvillenek megiratta; de úgy végezte el, hogy csak postán, kocsikon megyen, Zichyvel és Bethlennel, Witnyédy nélkül, hisz ennek útja az ő fölmenetele miatt fölöslegessé lett; kívülök legfölebb egy inast, diákot és szakácsot viszen magával, Bécsben úgyis elég szolgát talál.*

Bécsben, úgy látszik, szolga mindig elég akadt, mert a ki a Lajthán innen úr volt is, a Lajthán túl legtöbbje annak is szolgává vedlett! . . .

Hősünk megtette előkészületeit, hogy november 20-ikán indul; de a kegyetlen sors, Magyarország mostohája, másként rendelkezett. Szép őszi idő levén, szórakozásul vendégeivel mindennap vadászni járt; 18-ikán is, ebéd után, kimentek a kursaneczi, ma Zrínyifalvi erdőbe, hintón, volt ugyan paripa is. A hintóban Zrínyi mellett hátul balfelől Bethlen ült, elől szemben Witnyédy, ez a két beavatott embere, s az úton egy mesét mondott nekik, a mint következik:

. . . «Egyszer egy embert az ördögök visznek volt. Találkozik egy barátja szemben véle, kérdi: Hová mégy kenyeres? Nem megyek, hanem visznek. Kik s hová? Fele-

* BETHLEN MIKLÓS Önéletirása, I. k. 327. l.

lék az ördögök: Pokolba. Mond emez: Jaj, szegény, ugyan roszúl vagy, kinél roszabbúl nem lehetnél. Felele: Roszúl bizony, de mégis lehetnék én ennél is roszabbul. Melyre emez álmélkodva: Hogy lehetnél roszabbúl, hiszen a pokol mindennél roszabb. Felele: Úgy vagyon az, de most mégis visznek ők engemet, noha pokolba, de a magok vállán, hátán, hogy már nyugszom addig; de hátha megnyergelnének, magokat is velem vitetnék, mégis úgyis csak azon pokolba mennék, hiszen roszabbul volnék úgy ennél is.*

Ime a mese példázatul Magyarországra, Erdélyre, és a törökre, németre. Hősünk nem is gyanította, hogy hattyúénekét mondta el, mert három óra múlva a század legnagyobb magyar hőse és költője elvérzett a végzetes vadászaton.

De hadd beszéljen Bethlen, a hiteles tanú:

... »Nó, elmenénk vadászni. Zrínyi levetvén a nagy, bő csizmát, melyet a telekes bocskorra is felvonhatott, maga puskával beméne, és szokása szerint csak egyedül bújkálván, löve egy nagy erdei disznót, a gyalogok is lövének egyet a szállónál s vége lőn a vadászatnak. Kisereglénk a hintóhoz, az úr is, hogy immár haza menjünk; estefelé is vala. Azonban odahoz a végzet egy Paka nevű vadászt, ki mondá horvátul: én egy kant sebesítettem, mentem a vérin, ha utána mennénk, elveszthetnők. Az úr mindjárt mondá nekünk Zichyvel ketten, látván, hogy el akarunk véle menni: öcsém uraim, kegyelmetek csak maradjon itt; Witnyédynek, Gusich kapitánynak: csak beszélgessen itt kegyelmetek, öcsém uraimékkal, csak meglátom, mit mond ez a bolond, t. i. Paka, mindjárt visszajövök. Csak bocskorban lóra kapott, rövid puska kezében, Paka után nyargala, egy szárd Majláni nevű ifjú gavallér, Gusich öcscse inasa, meg egy Angelo nevű kedves olasz inasa és a lo-

* *Ugyanott*, 328. l.

vász nyargalának utána; mi ott a hintónál beszélgeténk. Egyszer csak hamar ihol nyargal Gusich, mondja a bátyjának: hamar a hintót, oda az úr. Menénk, a mint a hintó nyargalhat és osztán gyalog a sűrűbe befuték én, hát ott fekszik, még a bal kezében, a mint tetszett, az ütőér gyengén vert, de szeme sem volt nyitva, sem szólott, csak meg-

37. EGYKORÚ KÉP ZRÍNYI HALÁLÁRÓL.

hala. Majláni így beszélte, hogy a mint Paka után bément a disznó vérin az erdőbe, a míg ők a lovakat kötözték, csak hallják a jajszót; Paka szava volt. Majláni legelébb érkezék, hát Paka egy horgos fán, az úr arczczal a földön, s a kan a hátán; ő hozzá lő, elfut a kan, érkezik Gusich és Angelo, az úr fölkél és mondja: rútul bánék vélem a disznó, de ihol egy fa (melyet csatában is magával hordozott zsebébe), állítsátok a sebnek vérit véle, az arra igen jó. Eléggé próbálták véle, de hijába, csak elfolyt vére, először ülni, azután hanyat fekünni, végre csak meg kelle

EGYKORÚ KÉP ZRÍNYI MIKLÓS HALÁLÁRÓL.

(Ernst Lajos gyűjteményéből.)

halni, mert a fején három seb vala: egy bal felől a fülén feljül a feje csontján ment csak, és a kannak agyara a homloka felé szakasztotta rútul a feje bőrit; más ugyan a bal fülén alól az orczáján, a szeme felé, rút szakasztás; de ez a kettő semmi, hanem a harmadik jobb felől a fülén alól a nyaka csigájánál ment bé s elé a torka felé ment és a nyakrajáró minden inakat kettészakasztotta; az ölte meg, a vére elmenvén; volt a kezén valami kis körömcsölés, de a semmi sem volt. Rettenetes sírás lőn az erdőben, a legalább való, csak a gyermek is siratta. Azt akarják vala, hogy én vigyem a hírit a feleségének, de én, mint új esméretlen ember, elvetém magamról Zichy Pálra. Fogók a testet és a mely kétfelől erősztős hintón kimentünk volt, abból az üléseket kihányván, abban nyújtóztatók, és én az ablakban ülék és hazáig fejét, mejjét tartottam. Otthonn fejér bársonydolmányba öltöztették és aztán eresztették a feleségét hozzája, a ki eszén sem volt búvában. Igy lőn vége Zrini Miklósnak; csuda, olyan vitéz sem lőtt, sem vágott a kanhoz, puska, kard lévén nála» . . .[1]

Bécsben pedig már ekkor ideges izgalommal készültek az értekezletre. Perczről-perczre várták az érseket és a nádort, meg a többi főurakat, különösen hősünket, kinek végzetes vadászatáról és szerencsétlen haláláról futár hozta meg a hírt november 24-ikén.[2] Az udvarban egyszerre másról se beszéltek s a külföldi államok követei a gyászos eseményt sietve jelentették meg haza, a részvét és döbbenet hatása alatt fölvert képzelettel, csodás színezéssel, apró részletezéssel, mintha maguk is épen ama siralmas erdőn jártak volna! Mert a hír szava minden lépéssel, minden közvetítéssel nő és változik.

Gremonville 27-ikén hallotta és azonnal két levélben, két úton, Itálián és Flandrián keresztül, irta meg urának,

1 *Ugyanott*, 328—330. l.
2 *Monumenta Slavorum Meridionalium*, XIX. k. 8., 9. ll.

csakhogy az minél előbb és minél biztosabban értesülhessen róla. «A mint Zrínyi Miklós vadászik vala», — írja a lovag, — «mondják neki, hogy egy nagy sebesült vadkan megölt egy parasztot és megsebesített egy vadászt. Hát elfogja a türelmetlenség, hogy kövesse és megölje, s csak egyetlen inas kiséretében megindul utána. A mint közel a bokorhoz ér, lováról leszáll, s kezében puskával behatol a sűrűbe; a dühödt vad nekirohan s leüti lábáról; inasa lőni akart, de fegyvere nem sült el. Kissé később emberei összefutottak, kiktől az állat megijedt és megszökött, otthagyva a grófot, ki *hét* sebtől vérzett, a legveszedelmesebbtől a nyakán aztán elvérzett. Emberei sírva lábra állították, ő vigasztalva szólt nekik: nem lesz semmi baj, de abban a perczben lelkét kilehellte. Íme a vége ennek a nagy alaknak, ki akkora elismerést szerzett.»[1]

Molin hasonlókép 27-én jelentette a velenczei köztársaságnak a különös és fájdalmas, az egész keresztyénségre legkárosabb veszteséget, hogy Zrínyi Miklós meghalt a legboldogtalanabb és legszerencsétlenebb halállal, mely történhetett. Szórakozásul néhány emberével kiment vaddisznóvadászatra. Lődöztek . . . A sűrűből 12 vadkan tört elő, az egyik, szörnyű nagy, legelől futott. Miklós gróf csak egy inasával és egy lovászával utána vetette magát, megparancsolta embereinek, hogy a többi 11-re essenek. Az a szörnyű nagy állat egy közeli sűrű bokorba rejtezett. A gróf leszállt lováról, karddal és pisztolylyal kezében a sűrűbe hatolt és lövéssel megsebesítette a kant. Az a golyótól dühödve a grófnak rohant, földre taszította, lábszárain, czombjain, mellén és fején megsebesítette. Inasa és lovásza fölemelte és *hét* sebtől vérezve egy fa alá vitte, hol mellét verve és bűneit emlegetve lehellte ki lelkét.[2]

1 *Monumenta Slavorum Meridionalium*, XIX. k. 10., 11. ll.
2 MOLIN ALAJOS velenczei követ jelentése november 27-ikéről, dr. KÁROLYI ÁRPÁD gyűjteményében.

Carafa 29-ikén tudatta a pápával, hogy oda Zrínyi Miklós, ki annyi vitéz tettével örökítette meg nevét. A mult héten, *kedden*, több barátjával vaddisznó-vadászatra ment. Egy szörnyű nagy vadkant követendő, mely az erdő sűrűjébe hátrált, leszállt lováról, szolgáit a sűrűn kívül hagyta, s egyedül megindult az állat ellen, mely golyótól sebzetten akkora dühvel rohant neki, hogy a földre ütötte, megsebezte a nyakán és fején, mintegy pillanat alatt megfosztotta életétől a nélkül, hogy a saját szolgái segítségére futhattak volna, kik csak sokkal később érkeztek a lármára és oly időben, a mikor már alig szólhatott néhány szót. «Nem vagyok képes híven leírni», ekként zárja be tudósítását a nuncius, «azt a szomorúságot, a mit az udvar és az egész nép érez annak a nemes lovagnak és vezérnek elvesztésén és halálán, ki a maga rendkívüli vitézségével olyan rettenetessé tette nevét, hogy a törökök ennek a szerencsétlen esetnek talán inkább örülnek, mint a reájok nézve oly előnyös békekötésnek.»*

Wesselényi Ferencz 30-ikán közölte a szerencsétlen eset hírét Rottal gróffal, ki deczember 11-ikén értesítette arról Apaffy Mihály fejedelmet. «Ez elmult kedden mult egy hete», — írja a nádor, — «az az vitéz horvát Bán valami vadászitul berekesztetött erdei disznók vadászatira kimönvén, egyet meglőtt közülök s az mely legnagyobb disznó volt közülök, kiszaggatván az hálót előbb, ment az erdőbe; ő szegény egy puskával le szálván lovárul, az kopók czihára bement a kopók után, és így nagyvéletlenül rárohanván az kopótlan bestia, nagy sebeket ejtett rajta, ugyanazon marczongtató sebekben az nagy kemény vitéz úr talpra állván, szolgáit biztatta: Semmi sem, úgymond, fiaim, hozzátok el az hintómat. Míg az hintóját elhozták, megbágyadván lefeküdt és ugyanottan szörnyű halált holt és egy ilyen

* *Történelmi Tár*, 1894. évf. 581., 592., 593. ll.

véletlen és képtelen halállal mult ki az az dicséretes vitéz, kinek lelke üdvözüljön, kivánom».*

Mindezen híreket kétségtelenül az udvar köréből nyerték, de Gremonville és Molin, valamint Wesselényi a mellett értesülhettek hősünk híveitől, Bethlentől és Witnyédytől is.

Tudósításuk lényege teljesen egyezik, csak a színezésben, részletezésben tér el egymástól: ennélfogva a lényeg igaz volta kérdésbe nem jöhet; mert minden esetleges kétséget megczáfol és megdönt az a dolog, hogy érdemileg hasonlóképen írnak és szólnak azok is, közel és távol, kik az udvar körén és befolyásán kívül éltek.

Esterházy Pál, hősünk kedvencze, ki a gyászesetet a szeretet melegével Magyarországra óriási bajnak, örök siralomra méltónak mondja, panaszos megütközéssel hozza fel, hogy a legvitézebb hős, mint második Belizár, ellenségeinek nevetség tárgyaként vonult vissza Csáktornyára és vigasztalást a vadászatban keresett. A szigeten elszaporodott vaddisznókra vadászni ment és embereivel többet megölt. Egy kiváló nagy kant a körülötte állók meglőttek, de az tovább menekült és a sűrűségbe rejtezett. A mint Zrínyi a heves üldözés közben a fekvő vadat meglátta: leszállt lováról, bátran megtámadta; nem is sejtette, hogy a halálba megy, mely eddig kerülte. Mert a mikor le akarta szúrni, az a kíntól dühödten annyira megsebezte lábát, hogy megállani nem bírt, a lerogyottat aztán agyarával úgy összemarczangolta, hogy félholtan maradt ott; de az erőslelkű férfiú még ekkor sem törve meg, vadászkésével keresztül döfte ellenét, mely még elfutott ugyan, de csakhamar elhullt. Másnap megtalálták és Csáktornyára szállították. Zrínyi pedig, a magyarok reménye és törökök réme félholtan feküszik vala, mikor szolgái reátaláltak: Jézus és

* *Hadtörténelmi Közlemények*, III. k. 708. l.

~~[illegible]~~ diuendo quodam ululatu
gravem respondit: nec mora des-
cendens ex Equo Zrinij Aprum solus
generose aggreditur, ignorans
qui mortem se irruisse hactenus
semper fugiendam. Dum ipse
~~hos~~ Belluam ferire conatur,
ecce ex insperato proh dolor!
ab Apro rabie iam pro ululan-
rum dolore laborante momento
qui dextro pede vulneratur,
adeo, ut statim respirato, pros-
tratum ergo fatalibus dentibus
adeo dilaniat, ut semimortuum
relinquendo

38. A MARS HUNGARICUS ZRÍNYI HALÁLÁRÓL SZÓLÓ RÉSZE.

Mária nevének kiejtése után visszaadta örök dicsőségre méltó lelkét teremtő Istenének.

Ime, ez volt vége ama nagyhirű férfnak, Zrínyi Miklósnak, folytatja tovább, kihez hasonló harczost a török ellen, még ennek bizonysága szerint is, nem látott századunk és bár látna a jövőben. Siratta *Magyarország az ő elvesztett Marsát*, gyászolták a vezérek az elvesztett atyát, megkönyezték mindannyian az ő szerencsétlenségét; csak versenytársai és az ostobák örültek rajta, s a törökök is a kanizsai és többi végvárakban halála hírét ágyúzva, örömlövésekkel üdvözölték.[1]

Mogosich Mátyás légrádi plébános a Bánffyak naplójába röviden szintén bejegyzi, hogy Zrínyi Miklós grófot a vadkan ölte meg. Ott, a szomszédságban, kétségtelenül valamely vadásztól vagy hajtótól hitelesen kellett hallania.[2]

Gusich János, Árva vármegye alispánja és Thököly István meghitt embere, Gusich Miklósnak, hősünk udvari kapitányának és vadásztársának rokona, bizonyosan ennek leveléből értesülve, megilletődéssel írja oda naplójába, november 18-ikán:

«Örökké siratni való és váratlan történet Zrínyi Miklósnak, a legjelesebb hősnek, sőt az egész keresztyénség védelmezőjének, ki szórakozásból vadászott, megöletése egy vadkan által. Ime, miképen hal el az igaz, és senki sem gondolja meg. Az igaz férfiak elvesznek, a hősi tettek emléke azonban megmarad és örökké virágzik».[3]

A szerencsétlenség híre a külföldi államok követeinek jelentéseivel Bécsből gyorsan terjedt tovább.

Velenczébe *Bonzi*, Beziérs püspöke, deczember 6-ikán hallja meg és közli legott Lionneval, hogy a grófot egy vadkan megölte, közli annak a meggyőződésének kifejezé-

1 *Mars Hungaricus*. Budapest, 1895. 83—85. ll.

2 *Tudománytár*, IX. kötet. Buda, 1841. 324. l.

3 *Történelmi Tár*, 1889. évf. 445. l.

Nidergelegte Christliche Tapferkeit.
Das ist:
Schuldige Klagred/oder Leich=vnnd
Ehrn=Predig von dem Christ=ritterlichen Leben
vnnd von dem vnvermuetlichen hochbetrüblichen
doch seeligen Ableiben
Weyland
Ihr Hochgräflich: Excellentz
Deß Hoch= vnnd Wolgebornen Herrn/ Herrn
NICOLAI
Grafen von Serin/
Der Röm: Kays. Mayt. geheimen Rath/ Cam=
merern/ Rittern deß guldenen Fluß/ Genr. Feld=Wachtmei=
stern/ in Dalmatien/ Croatien/ vnd Sclavonien Ban/ Obristen
Span=der Spanschafften Symeh vnd Zheladt/ Auch durch das Königreich Hun=
garn Obristen Stallmeistern/ vnd bestelten Ober=Hauptmanns zu
Segrat/ vnd in der Insul Muraköeß
Welche
Zu München in der Churfürstl. Residentz=vnd Hauptstatt deß
Hertzogthumbs Bayrn/ den 6. Tag Christmonats an dem Hoch=
feyrtäglichen vnserer Churfürstl. Kirchen= vnd seines Namens H. Patro=
nen Fest St. Nicolai bey Volckreichem Gottsdienst auff der
Cantzl mit lebhafften Worten hat beygebracht
Zu erzeigung seiner schuldigen Danckbarkeit
Der
Ehrwürdige P. F. Andreas von S. Theresia Bar=
füssiger Carmeliter/ vnd Ordinari=Prediger
Mit verwilligung der Obern.
Getruckt zu München/ bey Lucas Straub Buchtruckern.
Bey Johann Wagner Buchhandlern allhie zufinden.
Im Jahr/ 1664.

39. ANDRÁS MÜNCHENI KARMELITA GYÁSZBESZÉDE ZRÍNYI MIKLÓS FÖLÖTT.

sével, hogy *Bécsben bizonyosan nem fogják annyira sajnálni*, mint a szigetek városában, s a mint általában megérdemli. Az elhúnyt Magyarország leggazdagabb és legtekintélyesebb főura volt; Péter gróf, ki indulatosabb és ingerültebb nála, kétségtelenül eztán is megmarad szándékában, de a püspök már eleve kétségesnek tartja, vajjon a bátyja halála nem fosztja-e meg a kivitel minden lehetőségétől. «Épen össze kellett volna jönniök», zárja be tudósítását, «Péter gróf várában, az ő felesége visszaérkezésekor, kitől nem sokára levelet kell kapnom. Majd elválik, ha ez a szerencsétlenség nem fordítja-e meg a dolgok állását?!»[1]

Münchenben *András* karmelita barát, Bécs fő- és székvárosának rendes hitszónoka, hősünknek személyes ismerőse, hasonlókép már deczember 6-ikán emlékezett meg róla. A bajor udvar vendégeként az özvegy fejedelemasszony, Ferdinánd anyja kérésére a Szent-Miklós-székesegyházban, a szent ünnepe alkalmából dicsőítő halottas beszédben magasztalta nevét és érdemét, mert a legkitűnőbb vezér, legvitézebb katona, legbajnokabb lovag, legnagylelkűbb hős volt, maga a győzhetetlen *Achilles*, kihez számos német vezér iskolába járhatott volna. Mégis hogyan veszett el? Szeretetének és rajongásának heve egyszerre versbe csap s pattogó rímekkel adja meg a választ:

Ejjel-nappal lankadatlan
A törökkel küzködött,
S éltét, vérét ontva gyakran
Győzött minden vész fölött.
Jó Zrínyi gróf mégis oda!
Tudakozod, hogy mikép?
Utoljára (Ah, mily csoda!)
Egy vaddisznó tépi szét! . . .[2]

Mert midőn jó erőben, egészségben asztalnál ült, jelentik, hogy sok vaddisznót, s köztük egy nagy vadkant lát-

[1] *Monumenta Slavorum Meridionalium*, XIX. k. 250. l.

[2] *Budapesti Szemle*, XXXXVII. k. 1886. 411. l.

tak az erdőben. Erre az övéivel együtt rögtön kisietett, maga a nevezett vadra egy találó lövést tett, s emberei közül is találta egyik, de az nem esett el, hanem elszaladt; egy parasztot megölt, egy vadászt megsebesített, egy dragonyost messze ellökött, és sűrű bokros helyen vonta meg magát. A jelenvoltak szétoszlottak fölkeresésére. Sajnos, hogy maga a gróf bukkant rá. A gróf leszállt a lováról, bemegy a sűrűbe kutyáival. De mindjárt hallatszott szolgája kiabálása. Mire segítség érkezett, már a mi drága hősünk saját vérében feküdt a földön. Jobb felől nyakán oly mély sebet ejtett a fenevad, hogy vérerei ketté voltak szakítva, fején is egy három újjnyi seb, s a mellett sérülések derekán és lábán, úgy, hogy a jelenlevők hangos sírásra fakadtak. Mind a mellett a hősi lélek nem csüggedt, fölült és sirató szolgáit vigasztalta: «Jobban lesz, majd minden jobban lesz». De a jelenvolt urak egyike látván a vérömlés miatt való gyöngülést, előimádkozott neki s így szólt: «Ajánlja lelkét Excellentiád Istennek igaz bűnbánattal». Mire háromszor mellére ütve, kiadta halhatatlan lelkét.[1]

Két nappal később pedig, deczember 6-ikán, maga *Péter* gróf értesíti a pápát és a szász választófejedelmet bátyja szerencsétlen és váratlan haláláról, mely a múlt hónap 18-ikán *vaddisznó-vadászaton* érte. A két levél csak személyi vonatkozásaiban, a megszólítás és hódolat kifejezéseiben különbözik, de tartalmilag teljesen azonos; s úgy látszik, körlevél az ismerős egyházi és világi hatalmakhoz.[2]

És a mint a hír Bécsből, Csáktornyáról, országról-országra szállt: szerte megzendült és szomorúan búgott a népek zokogó kobza magyarul, latinul, görögül, németül, olaszul, francziául[3] és ki tudja, még micsoda nyelven?

1 *Budapesti Szemle*. id. h. 414., 415. ll.

2 ZRÍNYI PÉTER a pápához. *Történelmi Tár*, 1894. évf. 594. A szász választó fejedelemhez. *Tudományos Gyűjtemény*. 1822. X. k. 16. l.

3 *A magyar siralmak megvannak dr. Erdélyi Pál gyűjteményében*, mely a XVI. és XVII. századi magyar lyra terméseit foglalja össze lehető teljességgel, részint a megjelent nyomtatványokból, részint

Mert a hőst egész Európa csodálta, az egész keresztyénség megsiratta, hiszen a szeretet szemében nagyobb volt Nagy-Sándornál, Xerxesnél, Hectornál és Epaminondásnál.[1] S a szeretet nemcsak a magyar énekesek siralmában nyilatkozik meg, de az idegen írók idegen szavú verseiben is. Mert a hősök hőse, népek diadala volt, kinek neve, dicsősége halhatatlan marad! Soha, se török, se tatár le nem verte. A keresztyénségnek oltalma, bástyája, egyenesen Isten választott vitéze, leventék virága, pogányok réme, szivünk büszkesége, hazánk védelme, a legnagyobb hős, kit az Úr a keresztyén népek egyenetlenségének büntetéseül szólított magához. Halála nagy, pótolhatatlan veszteség Magyarországra és a keresztyénségre, mert véle minden emberi segítség megdőlt! Lelke az égben uralkodik, híreneve az egész világon él, mert a rettenthetetlen harczosnak, hadverő hősnek szivében bátorság, nevében győzelem, kezében villám, tekintetében fenség lakozott és fegyverével szerencse járt.[2] A törökök annyira féltek tőle, hogy elég volt mondani: Zrínyi jő, s köztük azonnal riadalom

kiadatlan kéziratokból. Ilyen kiadatlan gyászdala: *Régi eleimnek, áldott szüleimnek.* (M. N. Muzeum. 1258. Qu. Hung.) Megjelentek: *Sirj, könyezz, zokogjál.* (M. Könyvszemle, 1891. évf. 131. l.) *Oh te Zrínyi Miklós, országunknak fia!* (M. Könyvszemle, 1882. évf. 248. l.) *Római bölcseknek régi fejedelme.* (Thaly Kálmán: Vitézi Énekek, I. 194. l.) *Panaszolkodássa1, keserves jajszóval.* (Figyelő, 1877. III. 18. l.) A kolozsvári ev. ref. kollégium Zrínyi-példányának egykorú bejegyzése és másolata szerint *Barakonyi Ferencz* írta Torna várában. *Óh, kék égen járó fényes csillagoddal.* (Thaly Kálmán: Vitézi Énekek. I. 189, l.) A németeket, a *Schilling*-féle Poetische Klaget és a *Demeter*-féle Honor Posthumus darabjait megismertette Bleyer Jakab az Irodalomtörténeti Közleményekben, (1900. évf. 45—55. l) Demeter Györgynek a Witnyédy növeltjének füzetében latin, görög és franczia versek is fordulnak elő. A saját gyüjtésemben a bécsi titkos levéltárból van a spanyol valenciai jezsuita-kollégium pattogó hosszú elegiája: Dignos immortali gloria manes fortissimi Herois Nicolai Esdrini, comitis a Serino, ab apro inter venandum opressi, die XVIII. novembris, anno MDCLXIV. piis lachrymis prosequuntur Rhetores Collegii Societatis Jesu, Valencenis MDCLV; s ennek függeléke az Epitaphium; aztán *Gvadagni Péter* olasz sonettoja a gróf Czernin-család neuhausi levéltárából Veress Endre másolatában, végre *Francisci Erasmus* Epitaphiuma a «Hoher-Traur-Saal» utolsó lapjáról.

1 DEMETER GYÖRGY: Honor Posthumus. Tübinga, 1664. 17. l.

2 Mind e vonások a Honor Posthumus egyes verseiből valók.

Ad ſuos Patriæ Accolas in communi.

SIrgy, kőnyvez, zokogjál,
Gyáſzal be vonyodgyál,
Igaz tagja hazádnak,
Mert keſerű ſorsát,
Utolſo romlását,
Kereſzteny Nemzetűnknek;
Maſtélete véghe,
Véletlen eſete,
Groff Zéreny Miklosnak,
Kit egéſz Europa,
S-ez világh cſudála;
Siralommal kővette.
Sirnak ez let dolgon,
Iſzonyu romlaſon,
Minden Kereſzteny népek;
Kőnyvező orcsával,
Kegyés ohaitaſſal,
Pogányon vet hatalmát,
Egymáſnak beſzélven,
Vagy peldaul tévén
Szemek eleiben Képét;
Kiben tekintete.
Vitezi élete,
Mindennek hirdettetik.
Nagy volt Alexander,
Az Kit nép ſok ezer,
Regen megh nem birhatot.
Nagy Xerxes ereje;
Hectornakis ſzive,
Epaminondával edgyűt,
De ily keves néppel,
Vekony hadi ſzerrél.
Mint ez dicsőült Vitez;
Enny ieles dolgot,
Meltán főn maradot,
Világh végeſzteighlen,
Alégh ha cſak edgys
Veghben vit ſohais
Nemzete oltalmáért.
Hová lehet immár,
Egh alat az ki jár,
Dűh őſſeb pogany nemzet?
Mint Tőrők es Tatár,
Rácz, Scytha, Janicſar,
Midőn Táborban beſzáll
Ezek az Kereſztént,
Artatlant, iffiat, vént,
Megh foſztany éltekűl;
Mint egy fene vadak,
Dűhős Oroſzlányok,
Nem ſzánnyák ha rabolnak.
Mint ezt ſzegeny hazánk,
Ki volt Arany almánk,
Peldája bizonyttya.
Mind azáltal ſzűbűl,
Megh vinya vitezűl,
Ez dicsőſséges Vitez;
Egéſz nap Keletrűl
Ehſzak és Délſzűnrűl
Eſzvő gyűlt Pogánysággal;
Kéſz volt. Melyre vitte,
Nemzetűnk ſzerelme,
Eleje dicsőſſeghe.
Oh te batte vad kán
Ki kűl ſziklak hátán
Mérges teiel tartattál.

C Ily

DÖMÖTÖR GYÖRGY GYÁSZVERSE ZRÍNYI HALÁLÁRA.

(A »Honor Posthumus Nicolai Zerini« czímű egykorú nyomtatványból.)

Ily nagy ferfiunak
Világh csudajának
Voltále Meszárloia?
Tetůled kőllőtte,
Halált szenvednye
Véreki ontasával?
Mely Vitez testebůl,
Megh sertet erekbůl
Art viz gyanánt az főldre
Ki folt; tůndőkőlven
Mint Rosa dél szůnben
Hiv szolgai láttokra.
Miert agyaridat,
Mérges sogaidat,
Ellenségůnnk Karára,
Inkáb nem tartodtad?
Es mind fől nem faltad;
Ne pusztulna el hazánk

De tudgyuk probája,
Istennek bőlcz titka,
Cselekedte ezt velůnk.
Hogy az bůnos éltet,
Nagy vakmerőséghet,
Szůveinkbůl le tennénk.
Es hozzá Kiáltván
Segitséget várván,
Oltalomban tartatnánk.
No tehat mindnyaian,
Kiknek nagy bánotban,
Szůvek ez sorsert eset;
Vegyetek uyulást
Kedves vigasztalást,
Ertvén Isten io voltat.
Mert ez által része,
Orők dicsősseghe
Adatot Menyországhban.

5.

Χρονοδίστιχον

ANNUM, MENSEM, & DIEM,

Quo

Illustrissimus Comes ab Apro prostratus, fatis cessit,

Continens:

OCto & bIs DenIs, VbI sVrgIt ab aXe, NoVeMbrI
PhœbVs eqVIs; sæVIt trVX fera SetInIo.

Ex eodem pietatis affectu
hec pauca decantavit
Generosi & Nobilissimi Dni. Wittnyedi,
de & in Musay, Mœcenatis sui Maximi,

humill. Cliens & Instituti Author,

Georgius Deőmetri, Hung. Nobil. Stud. p. t. Tubing.

XX. Strin-

támadt; az anyák is a csecsemőket az ő nevével ijesztették és csitították.[1] S Góg és Magóg népét valóban megfékezte, Pécset fölégette, az eszéki hidat elhamvasztotta, s oly fényes vitézi sikereket aratott, hogy Bécs, Madrid, Páris és Róma egyiránt tisztelte.[2] A népek pedig, mondja *András* barát, mindenfelé szerették, dicsérték, dalban és prózában magasztalták, lelki üdveért miséket olvastattak;[3] még déli Francziaországban is, írja a marseillei *Andler*, érczfeliratokkal, isteni tiszteletekkel és misékkel ünnepelték emlékezetét; s mindezt a papság önkényt cselekedte, a mit alig tett vala a királyért is.[4]

Mindezek a verses és prózás siralmak pedig a követi jelentések és hazai följegyzések módjára határozott egyhangúsággal és bizonyossággal hirdetik, hogy Zrínyi Miklóst a vadkan ölte meg. Érzésük még fájóbb, panaszuk még keserűbb épen a miatt, hogy a hősök hőse, népek diadala oly méltatlan módon, egy oktalan baromtól esett el. A csodálkozásnak és megütközésnek ez a hangja jut kifejezésre *Sagredonak*, Molin utódjának tudósításában. Áradozva emlegeti, hogy az áldozat soha nem félt sem embertől, sem vadtól, míg egy dühös és sebesült kan aztán *hét* sebbel leteperte; utána többé nem szólhatott, csak bűne-bánva verte mellét. «A szerencse játéka és a balsors szeszélye,» sóhajt a követ, «hogy az oly tüneményes hős, mint Zrínyi Miklós, ki annyiszor tusakodott a törökkel, egy vaddisznó ellen, vadászat esélyei közt lelte halálát».[5] S ez jut kifejezésre a *Priorato* nagy történetében is. Az író különösnek tartja, hogy az oly derék vitéz, ki ezerszer forgott az ellen-

1 *Naenia Melpomenes Schillingianae* das ist: Poetische Klage. Bécs, 1664. 7. l. *Honor Posthumus*. 10. l. *Budapesti Szemle*, XLVII. k. 417. l

2 *Francisci Erasmus Epitaphium*. Hoher Traur-Saal. Nürnberg, 1676. 1173. l.

3 *Irodalomtörténeti Közlemények*, 1900. évf. 46. l.

4 ANDLER: Memoria belli turcici, 115. l.

5 JOSEPH FIEDLER: Die Relationen der Botschafter Venedigs, II. k. (Fontes Rerum Austriacarum, XXVII. k.) Bécs. 1867. 110. l.

ség kezei közt, nem harczon esett el, hanem szerencsétlenül egy vaddisznó agyarától. Ugyanis a mint az erdőn vadászgatott szokása szerint, írja Priorato, egy dühös kan, melyet a vadászok meglőttek, sebes futtában leütötte lábáról és nyakán megsebezte, félholtan hagyva a földön. Emberei, kik az erdőben elszéledtek, elérohanva még élve és térdepelve találták, a mint lelkét Istennek és a Boldogságos Szűznek ajánlta, aztán a szárd Migliani vállára omolva kiszenvedett.[1] Ellenben *Francisci*, a ki a négy világrész különböző rangú, állású és szerencséjű egyéniségeinek csodálatos és szomorú történeteit beszéli el, a grófnak végét természetesnek találja, mert a hősök rendszerint keresik, a mi borzasztó és szokatlan, s azzal gyakran váratlan veszedelembe esnek, mint a mi Zrínyink.[2] Előadásának lényege megfelel a valónak, de a színezése, *András* barát után szabadon, oly mesés, a részletezése oly merész, hogy méltó a bemutatásra, a mint következik:

«A béke megkötése után a felséges római császár a nemes grófot több magyar főúrral együtt az udvarhoz hívatta. Indulása előtt azonban egy nappal, november 18-ikán néhány nemessel szórakozni vadászatra ment. A mint az ebédnél ül vala, az egvik jő és szól: hogy a hajtásban igen sok vaddisznó bukkant fel, köztük egy igen nagy kan; mire ő felkelt az asztaltól, kisietett és a rettenetes bestiára lőtt, mely azonban a golyóval elinalt és futtában egy paraszton olyan sebet ejtett, hogy a belei kifordultak, aztán egy vadászt sértett meg mind a két lábán, majd egy dragonyost rántott a földre. A nemes gróf lóháton egy inasával a vadat mindaddig követte, míg egy mocsaras bokorban megpillantotta. No, gondolta a jó úr, hogy a vér-

1 PRIORATO: Historia di Leopoldo. II, k. Bécs, 1670 583–584. ll.

2 FRANCISCI ERASMUS: Der hohe Traur-Saal, oder Steigen und Fallen grosser Herren; fürstellend aus allen vier Welt-Theilen unterschiedlicher hoher Staads-Staats und Glücks-Personen, wunderbare und traurige Verändrungen. Nürnberg, 1676. 1157–1173. ll.

vesztett állat erőtlenül oda hullt; leszállt tehát lováról, hogy megfogja. Ah, de mi történik? A dühös bestia villámként feltör fektéből, a grófra rohan, feltaszítja, aztán borzasztóan marczangolja, egyik halálos sebet a másik után ejti rajta. Felszakította hasát, hogy a bele kidőlt; összeharapdálta nyakát, felborzolta és kitépte haját és nemes fején olyan lyukat ütött, hogy három újj belefért, egyéb sebeken kívül. Inasa egy pisztolylövéssel megszabadította volna, de a hűtlen fegyver nem sült el. Kardjához kapott tehát, hogy a vadat felkonczolja, de az közben már elmenekült. Nem maradt más eszköze, mint a hangja, hogy embereit segítségül oda kiáltsa. Mikor végre ezek oda futottak, uruk siralmas állapotán sopánkodtak és jajveszékeltek, a gróf, ki csupa vér volt, fölegyenesedett és megszólalt: «Csöndesen, csöndesen! Nincs semmi veszedelem; mindjárt jobban leszek, egészen jól leszek!»

Aztán kivánságára leültették. Felszaggatott ereiből oly erősen ömölt vére, hogy a fejénél magasabbra szökellt; a vesztés következtében hamar elgyöngült és a földre dőlt. Hol a seb? kérdezte. Nem tudta szegény, hogy egész nemes teste csupa seb. E közben egyik társa észrevette, hogy ereje rohamosan hanyatlik, s a halál jelei mutatkoznak rajta; figyelmeztette azért, hogy lelkét igazi töredelemmel és bűnbánattal ajánlja Istennek, s az imádságot előmondta neki. Bár jól tudja, felelte vissza, hogy utolsó gyónása óta semmi halálos vétket el nem követett, könyörögjenek érte mégis buzgón és adják át feleségének utolsó üdvözletével abbeli kérését, hogy foglalja mindég imáiba!

Aztán mindnyájokat megáldotta, rövid, de bensőséges fohászszal és sóvár epekedéssel a Megváltóhoz fordult, mellét verve, melyből a mindenható Isten e vitéz magyar lovag lelkét egy negyedórai szenvedés után kiszabadította.»*

* FRANCISCI ERASMUS: Der hohe Traur-Saal. Nürnberg, 1676. 1171—1172. ll.

Ki kételkedhetnék ennyi és ilyen egyhangú megegyezés után, hogy hősünket csakugyan a vadkan ölte meg? Mégis a kétség föltámadt és hagyomány gyanánt a mai emberöltőre szállt. S ott támadt föl először, a hol a veszteségbe a szív a legnehezebben nyugodhatott bele, a családnál. Felesége, a ki eszén sem volt búvában,[1] a végzetes napon úgy jelenti ugyan a hadi tanácsnak és általa a királynak Bécsbe, hogy urát vadászaton egy vaddisznó ölte meg:[2] de később sógorával, Péter gróffal, a ki elborulva érkezett Csáktornyára, a vadkan szerepéről egészen hallgat. Az asszony Bonzinak, a velenczei franczia követnek csak ura váratlan haláláról ír;[3] a gróf ismeretes körlevelében a pápának és szász választónak csak bátyja vaddisznó-vadászaton való elhunytáról beszél.[4] A mi korántsem a véletlen kifejezés eredménye, hanem a belső meggyőződés visszaverése. *Forstall Márk* a család titkos történetében kétszer is döntő bizonyítékot szolgáltat e mellett. Könyve elején tüzetesen foglalkozik a szerencsétlenséggel. «A szerencse gyakran azokat, kiket legtöbb ajándékával halmozott el, mostohább sorsa tartogatja; s a nagy hősök élete és halála egyiránt csodás, a mint a népek történetéből ismeretes. Zrínyi Miklós november 18-ikán, a szigetén elszaporodott vaddisznókra vadászott, a mikor társai és cselédei mellőle elszéledtek, vagy inkább ex professo magára hagyták, állást foglalt egy sűrűben, mely lesre alkalmasnak kinálkozott. Egyszerre három lövés hallszik, emberei előfutnak; a hőst a földön heverve vérében találják, ki mégis segitség nélkül fölkel és erősíti, hogy nincs semmi veszedelem. De a körülte állók figyelmeztetésére imádságba fog, melleverve lelkét Istennek és

1 BETHLEN MIKLÓS Önéletirása, I. k 330 l.

2 *A császári és királyi hadi levéltárban*. 528. k.

3 *Monumenta Slavorum Meridionalium* XIX k. 249. l.

4 *Történelmi Tár*, 1894. évf. 593. l. *Tudományos Gyűjtemény*, 1822. X. k. 16. l.

a Boldogságos Szűznek ajánlja; aztán ereje rohamosan fogyván, egy negyedóra alatt kiszenvedett. *Senki sincs, a ki a gyászesetet a vadkannal látta vagy a mi különben történt.* Sebeiből és lábszárainak szakításaiból az következtethető, hogy arczát és tekintetét arra fordítja vala, honnan a kutyák ugatását hallotta; hogy a vadkan hátul rohanta meg és leütve a nyakát széttépte. Sebe a szeme alatt még a tapasztaltaknál is gyanút keltett, hogy golyótól ered, mely a keményen küzdő vadra czélozva *azt* érte, a kit legkevésbbé kell vala. Mi *ha* megtörtént, kétségtelenül nem rosszhiszeműen történt, bár különböző nemzetű férfiak voltak azon a vadászaton».[1] Forstall később, könyve végén, a hős pályájának rövid emlékezetében, ismét úgy nyilatkozik, hogy annyi halhatatlan csodatette után vaddisznótól, de *bizonyosan* vaddisznó-vadászaton esett el.[2]

Ám a családi történetírónak ez az egész elbeszélése a a szeretet gyanújából fakad s merő tévedésen alapszik. Az övéi nem tudták elhinni, nem akartak belenyugodni, hogy a ki annyiszor forgott a harczban pogánynyal és bujdokolt az erdőn vaddal küzdve, most ilyen tehetetlenül vérzett el; mert csakugyan csoda, hogy olyan vitéz sem lőtt, sem vágott a kanhoz, puska, kard lévén nála. Nem magyarázza meg egyéb, mint a hátul, orozva való megrohanás és lábáról leütés. De lesbe állásról, emberei elszéledéséről vagy magára hagyásáról szó sem volt. Bethlen, Zichy, Witnyédy és Gusich kapitány a szekérnél beszélgettek, a szárd lovag, Migliani, a Gusich öcscse, Angelo, az ő kedvencz olasz inasa és lovásza nyargaltak utána. S maga elől, Paka után, bement az állat vérin a sűrűbe. Háromszoros lövés sem hallszott, csak egy jajszó, a Paka szava. A hős még védtelen helyzetében sem kiáltott, bizonyára

[1] Forstall Márk: Stemmatographia familiae Zrinianæ, 48—49. ll.
[2] *Ugyanaz*, 149. l.

magához méltatlannak tartotta. Migliani rohant be legelébb: hát Paka egy horgos fán, az úr *arczczal* a földön, s a kan a hátán; ő hozzá lőtt, mire az állat elfutott. De ez a lövés az arczczal földön fekvőt szeme alatt nem találhatta, ha csak a föld alól nem jő vala. Más lövés pedig nem volt, mert a mikor a fiatal Gusich és Angelo oda értek, már lőni sem kellett. Különben az a seb szeme alatt *rút szakasztás volt, mely a bal fülön alól kezdődve az arczon a szem felé húzódott*, a minőt gömbölyű golyó nem üt.[1]

A gyanú aztán másutt is megébredt. Mert a nép korszakos és kedvencz hőseinek hirtelen elmúlásában rendszerint titokzatosságot és erőszakot keres, hiszen természetes vagy véletlen módon miként is halhatnának meg? S képzelete bűvös erejéből kihajt a monda, kivirul a legenda és száll szájról-szájra tova. Így fogan meg és terjed a Zrínyi golyóokozta vesztésének mondája is, aztán egyre alakul és változik, mert a gyilkosság nem maradhat tettes és megokolás nélkül. *Priorato*, a ki megírta a végzetes szerencsétlenséget a maga igaz voltában, története újabb kötetében már följegyzi, hogy hősünket nem a vaddisznó ölte meg, a mint híre járt; hanem egy golyó a szeme alatt, melyet aztán a fejében meg is találtak; a nélkül, hogy tudnák, ha valjon a golyó egy vadásztól eredt-é, *Nádasdy* fölbérléséből, vagy a saját inasától, Angelótól, a ki a vadkant akarta megsebesíteni és urát lőtte meg.[2] Hogyan jöhetett Nádasdy ebbe a gyűlöletes gyanúba? Voltak ugyan összeütközései hősünkkel, de az ilyen alacsonyságnak fölötte állt. Hogyan lőhette volna meg urát Angelo, a ki a szerencsétlenségen ott se volt, csak később érkezett a fiatal Gusichcsal? S hogyan találták volna meg a golyót az áldozat fejében, mikor meg se lőtték és sebe a szeme alatt

1 Bethlen Miklós Önéletirása, I. k. 329., 330 ll.

2 Priorato: Historia di Leopoldo cesare, III. k. 730. l.

40. PRIORATO TÖRTÉNELME III. KÖTETÉNEK CZÍMKÉPE.

a vadkan agyarának rút szakasztása volt?[1] *Cserei* már más változatát tudja a gyilkosságnak. Rémmesébe illő leleménynyel meséli el Zrínyi párviadalát a vadkannal: hogyan lövi ki előbb reá puskáját, töri el aztán pallosát, hogy megy neki szabad kézzel, nyomja le a földre, ül a hasára, ragadja erősen két fülét a két kezébe, minél fogva az állat alatta csak meg se mozdulhat; hogy nyúl aztán övéhez, a hol kése hüvelyében, mire a vadkan fél fülén felszabadulva és megkönnyebbülve sebesen megrázkódik, ellenét leveti hasáról, fölibe kerekedik, agyarával hozzája vág és a torkát kihasítja: így veszti el. «Vagyon olyan hír is, hogy az *osztrák* udvar ölette volna meg azért, mivel a magyarokat a király ellen fel akarta lázasztani. Nyiltan nem mertek vala belekapni, nagy fizetéssel tehát alattomban megfogadtak egy német vadászt, hogy valahol a vadászaton lőjje le, s e miatt kellett meghalnia *1666*-ban. Igaz-é, nem-é? Én bizony nem tudom; a mint hallottam, úgy irtam.»[2] Hogyan volna igaz, mikor az egész leírása költemény? Még a halál idejét sem tudja, nemhogy a körülményeit ismerné. Hiszen az *osztrák* udvarról beszél, a hol épen hősünket perczről-perczre várták;[3] s *német* vadászt emleget, a minő a vadászaton nem is szerepelt. Mert voltak ugyan ott Forstall szerint különböző nemzetű férfiak: magyarok, olaszok, horvátok, kiket névről ismerünk; de *német* egy sem volt.

S ha ilyen gyönge alapot rak Priorato és Cserei, hogyan állhat meg az az egész alkotvány, melyet ezen az alapon *Dervarics Kálmán* épít? Pedig hosszas készülődéssel és nagy erőlködéssel újítja fel a vádat, hogy Zrínyi Miklóst a bécsi kormány ölette meg[4] s az orgyilkost Póka István

1 Bethlen Miklós Önéletirása, I. k 329., 330. l.

2 Cserei Mihály Históriája. Pest, 1852. 31., 32. ll.

3 *Monumenta Slavorum Meridionalium*, XIX. k. 8. l.

4 Dervarics Kálmán: Gróf Zrínyi Miklós, a költő halála. Szombathely, 1881. 17. l

fővadász személyében a bécsi futár fogadta fel.[1] Ez állítása bizonyításában előbb Priorato és Cserei fentebb idézett szavaival érvel; de maga is ellenük mond. Mert sem Priorato, sem Cserei nem szól a bécsi futár közvetítéséről és a Póka fölbérléséről; sőt az egyenesen Nádasdyt nevezi felbujtónak, ez német vadászra fogja az orgyilkosságot. A miben egyezik velük, czáfolásra nem szorul; a miben eltér tőlük, ép oly alaptalan szóhagyományból merít, mint azok. S aztán a maga bizonyítékára hivatkozik. S kétségtelennek állítja, hogy hősünket csakugyan Póka István lőtte főbe. Mert a Magyar Nemzeti Múzeum régiségtárában szerinte van egy puska, ezüstlapú agyán a következő felírással: «Én vagyok az a puska, melylyel Póka István fővadász Zrínyi Miklós grófot, vaddisznótul űzve, az ottoki erdőben, Muraköz szigetén, 1664 november 18-ikán elejtette.» S a puskát az eset örök emlékezetére a tettes unokája, Póka Gábor, 1755-ben az uradalom összeírójának, Benyovszky Pálnak ajándékozta.[2] Az egész képtelen, naiv mese. Mert az ilyen ereklyével egyetlen család sem szokott kérkedni; mert a vadászat nem az *ottoki* erdőn, Perlak mellett, hanem a *kursaneczíban*, Csáktornya alatt folyt; mert ilyen felírású puska, a mint *Szendrei János* kimutatta, a Múzeum régiségtárában nincs és nem is volt! A gyanúba vett fegyver sokkal későbbi, egész művezeténél és szerkezeténél fogva arra mutat, hogy kétségtelenül a *XVIII.* század első feléből való; azzal ugyan *1664*-ben Magyarország legnagyobb vitézét senki agyon nem lőhette![3]

De nem lőhette-e meg önmagát? Nem volt-e öngyilkos? Mert az orgyilkosság meséje mellett az öngyilkosság lehetsége is szóba került. Az a föltevés politikai elfogultság és faji gyűlölség sugallata, melyet az ösztöneivel és indulataival ítélő nép jóhiszeműen terjeszt tovább; ez a személyi

1 *Ugyanaz*, 18. l.

2 *Ugyanaz*, 20. l.

3 Dr. Szendrei János szives értesítése 1901 június 21-éről.

és tárgyi oknyomozás teljes hiányában a hős jellemének és a szakirodalomnak felszínes ismeretéből ered s csak a műkedvelő történetírás és újszerűsködő gondolkozás veszi komolyan; mind a mellett ha azzal a föltevéssel leszámoltunk, reményünk szerint ezzel is végkép le kell számolnunk, hogy elvégre az önkényes lelemény minden csillogó buboréka elpattanjon és elfoszoljon, mert még azt sem lehet elmondani egyikről is, hogy szép mese, ködkép, tündérjáték, levén a mese mind a két változata megejtő érzésnek vagy megtévedő tudatlanságnak szüleménye. Le kell számolnunk az öngyilkossággal is, annyival inkább, mert újabban megint kisért. A párisi nemzetközi történelmi kongresszuson *Bertha Sándor*, a franczia fővárosban élő derék hazánkfia, ki zenész létére olykor irodalommal is örömest foglalkozik, előadást tartott «*Zrinyiről, a költőről*», nem valamely új részlet felkutatásával, hanem egész pályája összefüggő feltüntetésével, «oly irói mezbe öltöztetvén a magyar dolgokat, mely a franczia hallgatóra, olvasóra nézve élvezetessé teszi azokat». S talán épen e francziás mezbe öltöztetés végett az öngyilkosság halálmódja mellett foglalt határozott állást.[1] Hiszen párisi ember előtt nagy összeütközésekben és válságokban a megoldásnak és szabadulásnak mi természetesebb és csattanósabb útja, mint egy golyó, a là Boulanger. Egészen új és korszerű! Csakhogy Zrínyi nem a mi időnk fia volt, kinek lelkéből a természettudomány hatása, az oltárromboló kétely elhatalmasodása kiirtott minden hitet. Az ő lelke mélységes és igaz, megható erkölcsi komolysággal bízott Istenében, a másvilági életben, a jók jutalmában, a gonoszak büntetésében, szinte megrendítő közvetetlenséggel szólitja hazafias vállalkozásának megrontóit Isten itélőszéke elé:[2] az ilyen vallásossággal az öngyilkosság össze nem fér. Aztán politikai felfogásával és helyzeté-

1 Dr. Lánczy Gyula ismertetése. Századok, 1891. évf. 512. l.

2 *Történelmi Tár*, 1888. évf. 608. l.

vel sem egyezik meg. A gyalázatos békének megakadályozására való törekvése az ő legjobb meggyőződése szerint jogos és törvényes volt, egyenesen az alkotmány adta kezébe a fegyvert, a mi nem indíthatta arra, hogy maga ellen emelje; az udvar pedig, ha az elkövetett sérelmei és igazságtalanságai miatt félt is tőle, összeköttetéséről semmi megfoghatót nem tudott, a mi meg nem kényszeríthette, hogy megtegye. S épen nem az az ember volt, a ki merőben a fölfedezés lehetőségének árnyékától megijed és halálba menekszik, a mikor még egész nyugodtan és biztosan menekülhetett volna szárazon és vízen, olasz és franczia földre. Az ő nemzedéke kétségbeesett helyzetében sem folyamodott öngyilkossághoz, nem az élő hit erejénél fogva; ott a példa: öcscse, Péter gróf, Nádasdy és Frangepán. S ő folyamodott volna, a ki mindeniknél férfiasabb, elszántabb és hősebb? Nem és nem! Sőt ellenkezőleg, készült Bécsbe, a mint Molinnak megírta és Gremonvillenek megiratta, a jövendő háború előkészítése végett. Különben hiteles tanú, Bethlen Miklós írja: «csuda, olyan vitéz sem lőtt, sem vágott a kanhoz, puska, kard lévén nála».* Ha sem lőtt, sem vágott, hogyan ölhette volna meg magát?!

Eh, legyen vége hát örökre minden mesének, mondának, legendának. Ha mindez a sok nyilvánvaló és döntő bizonyíték kétségbevonhatatlanúl meg nem czáfolná is, megczáfolnák elvitázhatatlanúl sebei magok. «Fején három seb volt,» — mondja a szemtanú Bethlen, — «egy balfelől a fülén feljül a feje csontján ment csak, és a kannak agyara a homloka felé szakasztotta hátul a feje bőrit; más ugyan a bal fülén alól az orczáján, a szeme felé, rút szakasztás; de ez a kettő semmi, hanem harmadik jobb-felől, a fülén alól a nyaka csigájánál ment be, s elé a torka felé ment és a nyakra járó minden inakat kettészakasztotta;

* BETHLEN MIKLÓS Önéletirása. I. k. 330. l

ez ölte meg, a vére elmenvén; volt a kezén valami kis körömcsölés, de a semmi volt.»[1] Hol az a golyó a világon, mely először a bal fülön feljül a fejcsonton és homlokon szaladjon végig, aztán megfordulva a bal fülön alól az arczot szántsa fel a szem felé; majd átkerüljön a jobb fül alá s a nyakcsigánál bemenve a torokig fusson s a nyakrajáró minden eret kettészakaszszon, végre a kezet körömcsölje össze?! Ilyen marczangolást sem orgyilkos, sem öngyilkos golyója nem tehet, csak egy dühödt barom vagdosó agyara. Az egész szerencsétlenség egy hirtelen és véletlen pillanat műve volt: a vadkan hősünket hátul, orozva rohanta meg, leütötte lábáról és elbánt vele, mielőtt ő védekezhetett volna. Paka pedig a veszedelemben eszét vesztve egy horgas fára szökött, s a rémülettől megigézve lőni vagy nem mert, vagy nem tudott.

«Rettenetes sírás lőn az erdőben, a legalábbvaló, csak a gyermek is siratta.»[2] Ellenben az udvarnál halála hire vegyes érzelmeket keltett. Bonzi gyanítása, hogy Bécsben az áldozatot nem fogják annyira szánni, mint a szigetek városában, s a mint általában érdemli, csakugyan beteljesült. Mert bár az udvarban Carafa szerint hivatalosan nagyon sajnálták: mégis széltére beszélték és hitték,[3] hogy a király a veszteséget nem igen bánja, sőt a kormány egyik-másik tagja örült, hogy a félelmetes embertől megszabadult, ki a törökök botránykôve, a béketörés oka, s az ujra lobbanható tűz eleven szikrája volt. S ez örömét nem igen tudta palástolni.[4] Porcia herczeget azonban a gyászeset mélyen elszomorította. Mert bár ura féltékenykedése miatt a hősnek önálló parancsnokságra törekvését, sérelmei orvoslásával és kárai megtérítésével, hathatósan nem is támogatta, nem akarva ha-

1 *Ugyanaz*, I. k. 329–330. ll.
2 *Ugyanaz*, I. k. 330. l.
3 *Monumenta Slavorum Meridionalium*, XIX. k. 250., 10 ll.
4 JOSEPH FIEDLER: Die Relationen der Botschafter Venedigs, II. k. (Fontes Rerum Austriacarum. XXVII.) Bécs, 1867. 110. l.

Abbildung der traurigen Begebenheit des edlen Grafen Nicolaus von Serini welcher jämmerlicher weise auf der Jagt von einem grossen Wildschwein ist gehau-
en und umbgebracht worden Geschehen den 18 November Anno 1661

41. EGYKORÚ KÉP ZRÍNYI HALÁLÁRÓL.

talmát növelni: egész erkölcsi jelentőségét, hadi értékét mégis érezte, s Gremonville előtt beismerte, hogy Lipótnak szüksége volt az ő életére, hirnevére, vitézségére a törökök ellenében, kik annyira remegtek tőle, hogy a békében azt kérték a királytól, mikép foszsza meg bánságától s ne ereszsze többé Horvátországba;[1] s annyira megvidultak halálán, hogy a kanizsaiak három napon keresztül égették az örömtüzeket és ontották az üdvlövéseket.[2] A lovag ennélfogva arra a meggyőződésre jutott, hogy a királynak minden féltékenykedése ellenére meg kellett volna a grófot magának tartani, mert a törökök féke és réme volt, urának legerősebb támasza, elégületlenségében legfélelmesebb pártosa, ki egyedül támaszthat vala fölkelést Magyarországon, a többi főúrnak nem levén sem elég tekintélye, sem elég eszköze.[3]

Egy hét múlva már hire szállongott, hogy a grófnak csakugyan volt ilyen terve, s Gremonville meglepetésére épen az ő királyával bensőbb összeköttetésben állt, sem mint maga sejtette, mert állítólag XIV. Lajostól személyesen nehány levelet kapott, s az utolsó Csáktornyára halála után érkezett meg. «Nem tudom,» — jelenti a lovag deczember 4-ikén urának — «Velencze követe cselből mondta-e nekem az én vélekedésem kifürkészése végett, hogy az egyik miniszter erősen bizonygatta előtte, mikép a köztársaság pénzt adott a grófnak vára fölépítésére, sőt jó értesülés szerint Francziaországgal egyetértésben azt tanácsolta

1 *Gremonville* horvát generalatust említ ugyan, de voltakép a bánságot érti alatta; a mi kitetszik abból, hogy Péter grófnak bánságra törekvését a generalatusra való törekvésnek mondja. (Monumenta Slavorum Meridionalium, XIX. k. 10. l.) A generalatust nem 1664 végén, hanem később, 1669 májusában kereste, a mikor a generalis, Auersperg Farkas haldokolt. (PAULER GYULA: Wesselényi Ferencz nádornak és társainak összeesküvése, I. k. 254. l.)

2 *Monumenta Slavorum Meridionalium.* XIX. k. 12. l. S JOSEPH FIEDLER: Die Relationen der Botschafter Venedigs, II. k. (Fontes Rerum Austriacarum. XXVII. k.) Bécs, 1867. 110. l.

3 *Monumenta Slavorum Meridionalium* XIX. k. 10. l.

neki, hogy Lipót ellen pártot ütve álljon Magyarország élére. Igyekeztem vele elhitetni, hogy mindez mende-monda, alaptalan féltékenykedésből, s Felséged érdekei nagyon távol esnek az efféle czélzattól.»[1]

Kétségtelen dolog, hogy mindebben akadt mende-monda, de nem mind volt az. A hír elszólásból vagy gyanakvásból megindult, s a mint lappangva, felkapva tovább terjedt, természetesen mindég gyarapodott. Annak semmi nyoma, legalább a történeti kutatás eddig ki nem derítette, hogy hősünk Velenczétől pénzt kapott volna, vagy XIV. Lajossal *személyesen levelezett volna;* nem is deríthető ki soha, a mi meg nem történt. Hiszen ha a királylyal egyenes érintkezésben áll, akkor sem a Bonzi, sem a Gremonville közvetítésére szüksége nincs, fölöslegesen, nagy kerülővel tervébe, titkába idegent nem avat; mert senki jobban nem tudta, mint a ki maga tanította, «hogy nem titok az, a mit sok ember tud».[2] Még kevésbbé kezdhette ezt a *személyes* érintkezést az ötvenes évek derekán, 1656-ban vagy 1657-ben, a mint két nyomorult jobbágya, *Sprinsich András* és *Horváth György*, halála után 12 esztendővel el akarta hitetni,[3] hiszen akkor Lajos, a 19 éves léha feje-

1 *Ugyanaz*, 12.

2 GRÓF ZRÍNYI MIKLÓS Hadtudományi Munkái. Budapest, 1891. 282. l.

3 *Sprinsich András és Horváth György* a maguk és más muraközi jobbágyok nevében panaszos följelentést terjesztettek 1676-ban sérelmeikről ő felségéhez Bécsbe, úrnőjük, Zrinyi Miklós özvegye ellen, sőt legelső sérelmükben néhai jó uruk ellen is, kit felségsértéssel vádolva feladtak, hogy valami 20 esztendővel azelőtt követeket küldött Erdélybe a fejedelemhez és Francziaországba a királyhoz, kinek ajándékba 10—11 lóval kedveskedett. Lipót a magyar kanczellária egyetértésével a panaszos sérelmek, illetőleg a felségsértés vádjának megvizsgálására *Calnucci Vilmos* belső-austriai kormánytanácsost a kormányi titkárral küldötte ki július 24-ikén, a ki a titkár kiséretében csakugyan megjelent október közepén a Muraközön és Szent-Ilonán, a pálosok kolostorában hit alatt, a hamis eskütől való megintés után kihallgatta a feladókat (Primási Ltár, Fasc. 28. Nro 480). Előbb, október, 15-ikén Sprinsich András vallatása folyt, kinek állítása szerint tudja Lippich Márton, miért küldött ura Erdélybe és Francziaországba, s tudják Káldy György és Pechler János, fölovász, kik a franczia királynál követekül jártak; ellenben ki volt az erdélyi követ, nem tudta megmondani: de a légrádiakra utalt, a kik bizonyosan jól tudják. Leveleket, irásokat nem látott s nem is tud az ilyenek tartalmáról. Másnap, 16-ikán,

delem helyett egészen anyja, ausztriai Anna és a biboros Mazarin uralkodott, a fiatal kéjenczczel mit akarhatott

Horváth György vallott, és azt beszélte, hogy Pechler János beliczei lakos, Kanizsa utolsó megszállása előtt 5—6 évvel, gróf Zrínyi Miklós nevében Francziaországba ment és 10—11 lovat vitt ajándékba a királynak. Egyebet nem tud, más dolgot nem ismer, így azt sem, hogy Rákóczynál ki járt? Ha valaki többet írt, feleljen róla. A két feladó azonban ezzel a vallomásával magára maradt, noha a földjelentésben Horváth erősítette, hogy a franczia királyhoz való küldetést az egész sziget tudja, Sprinsich pedig azt irta, hogy Peckler maga mondta Antalovich Márton bécsi lakosnak, valamint azt is, hogy XIV. Lajos mind neki, mind társának, *Falusi*nak, egy-egy aranyláncot ajándékozott. S ez a név eligazít és felvilágosít bennünket. Mert a kérdéses időben Falusi, úgy látszik, csakugyan külföldön járt követül és csakugyan lóajándékkal. Nevezetesen Witnyédy István 1657 márczius 27-ikén egyebek közt arra kéri Sárkány Istvánt, Zrínyi emberét, hogy tudósítsa: ha elment-e «Falusi uram» a mainzi választófejedelemhez? (*Witnyédy I. levelei:* 1. k. 49. l.). Mert hősünk vagy a maga kezdeményezéséből, vagy az ő tanácsára Schönborn János Fülöp választónak, a magyar nemzet e szives barátjának, lovakkal akart kedveskedni; sőt szó volt egyenesen Witnyédy ajánlatára a würtembergi herczeg megajándékozásáról is, kinek az ügyvéd maga már előbb küldött magyar lovat. S hősünk ezt az elhatározását eleve jelezte hivének, ki helyeselve fogadta. «Igen méltóságosan cselekeszi Nagyságod, felelte vissza márczius 2-ikán (1. k. 41. l.), a mainzi választófejedelemnek való kedveskedést, csak ő is embere lenne az viszonzásban... Az Würtenberg herczegnek való lovak, szőnyegek és sátor elküldése, ha lehet, jó, ha nem lehet, az is jó, az honnand, úgy gondolnám, megtérne jutalma, vagy szép fegyverrel, vagy más kedveskedéssel, mert csak azon paraszt lovamat sem akarják jutalom nélkül hagyni; oda nem kellene maga alá való ló, hanem csak ménesbe való szép török, s ha lehetne, csak kettő, az mint tudom, maga érettek küldene. Távoztasson isten, Nagyságodtól olyat kérjek vagy javalljak, mely méltóságos nemzete dicsőséges hirének meghomályosítására volna vagy lehetne.» Ime, Falusi ebben a küldetésben járt külföldön, valami 20 esztendővel azelőtt és 5—6 esztendővel Kanizsa utolsó megszállása előtt, nem a franczia királynál, hanem a mainzi magyar-barát választófejedelemnél, kinek a török ellen való birodalmi segély megszerzésében mindég jelentékeny befolyása volt; s ebben a küldetésben ki lehetett volna jobb kisérője más, mint a főlovász? Sprinsich és Horváth hallott valamit a franczia, érintkezésről, de rosszul, s hallott valamit a Falusi és Pechler kiküldetéséről, de még rosszabbul; s ezt az ártatlan követséget a Péter gróf összeesküvésének szállongó szóhagyománya vagy hatása alatt a franczia királyhoz való követségképen adta fel, s összekötötte az erdélyi fejedelemmel való barátsággal, csakhogy néhai jó uruk felségsértése és hűtlensége még állhatatosabb és súlyosabb legyen: de a két nyomorult egyebet felhozni, mint a följelentésében, nem tudott; sőt Sprinsich önmagával is ellenmondásba került, mert följelentésében Falusit és Pechlert, vallomásában Káldyt és Pechlert nevezi meg követekül, kik XIV. Lajosnál jártak. A vizsgáló biztos átlátott a szitán, fölismerte czélzatukat és ellenük fordította a vádat: miért hallgattak eddig? Hűtlenséget és csalárdságot hallgatással is el lehet követni, ha föl nem jelentik, a mit elhallgatni és elmulasztani nem szabad. Ilyen pört halálozás után könnyű indítani, hogy a megholt elitélésével nevét meggyalázzák és örököseinek birtokait elragadják. Azonban nemcsak a rossztól, de a rossznak föltevésétől is óvakodni tartozunk. S minden köteles hódolattal úgy itélt, hogy előbb ki kell hallgatni Antolovich Márton bécsi horvát lakost eskü alatt, hogy mit hallott Pechler Jánostól franczia küldetéséről, s ki kell hallgatni Pechler Jánost magát, hogy mondja el pontonként,

volna, mit annyival inkább, mikor becsületes magyar szive minden várakozásával Rákóczy Györgyön csüngött, ki szerencséjének, hatalmának, dicsőségének épen delén előtte a jövendő nemzeti nagyság igérete és záloga volt? Sprinsich és Horváth hallott valamit a franczia összeköttetésről, de rosszúl, s összekötötte még rosszabbúl az erdélyi fejedelemmel való barátsággal, a mi akkor még nem volt tilos; aztán a feladás jutalmának reményében a két nyomorult följelentette néhai urát; de vádaskodásával felsült, mert bízonyítani egyik sem tudott. Hősünk közvetlen érintkezésben akár levélileg, akár követileg a franczia királylyal nem állt. Ellenben bizonyos a Zrínyiek velenczei tervének és a Witnyédy felköszöntőjének, a Miklós gróf kiviteli módjának és az öccse hive velenczei előterjesztésének egyezéséből, hogy Péter gróf hősünk egyetértésével közeledett Bonzihoz és általa XIV. Lajoshoz. S ha hősünk maga közvetetlenűl nem levelezett és nem érintkezett is, közvetve Péter öccse és Bonzi püspök révén tárgyalásba ereszkedett a franczia királylyal, mert a mit Péter kért és ajánlt, az a kettőjük nevében szólt. S halála egyelőre, legalább rövid időre megszakított minden kalandos tervezgetést, mert a végzetes szerencsétlenség következtében Péter gróf megzavarodva, határozatlanúl és tétlenül maradt; az esztendő végéig sem emberét hiteles felhatalmazással és pontos utasítással Velenczébe vissza nem küldötte, noha annak három hét alatt, deczember *elejére* kellett megtérnie, sem maga Bonzinak a feleségéhez intézett részvétiratára nem felelt, noha az mellékesen felhivásul szolgált, hogy a dolgok állására, a jövő alakulására nyilatkozzék.[1]

mit tárgyalt a franczia királylyal; hasonlókép ki kell hallgatni Lippich Mártont, egykor Miklós gróf bizalmasát, most a család ügyvédjét, miért küldötte a gróf Francziaországba? A meddő vizsgálat, úgy látszik, elmaradt, de ha megtörtént is, ezek az ártatlan mainzi küldetésnél egyebet nem vallhattak. (Primási Ltár, Fasciculus 28. No. 483.)

1 *Monumenta Slavorum Meridionalium*, XIX. k. 246., 250. ll.

Bátyja nélkül, a kin voltakép az egész dolog megfordult volna, egyelőre tétovázott és hallgatott: csak felesége, ez a merész és nagyravágyó asszony, sodorta később ismét a cselekvésbe. És bizonyos az özvegy leveléből, melylyel gyászát Bonzinak, deczember 8-ikán, bejelentette, hogy hősünk részese volt a velenczei kezdeménynek, a püspökhöz és királyhoz fűzött tervezgetésnek. «Ismerve a kegyet,» mondja nyomatékosan a szerencsétlen özvegy, «melyet boldog emlékű uram és férjem Nagyméltóságod részéről tapasztalt, valamint ama belső hódolatot, melyet ő táplált Nagyméltóságod és a legkeresztyénebb király iránt, ***kötelességemhez képest*** nem mulaszthattam el Excellenciádat értesíteni az ő váratlan haláláról, mely a múlt hónap 18-ikán érte, a legalázatosabban esedezve, hogy tartsa meg jó indulatát tovább is velem és vigasztalan árváival szemben; és *ajánljon bennünket a legkeresztyénebb királynak oltalmába, melybe a néhai gróf úr életében minden reménységét vetette.*»[1] Bizonyosan nem a régi pénzbeli adományért, hanem a jövőre nézve a maga és nemzete pártfogásáért. A Bethlen Miklós csáktornyai megbizásából, Gremonvillenek iratott értesítéséből kétségtelen, hogy ezt a pártfogást fegyveres és anyagi segítség alakjában a bécsi követ közvetítésével maga is keresni kivánta, Molin szerint az új török háború megindítására, mivel csakugyan, a mint özvegye irja vala, a franczia királyba vetette minden reménységét.

Mindennek tisztázása után már most könnyen megállapíthatjuk, mennyit nyomhat Nádasdynak amaz állítása, hogy a franczia érintkezést hősünk kezdette meg.[2] Nem sokat, mégis valamit. Mert az első lépést nem ő tette, hanem öccse a Reifemberg megbizásával; a velenczei kezdeménynek, a hódoló ajánlásnak azonban már ő is

1 *Ugyanaz*, 249. l.
2 PAULER GYULA: Wesselényi Ferencz nádor és társainak összeesküvése. II. k. 177 l.

részese volt s Gremonvillehez először ő közeledett. Igaz, hogy a mikor a velenczei ajánlás történt, Nádasdy nem értesülhetett róla, mert a Zrínyiekkel ép az idétt barátságban se volt, hiszen Miklósnak Új-Zrínyivára alatt az udvar ösztönzésére egyenesen megtagadta az engedelmességet;[1] de később Péterrel belső viszonyba jutott, a franczia segítség keresésére szövetséget kötött, s ekkor tőle eleget hallhatott a dolog előzményeiről: hősünk törekvéséről és szerepéről is. Azért állításának ha nem is sok, valami súlya, közvetett bizonyító ereje mégis van, — támogatja eddigi erősségeinket.

A franczia segítségben, sőt a franczia szövetségben a Zrínyiek egész jóhiszeműen reménykedtek, s annak viszonzásául, a mint emlékezhetünk, XIV. Lajosnak felajánlták a magyar koronát,[2] maguknak az új állapotban csak valami előkelőbb hivatalt kivánva.[3] Mi lehetett ez az előkelőbb állás? Péterre nézve nem tudjuk, csak gyaníthatjuk; de Miklósra nézve megmondhatjuk: a *kormányzóság*. Nevezetesen *Ruzicsky Gáspár*, Nádasdy meghitt embere, ki vallomásaiban ép oly jól értesültnek, mint megbizhatónak mutatkozik, azt állítja, hogy a mozgalom részesei elhatározták, mikép a franczia királyt Magyarország királyának választják s a kormányzói tisztet Zrínyi Miklós gróf viszi.[4] Az állítás első fele kétségtelen a Bonzi jelentéséből és XIV. Lajos feleletéből;[5] következéskép a második felének is minden valószinűség szerint igaznak kell lennie, — igaznak annyival inkább, mert a dolgok állásánál, az események logikájánál fogva más megoldás nem következhetett. Ha Lajos a Zrínyiekkel szövetkezik, az új török háborúban pénzzel és sereggel segíti és diadalra emeli ügyüket,

1 *Monumenta Slavorum Meridionalium*, XIX. k. 5. l.

2 *Ugyanaz*, 246. l.

3 *Ugyanaz*, 245. l.

4 *Országos Levéltár*: N. R. A. Fasc. 517. No 13. S Pauler Gyula: Wesselényi Ferencz nádor és társainak összeesküvése, I. k. 20. l.

5 *Monumenta Slavorum Meridionalium*, XIX k. 248., 249 ll.

s kezükből a magyar királyi koronát elfogadja: maga helyett sem a három éves kis trónörököst, sem más franczia királyi herczeget a kormány vezetésére abba az országba nem küldhet, mely régi királya *idegen* minisztereinek alkotmánysértései miatt cserélt urat. A kormányzói tisztet nem adhatta volna másnak kezébe, mint a Zrínyiek közül annak, kitől ez a fordulat főként függött, s kiről az egész keresztyénség rajongással és magasztalással beszél. Így a *névleges* király helyett ő lett volna *tényleg* a király.

A megoldás eme módjának tervezetéül készülhetett az a szerződés, melyet *Witnyédy*, hősünk legbeavatottabb hive *Guitry* marquisval, a Coligny linczi helyettesével kisérletképen megállapitott, minden bizonynyal a gyalázatos béke hatása alatt, a franczia sereg hazatértekor. Nem tudjuk apróra megmondani, hogy a szerződés mit tartalmazott, de nagyjában megmondhatjuk, mert ismerjük azt a változatát, melyet Witnyédy két évvel később az új viszonyokhoz módosítva Gremonville elé terjesztett;[1] az egyenesen azzal a kijelentéssel kezdődik, hogy ama föltételeket foglalja össze, melyek alatt XIV. Lajos, a legkeresztyénebb király, pártfogását Guitry marquis által Zrínyi Miklós grófnak s általa a magyar nemzetnek felajánlta. Lényegileg a két tervezetnek tehát egyeznie kellett, hiszen mindakettő ugyanazon embertől eredt; s a megmaradt változatból csak a módositásokat[2] kell elhagynunk, hogy az első tervezetet

1 *A császári és királyi titkos levéltárban.* S PAULER GYULA: Wesselényi Ferencz nádor és társainak összeesküvése, I. k. 86. l.

2 Így el kell hagynunk a felsőmagyarországi 13 vármegyére számítást, mert a Zrínyiek eredetileg csak Alsó-Magyarország és Horvátország erejére akartak támaszkodni; el kell hagynunk a lengyelségnek a mozgalomba való belevonását, mert az csak a franczia és osztrák érdekek összeütközésénél a lengyel korona megszerzésében látszott kivánatosnak; el kell hagynunk Lubomirski György marsall megölésének kikötését, a mi a franczia érdekek sikere tekintetéből mutatkozott szükségesnek, az ilyen kikötésbe hősünk a maga fenséges jellemével sohasem egyezett volna bele; el kell hagynunk a király fiai vagy a királyi herczegek közül egynek a magyar királyi székre emelését, mert az ő életében csak Lajos megválasztásáról volt szó; végre el kell hagynunk Lajosnak a császári korona elnyerésére irányuló törekvésének támogatását, s viszonzásul a

nagyjában visszaállíthassuk. E szerint a magyar nemzet a legkeresztyénebb király oltalma alá helyezkedik, mert Isten után csak az ő fegyverei győzelmének köszönheti megmaradását. A mióta az ausztriai kormány intézkedik sorsáról, soha egyetlen törvényére, szabadságára, kiváltságára tekintettel nem volt, a török tőle az ország erősségeit, várait, városait szabadon dulhatta és ragadozhatta, a nemzet ennélfogva alkotmánya értelmében a hűtlenség és felségsértés bűne nélkül fölkelhet; e végett a dalmátokat, horvátokat, szlavónokat, erdélyieket, valamint az oláhokat és moldvaiakat szövetségébe vonja, a török részéről évi adóval magának biztosságot szerez, s minden lehetőt megkisért, nehogy gyalázatosan elveszszen. A terv kivitelére, úgy hiszi, elég volna a megfelelő magasabb és alsóbb tisztekkel 15,000 lovas és ugyanannyi gyalog, kiknek hópénzét a legkeresztyénebb király szabná meg és fizetné, küldene egyszersmind ügyes tiszteket, hadi mérnököket és tüzéreket, első költségre 100,000 tallért, mely összeg Bécsben vagy Horvátországban volna átadandó. A király, ha most békét nem szeghet és hadat nem indíthat, a magyar nemzet szövetségeseivel nélküle indítja meg, miben Lajos pénzzel segíti; ha pedig maga is harczba lép, békét csak a magyar nemzet és szövetségesei tudtával és beleegyezésével köthet; s velük minden ellenséggel szemben védő- és daczszövetséget alkot; az ország elszakított területeit visszaszerzi, s ha a török támadása miatt lehetséges, a saját képviselője és a holland követ révén Konstantinápolyban a fizetendő adót leszállíttatja. Ennek fejében a magyar nemzet a legkeresztyénebb királyt Magyarország királyául választja, ki koronázása előtt a megállapitandó hitlevéllel biztosítani fogja az összes rendeket és szövetséges népeket,

magyar nemzetnek a szent római birodalom tagjául való fölvételét, mert a Zrínyiek hazájuk határain kívül eső feladatokat magok elé nem tűztek, s ilyenekre a Bonzi jelentéseinek bizonysága szerint nem is gondoltak.

hogy régi és új kiváltságaikat, szabadságaikat sértetlenül megtartja. A magyar nemzet saját katonaságából a legkeresztyénebb királynak egy-két ezredet ad, oly föltétellel azonban, hogy ő viszont ugyanannyit adjon a maga katonaságából a magyar nemzet és szövetségesei seregébe, kik a mi törvényeinkhez alkalmazkodjanak, a mint emezek is majd a legkeresztyénebb király törvényei szerint viselkednek; ha pedig a szükség úgy kivánja, az egyik nemzet a másiknak veszély esetén egész haderejével támogatására és segítségére legyen.

XIV. Lajos mindezt szavával és esküjével biztosítja, mert a királyi szó és eskü szent.[1]

Ime, ezek a föltételek lehettek az első megállapodásban; mert minden alapgondolatuk: a franczia és magyar nemzet szövetkezése, Lajosnak magyar királyul választása, a franczia és magyar hadak kicserélése s egymás támogatása, a mozgalomba Erdélynek és a két oláh fejedelemségnek belevonása már előbb megvan vagy a Bonzi vagy a Gremonville jelentéseiben. A kivitel alkotmányos, katonai és diplomácziai szabályozása csak az alapgondolatok természetes következése. Ám ezeket a föltételeket XIV. Lajos *soha* Guitry marquis által Zrínyi Miklósnak és általa a magyar nemzetnek föl nem ajánlta; sőt ellenkezőleg, a mint emlékezhetünk, Bonzihoz szóló rendeleteiben az egyezkedést egyre halogatta, a török ellen való kötelezettséget és az ő királylyá választását eleve visszautasította:[2] hanem *felajánlta*, Witnyédy előterjesztésére, *Guitry marquis*, azért egyszerűen az ő ajánlásának nevezhetjük, s a szerződést a hősünk tényleges királysága tervezetének vehetjük;[3] s a marquis azzal a reménységgel lehetett, hogy urának csak kedveskedni fog, ha Zrínyi Miklós s általa a magyar nemzet

1 *A császári és királyi titkos levéltárban*, a Zrínyi i.atok közt.
2 *Monumenta Slavorum Meridionalium*, XIX. k. 249.
3 *Katholikus Szemle*, 1897. évf. 754. l.

hódolatával és fényes koronájával kinálja meg. A király bizonyosan a marquisnak ebbeli szerepléséről előre semmit sem tudott, sőt később is alig értesült, legalább a Zrinyiek franczia összeköttetéseinek okmányaiban semmi nyomára nem akadunk; ellenben hősünk, ha nem is előre, később minden esetre ismerte az egyezkedést, hiszen utolsó bécsi tartózkodása alatt a hazatérő és érte rajongó francziákkal, köztük bizonyosan Guitryvel is sürün érintkezett, meghitt főember szolgájával pedig utolsó óráján is együtt mulatott. Ha a marquistól nem, Witnyédytől kétségtelenül mindent jól tudott. Mert lehetetlen föltennünk és elhinnünk, hogy Witnyédy oly előterjesztésben, melyet Gremonvillenek egyenesen a király elé kellett juttatnia, az *ő* nevére az *ő* részessége nélkül hivatkozhatnék. Maga ez a hivatkozás az ő nevére és a Guitry marquis ajánlatára nyilván bizonyitja, hogy az a tervezgetés csakugyan megvolt és a mozgalom fejeként csakugyan ő reá számitott, pedig az ő vezetésére, az ő közreműködésére az ő részessége nélkül nem számithatott volna!

Az ő ebbeli szerepe többé kérdésbe nem jöhet.[1] Lelkében a kétségbeesés és bosszúállás gondolatával kereste a módot a gyalázatos béke megakadályozására és az ország felszabadítására, XIV. Lajos protektoratusa alatt; sőt e végett kereste Velencze segítségét is, melynek viszont felajánlta, hogy 6000 emberével szolgálatára lesz, mert készebb vitézül elveszni, mint tétlenül senyvedni és rohadni.[2] De Lajosnak kedve komolyan, Velenczének pénze bőviben nem levén, — csak a szó folyt. Ő azonban még bizott a kalandos terv sikerében s kétségtelenül foglalkozott az új állapot következéseivel. Siker esetén csak két megoldás

[1] ACSÁDY IGNÁCZ: Magyarország története I. Lipót és I. József korában (A Magyar Nemzet története, VII. k.) Budapest, 1898. 221. l.

[2] JOSEPH FIEDLER: Die Relationen der Botschafter Venedigs, II. k. (Fontes Rerum Austriacarum, XXVII. k.) Bécs, 1867. 110. l.

lehetett: a franczia király vagy elfogadja a magyar koronát névleg vagy nem; ha elfogadja, ő az ország kormányzója, tényleges királya lesz, a helyzetnél fogva oly önállósággal, mely a koronás királysággal fölér; Péter öccse nádor vagy bán, mert Bonzi szerint csak tőlük függött, hogy a legszebb állást kapják;[1] ha meg nem fogadja el, ősei és a maga érdemeinél, az új állapot megteremtésénél fogva önmagára kellett gondolnia, akkor névleg is ő uralkodik; hisz a nemzeti királyságnak a Rákóczy vagy maga személyében való fölélesztésétől[2] előbb sem volt idegen, a mint Mátyás-tanulmánya elárulja; Rákóczy halála után pedig magára kellett gondolnia annyival inkább, mert Molin törekvése, hogy álljon a magyarok élére és válaszsza magát királyukká, előtte ismeretlen nem lehetett:[3] de eszélyből, ildomból, hazafiságból és önzetlenségből Lajos elhatározásáig várakozott. Királyságának esélye azonban nem maradt csak az ő rejtett reménykedése, a Molin és Gremonville, meg a franczia udvar titka, mert már az alatt, a míg a ravatalon fekszik vala, hire kelt a pápai nuncius szerint, hogy lelkében azt a tervet táplálta, mikép pártjával, Francziaország és Velencze támogatása mellett egy napon Magyarország királyává kiáltatja ki magát.[4]

Egy hónapon át feküdt végrendelete szerint a ravatalon. Tetemét érczkoporsóba tették, s deczember 21-ikén, fényes szertartással, hadi lobogók és más jelvények között, melyeket diadalaiban a töröktől ragadott el, helyezték őseinek dicsőséges sirboltjába, a Szent Ilona-kolostorban.[5] Fölötte *Kéry János* pálos pap és rendi hittanár tartott fel-felszárnyaló halottas beszédet. Melegen és ékesen magasztalta benne a hőst és irót, Mars és Pallas koszorúsát, kire az óvilág legneveze-

1 *Országos Levéltár*, N. R. A. Fasc. 517. No. 13. S *Monumenta Slavorum Meridionalium*, XIX k. 249 l.

2 SZÉCHY KÁROLY: Gróf Zrínyi Miklós, III. k. Budapest, 1900. 235 l.

3 *Monumenta Slavorum Meridionalium*, XIX. k. 5., 8. l.

4 *Történelmi Tár*, 1894. évf. 593. l.

5 FORSTALL MÁRK: Stemmatographia, 49. l. S *Tudományтár*, 1841. IX. k. 324. l.

ORATIO FVNEBRIS

QUA

TRISTES EXEQUIAS

ILLUSTRISSIMI AC EXCELLENTISSIMI DOMINI, DOMINI

NICOLAI

COMITIS PERPETVI

A ZRINIO,

Regnorum Dalmatiæ, Croatiæ, & Sclavoniæ BANI.

AUREI VELLERIS EQUITIS.

Confiniorum Regni Sclavoniæ, Colapianorum Supremi, & Præſidij Legrad, totiuſque Inſulæ Murakeoz

HÆREDITARII CAPITANEI.

Comitatuum Szaladienſis, & Simegienſis Comitis Supremi, Sac. Cæſ. Regiæque Majeſtatis Intimi Conſiliarij. Cubicularij & Agazonum Regalium per Hungariam Magiſtri, &c Proſecutus eſt

Rev: Pr. Fr. JOANNES KERY,

Ordinis S. PAULI Primi EREMITÆ, SS. Theologiæ, nec non AA. LL. & Philoſophiæ Doctor, ejuſdemque in Celeberrimo Conventu Lepoglauenſi Profeſſor Ordinarius.

AD S. HELENAM SUPRA CHAKTORNIAM.

ANNO M. DC. LXIV. Die 21. Menſe Decembri.

42. KÉRY JÁNOS GYÁSZBESZÉDE ZRÍNYI MIKLÓS FÖLÖTT.

tesebb alakjainak összes ragyogó tulajdonságait ráhalmozta, hogy a szeretet eme szónoki virágaival koporsóját teljesen elborítsa! Elnevezte mindennek: Magyarország vigaszának, Szlavonia világosságának, Horvátország szemefényének, Dalmátia támaszának, Európa szivének, a birodalom bálványának, a keresztyénség dicsőségének, a császár paizsának, a Vaticán gyönyörűségének, a közjó leghatalmasabb oltalmának és minden emberi törekvés példányának!...[1]

1 Kéry János: Oratio Funebris. Nagy-Szombat, 1664.

43. KÉRY GYÁSZBESZÉDENEK ZÁRÓKÉPE.

EMLÉKLAP ZRÍNYI MIKLÓS CZÍMERÉVEL ÉS ALÁIRÁSÁVAL

44. KEZDŐKÉP LISTI MAGYAR MÁRSA CZÍMKÉRŐL.

IV.

BEFEJEZÉS.

BIZONNYAL a közjó leghatalmasabb oltalma s minden emberi törekvés nemes példánya volt a maga idejében, szerencsétlen hazánkban, sőt a Lipót király nagy birodalmában is. Oly jellemmel és pályával, hogy hősi érdemeinek méltatása *András,* a német karmelita barát szerint oly magasztalót kivánna, a minőt talált Achilleus Homerosban, Aeneas Vergiliusban, Jason Valeriusban, Augustus Horatiusban, Pompeius Lucanusban és Honorius Cassiodorusban.* Mert mindaz, a mi a XVII. század magyarjának szent eszméje és magasztos érzése volt, egyesült benne nemzeti és családi örökség gyanánt.

Származásánál fogva vitéz volt, törökverő harczos és diadalmas ősök ivadéka, ki maga is harczra és diadalokra

* *Budapesti Szemle,* XLVII. k. 412. l.

született; a ki nemcsak a Zrínyiek nevével, de a Zrínyiek erényével is dicsekedhetett, ha ugyan a dicsekvés ajkára fért volna. Ám soha egy kérkedő szó, mondja *Forstall*, nem hangzott el róla; a szóval általában, jegyzi meg *András* barát, gazdálkodott, a maga felfogásaként a nyelvénél hasznosabb levén a kardja;[1] pedig ha beszélni kellett, azt is ép oly jól tudta használni, mint a kardját.[2] Sőt értett a szellemes és kedélyes, szeretetreméltó és tréfás csevegéshez;[3] s ha megeredt beszéde, kellemesen és ékesen áradt. A mi természetes, mert lángesze éles, átható, képzelete hatalmas, alkotó levén, szava könnyen és szabadon csapongott, gazdag tudásának, mély emberismeretének, tanulmányainak és tapasztalásainak forrásaiból bőven és bizton táplálkozott, végletes vére változó játéka szerint. S mivel egyenlő erővel tudott megnyilatkozni versben és prózában, magvas gondolatainak és eszméinek ép úgy, mint röpke villanásainak és ötleteinek megérzékítésére mindég készen állt a találó és csattanó kifejezése, hasonlata, képe; mert században nyelvünk szépségeit és titkait, eredetiségét, fordulatosságát, hathatósságát és színpompáját nála senki, még Pázmány sem ontotta jobban; versben nem egyszer küzdött az alakkal, tüneményes szelleme széttörte annak korlátjait, de prózája a legjobb és legzengzetesebb, a gondolat és kifejezés összhangjával: csupa elevenség, csupa tűz, csupa hevülő és lüktető erő.

Mindamellett nem a beszéd, hanem a cselekvés embere volt; egyéniségének fővonása — a *hősi*. Nevelésénél fogva politikus, hivatásánál fogva költő, mégis országos gyűléseken csak akkor szólalt fel, ha szükség és kötelesség késztette; a költészethez csak akkor fordult, ha a szíve hangot, a lelke gyönyörűséget keresett: ellenben a harczot, a török ellen való küzdelmet kora leventeségétől fogva kora halá-

1 *Budapesti Szemle*, XLVII. k. 415 l.

2 *Ugyanott*. 415. l.

3 *Tudományos Gyűjtemény*, 1826. IX. k. 52 l.

láig mindég igazi mesterségének, családi hagyományának, nemzeti tartozásának tekintette, mert ősei örökölt felfogásával országunk javára a legnagyobb és legjobb szolgálatnak vette.[1] Hannibál a rómaiakat olyan keserűen sohasem gyűlölte, mint a hogyan ő gyűlölte a törököt. Ezzel a gyűlölséggel született és növekedett, feküdt és kelt, a maga fenséges hazaszeretetében és keresztyén buzgóságában minden nap kész levén ellene jószágának, vérének, életének feláldozására. Hiszen a török volt szemében az élő Rosz, a megtestesült Gonosz, ki miatt lőn a keresztyénség annyi csapása, hazánk egységének és virágzásának, nemzetünk nagyságának és dicsőségének romlása! Mind olyan seb, a mitől szive örökkön sajgott; a mi ellen magának gyógyulást, fajának szabadulást kivánt. Azért már fiatalon, élete virágfakadásában földereng, sőt fölragyog lelkében a nagy eszme: *a török kiverésének és az ország fölmentésének eszméje,* a mi egész pályáján hűségesen vezeti, mint a betlehemi csillag a Három királyokat. S a bor, zene és táncz kedvtelései helyett, melyeket emberöltője' különösen űzött s ő alig élvezett,[2] belemerült a könyvekbe, a történeti, politikai és hadtudományi művek rendszeres tanulmányába; s mialatt a hadviselés elvcivel, tételeivel, módszereivel és fogásaival mind behatóbban megismerkedett, százada legelső katonai iróinak szinvonalára emelkedett, egyszersmind a magyar nemzet legelső hadtudományi remekirója lett. Nagy eszméje érdekében megtagadott magától minden örömet, a szerelem érzésein kívül, melyeket vitéz létére sem tartott méltatlanoknak magához, mert a szerelem nem egyenetlen a vitézséggel, hiszen Mars Venussal barátkozott és a sisakjában galambok fészkeltek.

Ám a szerelmet csak ifjonta zengte, s még akkor is egyszerre, szerelmének válságaiban, a végletes indulatok

1 Groff Zrinyi Miklós: Adriai Tengernek Syrenája, Bécs, 1651. 3. l.

2 *Tudományos Gyűjtemény*, 1826. IX. k. 52. l.

viharaitól verve, kínjai feledésére, énekét a *hősi* hangra fogta: nagy eszméje érdekében vitézi küzdelemről, hősi halálról, nagy ősének szigeti vértanuságáról beszélt; a ki a nemzet megváltásáért áldozta fel magát, hogy az igaz hittől elszakadt és bűnbe esett magyarság megtérve a haragvó Istent kiengesztelje, vallásos fellángolásával és megtisztító harczával a törököt kiűzze, az országot a pogány iga alól a keresztyénség dicsőségére felszabadítsa! Ez a vértanúság nemzeti váltság és hazafias buzdítás: a nemzeti váltságot a szigeti bán teljesítette, a hazafias buzdítást szóval és tettel a fiatal költő példázza; azért ajánlja époszát a magyar nemességnek, hogy azt fölébreszsze és egyesítse, a szent háborúra lelkesítse! S életének egész munkássága, akár

45. ZRÍNYI ÖZVEGYÉNEK ALÁÍRÁSA.

közvetlenül, akár közvetve, nagy eszméjének egyengetésére és előkészítésére czéloz. Kisebb-nagyobb hadi fejtegetéseiben, a vázlatok, discursusok, aphorismák és centúriák során, történeti elmélkedésében Mátyás királyról, hazafias riadójában a török Áfium ellen való orvosságról, mindég és mindég a régi magyar vitézség fölkeltésére, katonai fegyelmünk és nemzeti összetartásunk erősítésére törekszik, hogy a régi magyar dicsőséget *magyar hadvezér alatt nemzeti sereggel* a török kiverésében és az ország fölszabadításában újra fölemelhesse!

Tanul és tapasztal, kezében könyv és kard váltakozik, azért rajzolta utolsó képén a művész úgy, hogy baljában könyvet, jobbjában kardot tart, azon az oldalán sok kötettel teli polcz, ezen mindenféle fegyver latható, eme jellemző mondással: Ex utroque miles — Mind a kettőben harczos.[1] S mindakettőben századokkal előzte meg nemzetét és a nemzet nem értette meg. Költői alkotásai, melyek berekesztésében oly büszke meggyőződéssel és oly igazán hivatkozik halhatatlanságára, hatástalanul hangzottak el; s prózai munkái, melyek hivatva voltak a régi magyar hadi művészet felujítására, kiadatlanul maradtak; azok visszhangja csak egyes műkedvelők: *Liszti László*,[2] *Esterházy Pál*,[3] *Palocsay György*,[4] *Rákóczy Erzsébet*[5] kisérleteiben csendülnek meg; ezek sugallása csak egyes vitézek: *Esterházy Pál*,[6] *Batthyány Adám*,[7] *Forgách Simon*[8] katonai irásaiban ismerhető fel: született költő és hivatott hadtudós követője nem akadt. Sőt nem vonzott *egyetemesen* élő példája, vitézi hadakozása sem, mert nemzedéke önös, fáradt, renyhe volt, a szüntelen való harczot és veszedelmet únta, a szigorú rendet és fegyelmet gyűlölte, pedig egy emberül kellett volna hősünk nagy eszméje kivitelére köréje sorakoznia! Föl nem fegyverkezett *egyetemesen*, mert ha még lélekre kap is, a király és udvar ellenére föl nem fegyverkezhetett.[9] Így a ki a szerencse különös ajándékaként, az idő teljességében jött el, hogy ország és világ romlásának gyógyítója, a maga nemzetének megvilágosítója legyen,

1 *Budapesti Szemle*, XLVII k 416. l. András barát azt írja, hogy jobbjában volt a könyv és baljában a kard; de azt hiszszük, csak a metszet lenyomata téveszti meg. A jelmondat a maga egészében:

«Ex utroque miles
StVDet MartI NICoLaVs a zrInIo.»

Aminek nagy betűit összeadva római számul *MDCLXIV* jő ki. A kép tehát az utolsó esztendőben készült.

2 LISZTI LÁSZLÓ: Magyar Mars, vagy a Mohács mezején történt veszedelemnek emlékezete, magyar királyok, gubernátorok és Scythiából kijött vezérek dicsérete Bécs, 1653

3 *Irodalomtörténeti Közlemények*, II. k 137. l.

4 THALY KÁLMÁN: Adalékok a Thököly- és Rákóczy-korhoz, II. k. Pest, 1872. 379. l.

5 *Századok*, XXXV. évf. 360. l. s *Győri Történelmi és Régészeti Füzetek*: II. 1863. 28. l.

6 BUBICS ZSIGMOND: Esterházy Pál Mars Hungaricusa. Budapest, 1896.

7 BATTHYÁNY ÁDÁM: Mars Politicus, azaz Okos Hadviselő. (Eredeti kézirata a család körmendi levéltárában.) *Hadtörténelmi Közlemények*, 1891. évf. 273. l.

8 THALY KÁLMÁN: Tanulmányok a Rákóczi-korból. Budapest, 1885 215, 228 l.

9 SZÉCHY KÁROLY: Gróf Zrínyi Miklós, IV. k Budapest, 1900. 127. l.

nem érvényesülhetett olyaténkép, a hogyan a természet sok száz esztendeig való fáradozása után elbocsátotta.[1] Az Idő teljességénél, a háborús viszonyoknál fogva a legtöbbet használhatott volna: de a hivatalos és közhangulat az ő geniuszával nem egyezett meg.[2] S a magyarság csak *részlegesen* indult utána és viaskodott oldalán. A helyett hogy vára, mint a Mátyás udvara, Mars iskolájául szolgált volna, csak egyes nagyrakelő leventék gyűltek bele, kiknek ő bálványa lett; s vállalataiban az egész ország népe helyett csak az ő vidékének lakossága osztozott. Pedig rendelkezett minden eszközzel, minden adománynyal, a mi a küldetésre képesítette: dicsőséges névvel, melyet a dal és rege koszorúba font, fejedelmi vagyonnal, melyből a közért mindég örömest áldozott; vitézi erővel és bátorsággal, melyet a vérével örökölt; a katonai szervezés, vezetés és hadakozás teljes ismeretével, melyet hosszú évek során tanúlva és okúlva maga szerzett; úgy hogy a míg törekverő harczos és diadalmas elődei csak született hősök voltak: ő hazájának és királyának egyszersmind a legképzettebb hadvezére, kihez *András*, a német barát szerint a német generálisok iskolába járhattak volna.[3] Tudására legalább egyenlő *Montecuccolival*, tehetségére pedig különb nála; mert az elméleti alapossággal a született hős merénye, a lángész leleménye, a hazai föld ismerete és a török hadviselésbeli tapasztalás készsége egyesült benne; az a szent methodizmus híve, a nagy halogató, ki csak a *helyes* hadakozást, *helyes* harczolással való győzést ismerte el; ő a megütközés követője, a merész támadó, ki András, a német barát szerint nem vesztegette evéssel, ivással a napot, mint a német generálisok, hanem mint a nyil, olyan gyorsasággal csapott le a törökökre, azért volt rájuk olyan rettenetes.[4]

[1] Gróf Zrínyi Miklós, Hadtudományi Munkái. Budapest, 1891. 136. l.

[2] *Ugyanaz*, 346 l.

[3] *Budapesti Szemle*, XLVII. k. 409. l.

[4] *Ugyanott*, 416. l.

S azért volt hadi pályája olyan ragyogó lángírás, azért hirdette magáról, a mikor a költői halhatatlanságból kiábrándult, olyan büszke meggyőződéssel és olyan igazán:

> Nem írom pennával,
> Fekete tentával:
> De szablyám élivel,
> Ellenség vérivel
> Az én örök hiremet![1]

S az ő örök hirének, az ő ragyogó lángírásának fénye a Muraközrül, Magyarországból, a Lipót király nagy birodalmából elvetődött egész Európába, sőt el messze világrészekbe! S minde dicsőség közepette nemes és szerény maradt, mint igazi vallásos ember; szerencséjét, diadalát sohasem tulajdonította a maga érdemének, hanem mindég az Isten kegyelmének; épen azért szerencséje, diadala jelvényeit, az elvett török lobogókat, vitézsége emlékeiül nem halmozta fel csupán büszke várában, családja buzdító ereklyéiként: hanem szétküldözgette szerte, Bécs, München és sok egyéb város egyházaiba, Isten iránt hálából, neve magasztalására, a keresztyénség önérzetének és bizodalmának emelésére.[2]

Vallásbeli megadása és buzgósága azonban nem veszett túlzásba, elfogultságba, mert fiatalos felekezeti rajongása, mint könnyű köd, hamar eloszlott, s lelkében a haza eszménye az egyháza eszménye fölé emelkedett s egész fényével felragyogott; épen azért a máshitűek iránt türelmes és igazságos volt; panaszaik, sérelmeik orvoslásának keresésében segítségük, közvetítőjük, mert az ő szemében mindenek előtt honfiak és magyarok voltak; panaszaikat és sérelmeiket ő is .érezte, mert azok az ősi alkotmány, a nemzeti törvények és királyi hitlevelek eltapodásából eredtek: ő pedig alkotmányunk minden tételéhez, a törvények

1 Gróf Zrínyi Miklós, Hadtudományi munkái. Budapest, 1891. 362. l.
2 *Budapesti Szemle*, XLXIV k. 418. l.

és hitlevelek minden kijelentéséhez a szabadságszeretet és szent kegyelet kettős érzésével ragaszkodott; annyival inkább, mert a felekezetiség megosztja, az alkotmány egyesíti a nemzetet; s neki nagy eszméje, a török kiverése és az ország fölszabadítása érdekében nem *egy* felekezetre, hanem egy *egységes* nemzetre kellett támaszkodnia. Hazafi volt a szó legnemesebb értelmében, áldozó és önzetlen, munkás és fáradhatatlan, a közjó leghatalmasabb oltalma és minden emberi törekvés nemes példánya; az igaz magyarnak mintaképe épúgy, mint a tökéletes hadi embernek. S ha faja a harczra, a török ellen való küzdelemre nem is kelt föl egy emberül mellette: *egyetemesen* tisztelte és szerette; sőt népszerűsége dicsőségének és hirének nyomán elterjedt az egész keresztyén világban. De jól mondja *Tacitus:* a nagy név nem kisebb veszedelem, mint a rosz. Minél inkább magasztalták idegen fejedelmek és népek: Lipót király és udvara, miniszterei és generálisai annál féltékenyebbek lettek reája; becsületes hűsége és igaz hősisége díjában mellőzték és üldözték, haladásának és érvényesülésének útjait állták,* hazafias szándékait, vitézi czélzatait megrontották; pedig senki nála jobban a világesemények logikáját nem értette, senki élesebben az Idő e teljességében, a háborús viszonyok között a jövendő alakulásait és szükségleteit föl nem ismerte. De épen tüneményes nagysága feszélyezte és nyomta őket: irtóztak tőle, nem bíztak benne magyarsága miatt. Ha idegennek születik s katonai kalandorul szakad hozzánk: seregeket rendelnek kezére; de magyar létére, alkotmányos és szabadságszerető hazafi létére hiába jelentette meg előre a veszedelmet, a török háborút, nem hallgatták meg; s a mikor az bekövetkezett, nem állították a keresztyén hadak élére, ki épen a pogány ellen jött el, mint a század legnagyobb vezére, a szerencse

* *Budapesti Szemle,* XLXIV k. 417. l.

különös ajándékaként, hogy ország és világ romlásának gyógyítója s a maga nemzetének megvilágosítója legyen! Nem hagyta a személyi irigység, Montecuccolinak és társainak cselszövése; nem a faji gyűlölség, a németnek a magyar iránt való kishitűsége;

Mert régi viszály ez: faj vívja faj ellen,
Örökölt ádáz harcz, kiegyenlíthetlen,
Száz ivadék jő-megy, löki egymást sírba,
E küzdelem átka van róla megírva:
Változik alakban, de nem fogy erőben,
Nincs kezdete multban, sem vége jövőben;
Eredete titkát senki föl nem nyitja,
Ezer meg ezer év rétege borítja.... *

Pedig nem volt a királynak lovagiasabb és hűségesebb jobbágya, mint ő. Kétszer ugyan megingott: előbb a nádori jelölésből való kirekesztésekor, egyéni bántalma miatt, a mikor kiköltözni készült; utóbb a vasvári gyalázatos béke megkötésekor, nemzete sérelme következtében, a mikor XIV. Lajoshoz közeledett; de akkor csak a szándéka villant meg, s ekkor csak a tervezgetésig jutott; Lipót és udvara meg az egyik esetben sem tudott róla, — nem is azért bizalmatlankodtak iránta. Később, halála után, majd az öcscse, Péter gróf összeesküvése pörében, aztán a jobbágyai nyomorult vádaskodásakor, elhajlása mende-mondaként szárnyra-szárnyra kelt, de mindannyiszor megint hamar elült: következményeit családja sohasem érezte meg. Különben ha vele érdeme szerint bánnak, a nemzet igazait és érdekeit alkotmánya ellenére fel nem áldozzák: sohasem esik kisértetbe, marad az uralkodóház biztosságának legerősebb talpköve és támasza, mert büszke volt a Zrínyiek hagyományos lovagiasságára és hűségére! De Bécsre szerencsétlenségül az az átok nehezedik, hogy a történet szel-

* ARANY LÁSZLÓ, Költeményei. Budapest, 1899. 162. l.

lemét, a maga erejének föltételét soha se ismerje föl: ne vesse hitét és megnyugvását olyan magyarba, kinek nagysága tüneményes, hazafisága rendületlen! Így hősünk az idő teljességében, a háborús viszonyok között sem érvényesülhetett; s a közjó leghatalmasabb oltalma s minden emberi törekvés nemes példánya a nélkül omlott össze, hogy azt a küldetést teljesen betölthette volna, a mire a nemzet és király a szerencse különös ajándékából kapja vala!

Comes Adamus A Zrinio

46 ZRÍNYI ÁDÁM GRÓF ALÁÍRÁSA.

Végrendeletének értelmében[1] általános örököse fia, a kis *Ádám* gróf lett: de szeretettel és gyöngédséggel, bőven és nagylelküen gondoskodott feleségéről és két leányáról is.[2] Gyámokul az özvegyhez öcscsét, Péter grófot, Weichard János sziléziai parancsnokot, Auersperg herczeget, Pálffy

[1] Zrínyi Miklós végrendeletét még hónapokkal fia születése előtt, 1662 április 6-ikán fogalmazta meg, s április 27-én a karok és rendek gyűlése alkalmával írták alá tanúkul: Petretich Péter püspök, Orehóczy Gáspár albán, Patachich Péter és Gusich Miklós kapitányok, Patachich Miklós varasdi és Majczen Ferencz zágrábi alispánok, Abanthy Ferencz esküdt. Intézkedései hosszan és részletesen szólnak, mert az írás egyszerű papiroson, könyv alakjában, *hat* ívre terjed, minden lehetőségről: felesége özvegyen maradásáról és új férjhez meneteléről, a leányok kiházasításáról és osztozkodásáról, fiú születése esetében, annak neveléséről és öröklésérõl, az ősi és szerzett vagyon, a jövendőbeli igények és járandóságok, a családi levelek és okmányok tekintetében is. A rendelkezést az özvegy kértére Lipót király engedélyével és jóváhagyásával 1666. január 9-ikén a *Liber Regiusba* (XIII. 284. l. *Országos Levéltár.*) beiktatták s az ország főpapjai és zászlós urai nevük aláírásával hitelesítették.

[2] Zrínyi Miklós katholikus felfogásával különös tisztelője volt a Boldogságos Szűznek, mint a Regnum Marianum — Magyarország védőasszonyának; úgy hogy a bécsi karmeliták egyházában rendszerint a Mária képe előtt buzgólkodott s Mária nevét jelzőként mind a két ismert leánya nevébe fölvétette: így lőnek *Mária-Terézia* és *Mária-Katalin*. Minthogy az első 1658 juliusában vagy augusztusában meghalt (Széchy Károly: *Zrínyi Miklós*, IV. k. 49. l.), hősünk végrendeletében mégis két leányáról emlékszik meg: volt egy harmadik, ismeretlen nevű leánya is, ki intézkedése után húnyt el. Ezt a családfára nem vettük fel, mert sem születése idejéről, sem élete körülményeiről, sem elmúlása évéről nem tudunk semmit.

Tamás egri és Sennyey István veszprémi püspököt meg Zichy István magyar kamarai elnököt nevezte ki; azonban inkább az örökség védelmére, mint kormányzására, mert a jószágok igazgatását, valamint a gyermekek nevelését egészen az asszony kezeibe tette le. Ám a fiúra nézve meghagyta, hogy felesége úgy nevelje, mikép Istennek kedves, legkegyelmesebb urainknak, *mint Magyarország királyainak* hűséges, *ennek a mi hazánknak* hasznos legyen, családja díszére és ékességére, a szomszédok és barátok vigaszára váljék. Az *asszony* a bizalomnak és meghagyásnak megfelelni képtelen volt. Ingerlékeny és beteges gyöngeségénél fogva a jószágok miatt jobbágyaival örökös pörben, kisebbik urával, Péter gróffal örökös osztozkodásban élt; németes nevelésénél és rajongó kegyeskedésénél fogva a gyermekek fejlődését ferde irányba vezette. *Katalin* leánya, a csáktornyai vár egyetlen virága, miután a másika fiatalon elhalt, — a bécsújhelyi karmeliták kolostorában a szomorú lemondás fátyolában hervadt el; *Ádám* fia, a legigazabb magyar és fajára legbüszkébb hős szerencsétlen sarja, — elnemzetietlenedett, katonává és osztrákká lett; s utolsó akaratának megirásakor, az elmulás hangulatának végtelenül nagy és szent komolyságában és őszinte megnyilatkozásában úgy intézkedett, hogy bárhol esik el, *Bécsben, őseinek, a Löbl nemzetségnek sírboltjában*, a Domokos-rendi atyáknál temessék el.* Pedig utolsó akarata Zrínyi Péter és családja tragédiája után másfél évtizeddel kel, a mikor már az feledségbe veszett s reája épen nem nehezedett. Löblnek érezte magát inkább, mint Zrínyinek, s a Löblekkel kivánt porlani, nem a szent-ilonai kolostorban, a Zrínyiek temetkező helyén, melyet századok dicsősége szentelt meg. S a mikor

* Gróf Zrínyi Ádám végrendeletében, mely Bécsben, 1686 április 5-ikén kelt gróf Erdődy Miklós bán, gróf Erdődy Ferencz, Verbanich Péter zágrábi kanonok, a bécsi horvát kollegium igazgatója, Joanovich Ferencz, Kanizsay János, Bedekovich Lajos és Harsdorffer Frigyes Zsigmond jelenlétében. Nincs egyetlen sora, mely magyar szellemre vallana. *(Országos Levéltár:* Zrínyi-írások.)

47. A ZRÍNYIFALVI EMLÉKOSZLOP.

pár év mulva, 1691 augusztus 29-én Szalánkeménnél vitézül elesett, tüneményes apjának csak a neve halt ki, a szelleme régebben, vele lobbant el...

A szent-ilonai sírbolt ma pusztulóban, a csáktornyai vár elhagyottan. Ha hősünk angolnak, francziának, németnek, olasznak születik: hamvai fölött fényes mauzoleum emelkednék, vára kegyeletes múzeum volna, ereklyéinek s a világirodalom rávonatkozó termékeinek gazdag gyűjteménye, melyet az idegennek hazafias büszkeséggel mutogatnának. S neki nincs egyéb emléke, mint a kursaneczi vagy Zrínyifalvi erdőben az az egyszerű kőoszlop, melyet *Pignatelli* herczegnő, *Althan Mihály* grófnak, Muraköz későbbi urának hitvese állíttatott elvérzése helyére,[1] egyszerű latin felirással, gyászos esete elbeszélésével.[2] S a mikor kincskereső horvátok azt is feldúlták, megint Muraköz újabb tulajdonosának, *Festetich György* grófnak felesége, *Erdődy* grófnő emeltette föl.[3] Női szivek hódolata a nemzet hálája helyett. Az emlék ugyan az idő múlásával egyre romlik, kopik, de a természet mintha érezné, hogy az női szivek alkotása, környékét minden kikelettel elontja virággal: körülötte a föld egész ibolyamező!

De reméljük és hiszszük, hogy Csáktornyán mielőbb szobra is állni fog. A mozgalom már megindult létesítésére.

1 DERVARICS KÁLMÁN: Gróf Zrínyi Miklós halála 1664-ben. Szombathely. 1881 30. l.

2 A *latin felirás* következőleg hangzik:

Epitaphium Comitis Nicolai a Zrinio.

Hic cadit invictus, quondam interfectus ab Apro
Zrini præda suis, hostibus apta magis.
Quitos mille feros ferro superaverat hostes,
Victor, ab immani vincitur ipse fera.
Ille quidem finivit opus, vitæque labores.
At Patriæ infelix incipit esse labor.
Ille quidem nostros mirabitur æthere casus.
Flebit, at illius nostra ruina necem.
Sors bona, nil aliud, mediis servavit in armis,
Eripuit fato, sors mala nil aluid.
Quam sit in humanis sors impia proxima, rebus,
Mortis in hoc speculo quisque videre potest.

3 *Vasárnapi Ujság*, 1857. évf. 336 l.

Ha Csáktornya képviselője, *Wlassics Gyula*, az ország vallás- és közoktatásügyi minisztere, kinek ép azért ajánltuk Csáktornya hőséről ezt a munkát, a mozgalom vezetésére vállalkozik: — egymásután emelkedhetik föl a szobor, a mauzoleum és múzeum. Ki volna erre méltóbb, mint Zrínyi Miklós? Korában a magyarság legelső költője és hőse volt, s mint epikai elbeszélő és hadtudományi író ma is a legelsők közt foglal helyet; mert lelkéből a nemzet lelke szólt, kardjában a nemzet vitézi ereje villogott, ki nem magának, hanem fajának élt, mint az örök nemzeti Genius megtestesítője: épen azért neve, emléke, dicsősége és fénye is örök, s nemcsak magára, de egész fajára ragyog vissza. S a maga büszke jóslata szerint, valamíg a világon magyar lesz, soha se lesz -- vége.

43. ZÁRÓKÉP LISTI MAGYAR MÁRSÁBÓL.

HASONMÁSOK SZÖVEGE.

MONTECUCCOLINAK A 119. LAPON KÖZÖLT VÁZLATA A ZRÍNYI-VÁR MELLETTI CSÁSZÁRI TÁBORRÓL.

A. Die Schantz Neü Serin.

B. Der Türckhen ihre Approchen vnnd Batterien.

C. Der Türckhen ihr Läger.

D. Vnszere Lauffgräben so langs am Vfer der reuir Mura zu defendiren | gemacht worbeÿ avch vnterschidliche Viereckhige reduten so be | raiths vor langen Jahren stehen, die frontiren zu bewachten.

E. Die khleine Insul, alwo die Türkhen anfänglich herüber gesetzt vnnd von | dem Gen(era)l Veldt Marschalckleüt(inant) Graffen von Strozzi wider hinüber | zuruckh getriben, alwo Er auch durch ein Musqueten schussz in Kopff | sein leben gelaszen.

F. Die Verschanzung eines halben Mondts, so nach dem von denen Vnsze- | rigen dahin gelegt.

G. Ein retranchement, so zu mehrer Versicherung des Vbergangs von | der khleinen Insul gelegt.

H. Ein anderer Abschnith.

I. Vnterschidtliche reduten, so in wehrender bele | gerung, doch nach dem die Türckhen die Schanz erobert, langs eines khleinen Flusszes, | so sich ausz der Draue ergiesszet, dahingelegt vnnd darbey mit der Armada in Battag- | lia zustehen, im fall d(er) Feünndt herüber der Mura khomben solte.

K. Der Türckhen ihre Batterien, sovie hin vnnd wider beij ihrem Läger auff d(er) Höhe stehen, haben vmb in | der Flache der Wisengründe, alwo wÿr mit der Armada stehen zu beschiesszen.

L. Vnterschiedliche Batterien, so wür langsz der Mura hin vnnd wider in denen | Lauffgräben stehen, haben.

M. Der Türckhen approchen, sambt einer Batteria.

A MARS HUNGARICUS ZRINYI HALÁLÁRÓL SZÓLÓ ÉS A 172. LAPON KÖZÖLT RÉSZE.

... in dumeto quodam vulnere gravem reperit; nec mora descendens ex equo Zrinius aprum solus generose aggreditur, ignorans in mortem se irruisse hactenus semper fugientem. Dum igitur belluam ferire conatur, ecce ex insperato proh dolor! ab apro rabie iam pre vulnerum dolore laborante momento in dextero pede vulneratur, adeo ut stare nequiret, prostratum ergo fatalibus dentibus adeo dilaniat, ut semimortuum relinqueret.

TARTALOM.

I.

A TÖRÖK ELŐNYOMULÁSA, HADI KÉSZÜLETEK.

II.

A TÉLI HADJÁRAT, ÚJ-ZRÍNYIVÁR ELESTE.

III.

KALANDOS TERVEZGETÉS, VÉGZETES VADÁSZAT.

IV.

BEFEJEZÉS.

KÉPEK.

ÖNÁLLÓ KÉPEK.

A SZÖVEGBE NYOMOTT KÉPEK:

MEGJEGYZÉSEK A KÉPEKRŐL:

ÖNÁLLÓ MELLÉKLETEK.

Zrínyi Miklós és Péter arczképe, alul az ottocsáczi ütközettel a bécsi hitbizományi könyvtár egykorú metszete után készült.

A két Zrínyi arczképével s a téli hadjárat térképével ellátott, az eszéki híd fölégetését ábrázoló metszet Gradelehnus János »Hungarische-Siebenbürgische Chronica« czímű, Frankfurtban, 1665-ben megjelent munkájából van véve. Ugyanennek mellékletét képezi az 1664-ben nyomtatott ujságlap, amely Kanizsa ostromát mutatja be képben és írásban.

Uj-Zrínyivár ostromának térrajza a következő munkából reprodukáltatott eredeti nagyságban: Diarium und Kurtze warhaffte Erzehlung, Wie die Belägerung der Vestung Canischa... vorgenommen... so dann, wie... Neu-Serinivar ataquiret und endlich erobert. Gedruckt im Jahr 1664. A ritka nyomtatvány a Magyar Nemzeti Muzeum könyvtárában van.

Maasnak a szentgotthárdi ütközetet ábrázoló festményét a berlini porosz kir. fegyvertárban levő eredetiről Mühlbeck Károly másolta. Hasonmása először a Magyar Nemzet Története VII. kötetében jelent meg.

A Zrínyi Miklós halálát ábrázoló egykorú metszet Augsburgban, Zimmermann Márton műkereskedő kiadásában jelent meg; eredetije Ernszt Lajos úr gyüjteményében van.

Dömötör Györgynek Zrínyi halálát sirató magyar költeménye egy latin és német gyászverseket is tartalmazó füzetkében jelent meg, a melynek czíme: *Honor posthumus Nicolai Serini*. Nyomatott Tübingában, 1664-ben. Egyetlen ismert példánya a Magyar Nemzeti Muzeum könyvtárának tulajdona.

A Zrínyi Miklós czímerével, jelmondatával és sajátkezű aláirásával ellátott emléklap egy gróf Zichy Jenő tulajdonában levő XVI—XVII. századi emlékalbumból vétetett.

A SZÖVEGBE NYOMOTT KÉPEK:

A czímkép a Theatrum Europæum VI. kötetének díszczímlapjáról van véve. Ugyanezen munka IX. kötetében jelent meg Székelyhíd 1665-iki, a vár lerombolása előtt készült képe és a Kanizsa ostromát ábrázoló rézmetszet.

Az első fejezet kezdő- és a második záróképe a Magyar Nemzet Története VII., illetve VI. kötetéből vétetett.

Ali kanizsai basa, Hohenlohe Farkas gróf és Bádeni Lipót őrgróf arczképe Gradelehnus Jánosnak Frankfurtban 1665-ben megjelent: »Hungarische-Siebenbürgische Chronica« czímű munkájából való.

Batthyány Kristóf pecsétje a Magyar Nemzeti Múzeum levéltárában levő 1663 augusztus 17-dikén kelt levelére van nyomva.

Leslie Valter gróf, Lobkowitz Venczel herczeg, Porcia János Ferdinánd herczeg és Zrínyi Péter arczképe Gualdo Priorato »Historia di Leopoldo Cesare« (Bécs, 1670.) cz. munkájában jelent meg; mind a négy Meyssens Kornél bécsi művész metszete.

Érsekujvár ostroma és Pécs fölégetése 1663-ban az Ortelius Redivivus et Continuatus (Frankfurt, 1665.) második kötetéből vétettek.

Apaffy Mihály arany tallérjának és VII. Sándor pápa 1660-ban vert emlékérmének eredetije a Magyar Nemzeti Muzeum régiségtárában őriztetik.

A szultán seregének megindulása XVII. századi rézmetszet után van adva.

Az ottocsáczi ütközet tervrajza, az eszéki híd elpusztításának képe és a Zrínyi téli hadjáratának térképe a «Denkmal Serinischer Helden-Thaten» czímű 1664-ben megjelent munkából van véve.

Grácz XVII. századi látképét Merián Mátyás «Topographia Provinciarum Austriacarum» czímű munkájából vettük.

Gróf Draskovics János arczképe Wiedemann Eliás Comitium Gloria Centum czímű arczképgyűjteményének III. részében (Bécs, 1652.) jelent meg.

A Zrínyi Miklós 1663-iki téli hadjáratáról szóló ujság a Magyar Nemzeti Múzeum könyvtárában őriztetik.

A csáktornyai Zrínyi-kastélyt Cserna Károly természet után rajzolta.

Esterházy Pál gróf aláírása a Magyar Nemzeti Múzeum levéltárában őrzött 1668 november 2-ikán kelt levélről vétetett.

Montecuccolinak az Új-Zrínyivár melletti császári tábort ábrázoló sajátkezű rajza a hadjáratról tett jelentéséhez mellékelve a bécsi hadi-levéltárban őriztetik; hasonmását a Magyar Nemzet Története VII. kötete után adjuk.

A szentgotthárdi csata képét egykorú rézmetszetről közöljük, amely a következő műben jelent meg: Schauplatz Serinischer auch anderer Teutschen Tapfern Helden Thaten. Gedruckt Im Jahr 1664. 4-r. A könyvecske egy példányát a Magyar Nemzeti Múzeum könyvtára őrzi.

Szent-Gotthárd Cserna Károly által rajzolt képét a Magyar Nemzet Története VII. kötetének 127. lapjáról vettük át.

A vasvári béke okiratának eredetije a bécsi állami levéltárban van; a hasonmásban közölt rész a török nyelvű záradék kezdete; megjelent a Magyar Nemzet Története VII. kötetének 201. lapján

Apaffy Mihály képének Aubry Péter által kiadott egykorú eredetije Ernszt Lajos úr tulajdonában van.

A szentgotthárdi csata emlékérmét a Magyar Nemz. Múzeum érem- és régiségtárában levő példányról közöljük.

Gremonville lovag aláírását egy a bécsi állami levéltárban őrzött 1666 május 27-ikén kelt eredeti levélről vettük.

Gróf Bethlen Miklós aláírását az Országos Levéltárban levő eredetiről először a Magyar Nemzet Története (VII. köt., 565. l.) közölte.

XIV. Lajos franczia király ifjúkori arczképét Vaillant rajza után Van Schuppen 1660-ban metszette rézbe A ritka metszetnek hasonmása eredeti nagyságban Hirth Kulturgeschichtliches Bilderbuchja V. kötetében jelent meg.

Gróf Zrínyi Péterné Frangepán Katalin aláírása egy Rauch Dánielhez intézett s 1663 február 11-ikén kelt levélen van, a melynek eredetije az Országos Levéltár Zrínyi-iratai között található.

A Zrínyi Miklós halálát ábrázoló képet a «Neu-eröffnete Ottomanische Pforte» czímű Augsburgban, 1701-ben megjelent munka II. kötete 30-adik lapjáról közöljük.

Eszterházy Pál gróf Mars Hungaricusának eredeti kézirata az Eszterházy herczegek kismartoni levéltárában őriztetik; hasonmásunk a 365-ik oldalt kicsinyítve mutatja be.

András müncheni karmelita gyászbeszédének és Kéry Oratiójának czímlapja, valamint a Priorato munkája III. kötetének czímképe a Magyar Nemzeti Múzeum könyvtárában levő példányokról vannak felvéve.

A zrínyifalvi Zrínyi-emlék képét a Beöthy-féle Magyar Irodalomtörténet után közöljük.

A III. fejezet záróképe Kéry gyászbeszédéről, a befejezés kezdő- és záróképe pedig Listi Magyar Mársából vétetett.

Özvegy Zrínyi Miklósné német aláírása egy 1674 november 28-ikán kelt felségfolyamodványon, fia Ádámé pedig egy az uralkodóhoz intézett, 1686 márczius 27-ikén kelt levélen van; mindkettő az Országos levéltár Zrínyi-iratai között őriztetik.

NÉV- ÉS TÁRGYMUTATÓ.

Készítette: Tóth Ernő

www.ingramcontent.com/pod-product-compliance
Lightning Source LLC
LaVergne TN
LVHW061942220826
846091LV00011B/4066

9781249777496